ERRATA

Estimado(a) Leitor(a)

O Céu Interior, Steven Forrest

agosto-2024

Onde sê lê : por mais embaraçosa que seja esta situação,

Ler corretamente, completando: por mais embaraçosa que seja esta situação, nós a merecemos.

Pedimos escusas pelo transtorno, e desde já desejamos uma ótima leitura.

Equipe da Editora Teosófica

O Céu Interior

Steven Forrest

O Céu Interior

A astrologia evolutiva para todos

Um planeta, um mundo –
se você puder senti-lo, então este livro é dedicado a você.

Seven Paws Press, Inc.
P.O. Box 82
Borrego Springs, CA 92004
Edição em inglês, 2012.

Editora Teosófica
SIG Quadra 6, nº 1235
70610-460-Brasília-DF, Brasil
Website: *www.editorateosofica.com.br*
Email: *editorateosofica@editorateosofica.com.br*
Instagram: *@editorateosofica*
Whatsapp: (61) 33227843

Dados internacionais para Catalogação na Publicação (CIP)

F728c Forrest, Steven.

O céu interior: a astrologia evolutiva para todos/ Steven Forrest; tradução de Edvaldo Batista de Souza – Brasília: Editora Teosófica, 2024.
392 p., il.

Título original: The inner sky: how to make wise choices for a more fulfilling life

ISBN 978-85-7922-248-1

1. Astrologia. I. Souza, Edvaldo Batista de. II. Título.

CDU 133.52

(Mayara Cristovão da Silva / CRB 2812 / Brasília, DF, Brasil)

Revisão: Zeneida Cereja da Silva
Diagramação e Capa: Ana Paula Cichelero

Sumário

Prefácio da Edição Brasileira

O autor, Steven Forrest, é norte-americano de Mount Vernon, Nova Iorque, nascido em 6 de janeiro de 1949, às 3h30 da madrugada (essa é a maneira de um astrólogo se apresentar). Desde cedo, foi encantado pela astronomia, mas as sementes de seu interesse pelas "ciências ocultas" levaram-no à prática da Astrologia. Ele também se formou em Religião pela Universidade da Carolina do Norte, em 1971, e desde então tem ganhado a vida como astrólogo, tendo publicado muitas obras nessa área.

O nome da presente obra, *O Céu Interior*, sugere uma visão evolutiva e não determinista da Astrologia, a resposta ao estímulo dos astros no céu externo depende do nosso interior, ou como disse o autor: "A Astrologia fornece o terreno. O modo como navegamos é problema nosso." Tal visão identifica uma margem de livre-arbítrio para uma autotransformação evolutiva. Similarmente, Dra. Annie Besant (1847 – 1933) conciliava magistralmente a clássica polêmica entre conceitos antitéticos como destino e livre-arbítrio por meio de uma analogia com a ciência ou arte da navegação, em *A Doutrina do Coração* (Ed. Teosófica): "Vocês podem, algumas vezes, enganar o destino, quando não podem enfrentá-lo face a face. Quando navegando com ventos contrários, o navegante não pode mudar o vento, mas pode mudar a direção das velas. A direção do navio veleiro depende da relação das velas com o vento, e, por meio de um bordejo cuidadoso, pode-se quase que navegar contra um vento adverso, e com um pequeno trabalho a mais chegar ao porto desejado. Isto é uma parábola a respeito do *karma*. Se você não pode mudar sua sorte, mude a si mesmo, e encontre-a num ângulo diferente, você irá deslizando com sucesso onde o fracasso parecia inevitável. '*Yoga* é habilidade na ação', e esta é uma maneira pela qual o homem sábio governa seus astros ao invés de ser governado por eles."[1] Em suma, o destino não é inexorável, mas pode ser conciliado com o livre-arbítrio; e a reatividade dos temperamentos humanos não é irreversível, mas pode evoluir ou ser transformada pelo autoconhecimento.

Forrest está assim plenamente alinhado ao enfoque da Astrologia Humanística moderna que inicia principalmente com Dane Rudhyar (1895 – 1985) e Stephen Arroyo (1946 –) em clássicos como *Astrologia, Karma e Transformação*, entre outros. Forrest enfatiza: "A intensificação do autoconhecimento de uma pessoa: na Astrologia, isso é tudo o que importa." Também em minha obra *A Ciência da Astrologia e as Escolas de Mistérios* (Ed. Teosófica), considerei: "A Astrologia seria muito mais útil se, ao invés de procurarmos nela previsões inexoráveis, nós buscássemos [nela] um caminho de autoconhecimento, autotransformação e autolibertação."[2]

Entre os autores brasileiros, destaca-se Celisa Beranger, ex-Presidente do Sindicato dos Astrólogos do Rio de Janeiro, que já citava em sua obra *A Evolução através das Progressões*, esse espírito de desenvolvimento evolutivo focalizado no interior, nas palavras de Forrest: "As progressões revelam o código genético de crescimento inerente ao desenvolvimento lógico interno do Mapa Natal, independente de seu amplo meio ambiente. Elas mostram o ritmo de evolução do Mapa

1 BESANT, Annie. *A Doutrina do Coração*. Brasília: Ed. Teosófica, 1991, p. 87-88.

2 LINDEMANN, Ricardo. *A Ciência da Astrologia e as Escolas de Mistérios*. 4.ed. Brasília: Ed. Teosófica, 2020, p. 259.

Natal."[3] É particularmente esse espírito de transformação interior que brilha na obra astrológica de Forrest.

A Editora Teosófica tem assim a nobre oportunidade de trazer a mais reconhecida obra de Forrest, há muito esperada, para a língua portuguesa, dentre várias outras obras de destaque do autor. Ele é caracterizado por sua acessibilidade e profundidade transformadora, que o leitor é convidado a descobrir por si mesmo em progresso no autoconhecimento e nos respectivos efeitos em sua vida diária.

Agradecimentos são devidos a todos aqueles que de alguma forma contribuíram para esta publicação.

Brasília, 06 de junho de 2024.

+ Ricardo Lindemann, Dr.

Presidente do Sindicato dos Astrólogos de Brasília

Diretor da Editora Teosófica

Ex- Presidente da Sociedade Teosófica no Brasil

---

3 BERANGER, Celisa. *A Evolução através das Progressões*. Rio de Janeiro: Espaço do Céu, 2001, p. 16.

Agradecimentos

Eu gostaria de expressar minha gratidão às seguintes pessoas. Cada uma delas tornou a experiência de escrever este livro um pouco mais rica e possível:

Peter Guzzardi, Melanie Jackson, Barry Denenberg, Gene Stone, Michele Anders, Marc Penfield, Jennie Knoop, Dick e Bunny Forrest, Phyllis Hophan e Salmi Hamilton da Clínica Bodyworks.

Gostaria também de agradecer aos muitos milhares de pessoas que compartilharam comigo seus mapas natais ao longo dos anos. Sem vocês, não haveria nada para escrever.

E finalmente, um agradecimento especial à minha boa amiga, Laurel Goldman, minha professora, Marian Starnes, e Jodie Jensen.

Ora, a loucura ou a anormalidade fundamental dos homens reside na divergência entre essência e personalidade. Quanto mais um homem se conhece pelo que é, mais ele se aproxima da sabedoria. Quanto mais sua imaginação sobre si mesmo diverge do que ele realmente é, quanto mais louco ele se torna.

– Rodney Collin

Prefácio do Autor

Nos anos de 1950, quando eu era um garotinho, certa vez coloquei 25 centavos numa máquina de venda automática com pinturas de várias criaturas improváveis. Saiu um pacote contendo uma descrição dos traços associados ao meu signo solar, Capricórnio. Em essência, a mensagem dizia que eu era tímido e tenso, mas que, embora ninguém nunca ficasse muito entusiasmado comigo, eu podia me consolar com o conhecimento de que era prático e diligente e provavelmente ficaria rico.

Pensando bem, suponho que isso retardou meu desenvolvimento em seis meses.

Tímido e rígido. Nada a argumentar. A máquina acertou em cheio. A timidez era parte dolorosa, inescapável da minha realidade diária. Mas o astrólogo mecânico foi mais longe. Ele me disse que como eu nasci no dia 6 de janeiro, eu estava *condenado* a ser tímido e rígido pelo resto de minha vida. A palavra condenado não foi usada, mas eu certamente a li nas entrelinhas.

Quantas pessoas foram mal orientadas da mesma maneira? Em algum lugar, a astrologia saiu dos trilhos. Em sua forma saudável ela é um dos aliados mais preciosos da humanidade, a forma mais antiga de psicoterapia. Gradualmente, no entanto, o objetivo de ajudar as pessoas tem sido suplantado pelo desejo de impressioná-las.

E a astrologia pode fazer isso. Dada a data, hora e local de nascimento de uma pessoa, qualquer indivíduo que tenha feito uma pequena lição de casa pode descrever, com razoável precisão, a natureza geral daquela pessoa. Haverá erros. Mas somente a pessoa de mente muito estreita negaria a validade fundamental desse retrato.

Quem é ajudado por tal descrição? Certamente não a pessoa em questão. Presumivelmente, ela já conhece a si mesma. O melhor que pode resultar de tal interação é que o cliente é entretido, fica talvez intrigado, e o ego do astrólogo fica inflado. O pior que pode acontecer é que algum aspecto desagradável e contraproducente do caráter da pessoa fique ainda mais cimentado no lugar. "Certamente que sou indeciso – eu sou Libra".

A astrologia pode fazer muito mais.

Um mapa astral é uma declaração rica e viva, cheia de percepções, diretrizes e avisos. Ele não descreve um destino estático, mas um padrão de vida fluente, cheio de opções e riscos. Um encontro com um astrólogo eficaz deve deixar a pessoa não apenas entretida, mas inspirada a viver mais plenamente e confiante, com um senso de propósito e uma maior atenção com relação às mentiras reconfortantes que todos nós amamos tanto.

Muitos anos se passaram desde que coloquei minha moeda na máquina de venda automática e aprendi tudo sobre Capricórnio. Durante a maior parte desses anos eu tenho estudado astrologia, permitindo que ela me ensine. Os livros foram os meus guias no início. Mas quanto mais eu estudava as pessoas, mais eu percebia que os livros eram muito mais rígidos do que elas. Eu estava mudando. Capricórnio não estava. Alguma coisa estava errada. Então eu parei de ler e comecei a observar.

Lentamente, eu me dei conta: as forças: astrológicas nos apresentam não respostas, mas perguntas. As respostas que damos são as nossas próprias. Esses astrólogos que por séculos têm tentado determinar nosso comportamento a partir de nossos mapas astrais estavam enganados. A astrologia fornece o terreno. O modo como navegamos é problema nosso.

Quase todos os dias eu me sento com um estranho e seu mapa astral. Juntos eles raramente falham em me ensinar algo novo. Alguns são psiquiatras. Outros são trabalhadores do moinho. Duas eram prostitutas. Por meio da astrologia, eu aprendi a ver denominadores comuns humanos sob as máscaras das circunstâncias. Aprendi que o mais universal desses denominadores comuns é o desejo de "a minha vida ser diferente". E aprendi a ajudar as pessoas a crescer, a responder a suas próprias perguntas de maneiras mais felizes".

Crescimento: essa é a chave. Isto é o que separa a verdadeira astrologia da simples adivinhação. Um libriano pode aprender a tomar decisões. Um capricorniano pode aprender a relaxar. Transformações como essa são o objetivo de qualquer astrólogo de verdade. Para a cartomante, eles são apenas constrangimentos, evidências indesejáveis das falhas em seu sistema.

Uma nova astrologia? Talvez. Todos nós nos apoiamos sobre os ombros daqueles que nos precederam. Eu honro aqueles homens e mulheres que ajudaram a criar a tradição dentro da qual eu pratico. Mas essa tradição tornou-se obstruída e rígida, inflexível. Agora estamos prontos para ir um pouco mais longe, para redefinir os símbolos mais uma vez, para vê-los mais claramente, mais em harmonia com o fluxo e refluxo da experiência humana.

Qualquer pessoa que leia este livro pode aprender a usar a astrologia. A verdadeira habilidade vem com a experiência, mas a aura de "poder oculto" que sempre circundou a arte é uma cortina de fumaça. A astrologia é técnica, mas é a tecnologia da vida. Mesmo alguém que nunca ouviu falar de Capricórnio até alguns momentos atrás já vem estudando esses símbolos há anos. Eles são parte do espírito humano.

Tudo o que estamos fazendo é aprendendo uma nova linguagem. As palavras podem ser desconhecidas. Mas o significado por trás delas é tão universal quanto a respiração.

Então, por que se preocupar com isso? Somente porque o conhecimento astrológico, aliado a um a mapa astral preciso, pode aumentar nossa sensibilidade a um grau notável. É a pedra de Roseta da vida. Ele quebra o código. O caos, a dor, e a aparente aleatoriedade de nossas vidas se fundem diante de nossos olhos em um sistema ordenado. E uma vez que tenhamos entendido esse sistema, passamos muito menos tempo nadando contra a maré.

Aprenda astrologia por si mesmo e você tomará melhores decisões. Compartilhe-a graciosamente, sem pregação, e você será um amigo melhor, capaz de colocar seus próprios problemas em segundo plano por tempo suficiente para ajudar as pessoas que você ama a ver seus próprios problemas. Quer você a guarde ou a compartilhe, prometo-lhe uma viagem envolvente àquela fronteira sombria, àquele lugar onde o cosmos e a consciência se tocam: a alma humana.

– Steven Forrest

Chapel Hill, Carolina do Norte

Primeira Parte:
O Território

Capítulo 1

Por que se incomodar?

As pessoas mudam.

No entanto, uma suposição corre como um vírus na maioria dos escritos astrológicos: as pessoas não mudam.

"Escorpianos são sensuais, mas em algumas situações não seria apropriado confiar neles; capricornianos são diligentes; piscianos são cósmicos, mas são muito avoados para conferir seus talões de cheque". Mesmo em textos avançados, encontramos afirmações semelhantes: "Uma Vênus mal aspectada sugere promiscuidade". Declarações rígidas e sem mudanças. De Ptolomeu a Linda Goodman, os símbolos astrológicos têm sido interpretados como peças de maquinaria psicológica. Nós somos abençoados ou amaldiçoados com eles ao nascermos e estamos presos a eles até morrer.

É mentira.

Há uma indeterminação, um elemento imprevisível na vida. Este fator surpresa pode ser espinhoso para as cartomantes, mas é a pedra fundamental de qualquer abordagem positiva e evolutiva da astrologia. Ou de qualquer abordagem precisa que seja de interesse.

A astrologia tem sido tão mal interpretada, tão deturpada, que o verdadeiro significado da palavra quase foi perdido. Parte disto pode ser culpa dos vilões de sempre, mas a maior parte da culpa recai sobre os próprios astrólogos. Por meio de interpretações convencionais do simbolismo e de uma obsessão em prever o futuro, muito da astrologia moderna se tornou uma paródia do que ela poderia ser. Muito disso é, com razão, motivo de riso. Admitir, na companhia de alguém inteligente, que se é astrólogo tornou-se como admitir que você assiste a novelas ou tem uma assinatura do *National Enquirer*[4]. Nós que praticamos a arte podemos lamentar e protestar, mas em última análise devemos admitir um fato: por mais embaraçosa que seja essa situação,

A astrologia é apenas um dedo que aponta para a realidade. Como qualquer outra linguagem, ela apenas fornece uma forma de ordenar nossas percepções. No que tem de melhor, ajuda-nos a ver mais honestamente. No que tem de pior, ele lança uma muralha entre nós e a crueza de nossa própria experiência. Para ter valor, ela não deve refletir apenas a realidade da vida; deve aprimorar a vanguarda de nosso crescimento. Se a astrologia não der à mente a nitidez de um laser e tornar o coração um ponto sensível, então ela fracassou.

Como pode ser gerado tal drama? Certamente, não por meio de uma monótona lista de "traços" associados a cada configuração celestial.

Nós não somos robôs. Somos homens e mulheres. Não somos programados de forma inalterável ao nascer, predestinados a seguir nossa programação astrológica até que nossas baterias se esgotem. Essa escolha pode estar disponível para nós: somos livres e podemos escolher ser mecânicos e chatos, para ritualizarmos nosso comportamento em uma névoa de entorpecimento e previsibilidade. Mas podemos fazer muito mais. Ser 'humano' é ser mutável. Ser capaz de mudar. Ser indeterminado. Conhecer o crescimento.

---

4 *National Enquierer* é um tabloide norte-americano cujo conteúdo é focado eminentemente na vida de famosos e celebridades. (Nota Edição Bras.)

Pode haver uma montanha de inércia dentro de nós, mas é àquele único átomo de mutabilidade que a astrologia deve falar. Ela deve abordar a vida em nós, não entorpecimento.

Cada símbolo astrológico representa um espectro de possibilidades; cada mapa astral contém as raízes de dez mil personalidades. Esta é a chave para o sistema.

Um indivíduo pode responder a um mapa astral de uma forma pouco imaginativa, ou de forma vibrante e criativa. Sua resposta nunca pode ser conhecida de antemão. Não existe um mapa astral bom ou ruim. Não há mapas astrais evoluídos ou não evoluídos, nem mapas sãos, nem mapas esquizofrênicos. Qualquer que seja a medida da virtude que nos interesse, devemos procurar em outro lugar para encontrá-la.

A astrologia só nos pode nos ajudar de três maneiras. Ela pode retratar vividamente a mais feliz das vidas disponível para nós. Ela pode nos dizer que ferramentas temos disponíveis para o trabalho e como melhor empregá-las. E pode nos advertir com antecedência sobre como serão nossas vidas quando estivermos indo pelo caminho errado. A partir desse ponto, devemos afirmar que todas as escolhas estão em nossas próprias mãos e que nenhum planeta ou signo predetermina um destino específico.

Uma vez que esses pontos tenham sido levantados, podemos ouvir a mensagem do mapa astral ou podemos ignorá-la. Isto é o que nos interessa. E mesmo que optemos por ignorá-la, a própria vida trará a mesma mensagem para nós, mais cedo ou mais tarde.

Então, para que mesmo precisamos de astrologia? Para nada. Muitas pessoas vivem muito bem sem ela. Nada pode ser aprendido de um mapa astral que não possa ser aprendido em outro lugar. Faça psicoterapia, medite num mosteiro tibetano, apaixone-se, descubra uma cidade perdida – qualquer uma dessas coisas pode ter o mesmo efeito. A astrologia é apenas mais um caminho para o autoconhecimento. E, como todos os outros caminhos, ela tem certas vantagens e desvantagens.

A principal vantagem da astrologia é a rapidez. Sem ela, podemos tropeçar por anos tentando catalogar boas informações sobre quem somos a partir de todas as verdades falsas e sonhos vazios com os quais fomos programados. A psicoterapia pode acelerar o processo, o mesmo pode acontecer com um casamento dinâmico, ou mesmo uma aventura que nos empurre para os limites da resistência, tirando tudo, menos o mais essencial de nosso caráter.

Mas todos esses processos levam tempo. E cada um tem suas próprias armadilhas. Por outro lado, uma leitura astrológica, ou seja, a leitura deste livro, consome apenas uma tarde. Em uma questão de duas ou três horas pode ser gerado um nível de autoconsciência que, de outra maneira, pode levar anos para ser reunido.

As desvantagens da astrologia? Todas essas boas informações podem entrar por um ouvido e sair pelo outro. A astrologia não muda as pessoas, assim como a psicoterapia não muda as pessoas. As pessoas mudam a si mesmas.

E o que dizer da Metafísica?

Participe de dez minutos de qualquer discussão sobre astrologia e há boas chances de você se deparar com algumas questões imponderáveis. "Meu astrólogo diz que eu preciso enfrentar todas essas coisas. Por quê? E se eu não quiser"?

Essas perguntas rapidamente se transformam em grandes questões: Qual é o propósito da vida? Por que eu estou aqui? Quem (se é que foi alguém) me colocou no mundo, para começar? Metafísica e astrologia buscam respostas para as mesmas perguntas. Há uma diferença, no entanto. Ao contrário da metafísica, na astrologia a ênfase está no buscador e não no que ele ou ela procura. A astrologia não é teológica;

ela é direta, real, experimental. Ela tenta apenas nos ajudar a organizar nossas personalidades, para nos tornar mais felizes, mais esclarecidos. Por trás desse processo podemos colocar qualquer pano de fundo metafísico ou filosófico que nos agrade.

Vamos tentar alguns apenas para ver se realmente fazem alguma diferença.

Pano de Fundo Número Um: Não somos protoplasma. Somos espírito. Pura consciência. Seres imortais, encarnando numa sucessão de formas físicas, evoluindo lentamente para um estado de união com Deus. Nossas circunstâncias existenciais atuais refletem nossa condição interna. Nós as selecionamos conscientemente antes do nascimento, escolhendo as configurações astrológicas ideais para nosso trabalho evolutivo. Podemos não gostar de tudo sobre nossas vidas, mas não há nada de aleatório nelas. Tudo pode ser usado. Tudo é uma benção – sempre. Nossos trabalhos, nossas relações, nossos problemas, todo o quadro é uma escolha consciente, proposital.

Pano de Fundo Número Dois: O Universo é completamente aleatório. Há quinze bilhões de anos, as nuvens de hidrogênio condensaram transformando-se em estrelas, e as estrelas começaram a cozinhar elementos mais pesados. Formaram-se nódulos de carbono e os nódulos aprenderam a se reproduzir, evoluindo lentamente em relações especializadas com seus ambientes. O que chamamos de consciência é um fenômeno eletroquímico, totalmente dependente da fisiologia do cérebro. Quando o cérebro morre, a consciência morre. Enquanto isso, podemos desfrutá-la. Mas isso não é fácil. A consciência é ineficiente. Ela produz muita estática: neuroses, culpa, compulsões. Se queremos obter o máximo prazer de nossa consciência neste Universo aleatório, esses vazamentos de energia têm de ser eliminados.

Você vê alguma diferença prática?

Os dois modelos estão filosoficamente separados por anos-luz, mas na prática eles são idênticos. Se existe alguma piada cósmica, é esta: não importa como construamos mentalmente o Universo, o Universo, no qual nós de fato vivemos, não muda. Podemos trocar os móveis conceituais de lugar em nossas cabeças até ficarmos zonzos e ainda assim nos depararmos com os mesmos enigmas psicológicos – os problemas são problemas, qualquer que sejam as nossas filosofias.

Vejamos qualquer um dos paradigmas. Nosso trabalho continua o mesmo.

Somos espírito ou somos carne? Astrologicamente, a resposta correta é: quem se importa? Se ficamos deprimidos, ou ciumentos, ou solitários ou em qualquer outro estado de ânimo desagradável, mudar essa condição é nosso trabalho, quer sejamos físicos nucleares, ou sacerdotes hinduístas. Perspectivas metafísicas podem nos ajudar. Se assim for, tudo bem. Mas não diz respeito à astrologia fornecê-las. Isso depende de nós.

A intensificação do autoconhecimento de uma pessoa: na astrologia, isso é tudo o que importa. Ao promover essa intensificação, qualquer pessoa que interprete um mapa astral deve ter absoluto respeito pela independência e autodeterminação de cada mente que ele ou ela toca. Não é preciso nenhum pretenso guru. A relação entre astrólogo e cliente deve ser de igualdade. Todos nós enfrentamos os mesmos labirintos e ninguém possui o plano diretor.

O que a astrologia fornece é um esquema da lente através da qual devemos perscrutar esses labirintos: a personalidade.

Do ponto de vista astrológico, cada personalidade tem uma forma ideal, uma forma que é indicada pelas posições dos planetas no momento de nosso nascimento. E embora possamos nos valer da cultura e da experiência na preparação dessa forma, sua carne e seus ossos surgem em outro lugar. Eles estão profundamente enraizados em nós, em um nível de consciência muito mais profundo do que nossos maneirismos e estilos. Podemos chamar essas raízes de alma, moldada e retorcida pelos acontecimentos de mil vidas. Ou podemos vê-las como um alinhamento aleatório da roleta genética. Isso não importa. As raízes estão lá, e representam um certo padrão de necessidades e predisposições que a personalidade social deve sempre refletir se houver paz na mente.

E a paz é o objetivo. Mas a paz não surge automaticamente. Devemos trabalhar para isso, alinhando nossa personalidade externa com nossa essência interior. Devemos deixar de lado aqueles roteiros sociais que nos perturbam. Devemos crescer.

A astrologia é hedonista. Busca o prazer. É imediatista e amoral. Tudo o que importa para ela é a felicidade. Um espelho que reflete a vida, ela observa, mas não interpreta. Fato: nós sofremos. Fato: gostaríamos de nos sentir melhor. A astrologia nos ajuda a fazer isso.

Como? Lembrando-nos de quem somos. Desde que aprendemos a ligar a televisão, estamos sitiados. Nossa sociedade tem tentado colar em nós um conjunto de valores, heróis e mitologias. Não é preciso criticá-los. Basta sabermos que muitos deles são antinaturais para nós. Nas mãos de um astrólogo sensível, hábil e articulado, o mapa astral pode nos catapultar para além dessas armadilhas. Ele nos ajuda a evitar que nos tornemos apenas mais um personagem fora do elenco principal. Num instante, todo o padrão de tensões criativas, pontos cegos e aspirações que compõem nossa própria personalidade única chega a um foco. E se distingue desses valores antinaturais, heróis e mitologias.

O que ganhamos com isso? Vislumbrar o nosso Eu essencial nos enche de vitalidade. Ele nos ajuda a fazermos melhores escolhas. Cuidamos de nós mesmos de forma mais eficaz. Aprendemos a separar o que realmente queremos do que nos sentimos compelidos a querer. E isso nos torna mais felizes.

Não há necessidade de falar de iluminação ou autorrealização. A felicidade é suficiente. Este é, então, o verdadeiro propósito da astrologia: manter um espelho diante do eu em evolução, para nos dizer o que já sabemos no âmago de nós mesmos. Por meio da astrologia voamos muito acima da massa de detalhes que constituem nossas vidas. Ficamos fora de nossas personalidades e vemos, por um momento, o núcleo central de individualidade em torno do qual todas as minúcias devem sempre orbitar.

Somos testemunhas de nós mesmos.

Os Sete Princípios

Sete ideias fundamentais formam a espinha dorsal de qualquer visão da astrologia orientada para o crescimento. Qualquer indivíduo ou texto que divirja muito delas é provavelmente mais uma parte do mau *karma* da astrologia do que parte de seu futuro.

- Os símbolos astrológicos são neutros. Não há bons, nem maus.
- Os indivíduos são responsáveis pela forma como encarnam seus mapas astrais de nascimento.
- Nenhum astrólogo pode determinar o nível de resposta de uma pessoa ao seu mapa astral a partir apenas desse mapa astral.
- O mapa astral é um plano para o caminho mais feliz, mais gratificante, mais espiritualmente criativo de crescimento disponível para o indivíduo.
- Todos os desvios do padrão ideal de crescimento simbolizado pelo mapa astral são estados instáveis, geralmente acompanhados de uma sensação de falta de objetivo, vazio e ansiedade.
- A astrologia reconhece apenas dois absolutos: o mistério irredutível da vida, e a singularidade de cada ponto de vista individual sobre esse mistério.

- A astrologia sofre quando está muito ligada a qualquer filosofia ou religião. Nada no sistema importa, senão a intensificação do autoconhecimento individual.

Cada um destes sete princípios é básico. Subtraia-se ou distorça-se até mesmo um deles e todo o edifício desmorona em uma ruína de adivinhação.

Somos livres. As forças celestes e a vontade humana atuam juntas num relacionamento sinérgico aberto. Os resultados de sua união não podem ser previstos mais do que a natureza de uma criança pode ser vista de antemão pelo conhecimento de seus pais.

Em resumo: os símbolos astrológicos não são substantivos, são verbos. Eu não sou "um capricorniano". *Eu estou capricorniano*. Crescimento. Mudança. Evolução. Esse é o coração da astrologia. Deixar o fatalismo e a rigidez para os cartomantes. Nosso trabalho está em outra parte.

Capítulo 2

Linguagem Simbólica

Signos, casas e planetas. Três sistemas distintos de símbolos. Três vocabulários. Juntos eles formam a trindade sagrada da astrologia. Cada um serve a um propósito distinto. Cada um responde a um conjunto distinto de perguntas. Sem os três, a astrologia não poderia existir. Na falta de um, ela poderia ter largura e altura, mas não profundidade. Seria tão fina quanto o papel que você está segurando.

Signos e casas trabalham em conjunto. Vamos entendê-los primeiro, depois vamos adicionar os planetas.

Em termos gerais, os signos são *identidade*, enquanto as casas são a arena dentro da qual a identidade opera. Os signos fornecem a estrutura psicológica, as necessidades e os medos, as atitudes e os preconceitos, com os quais atacamos as casas. As casas indicam problemas e questões. Elas representam tarefas que devemos encarar.

Os signos simbolizam processos que acontecem *no interior da mente*. Cada um deles é um padrão de crescimento com o qual a pessoa se torna intensamente identificada: aprendendo a se tornar mais corajosa; aprendendo a se tornar mais consciente das outros necessidades e preocupações das pessoas; desenvolvendo sensibilidade psíquica ou habilidades de meditação; eliminando os efeitos destrutivos da dependência.

As casas são mais concretas. Elas representam *aquilo que a mente observa*. Muitas delas são simplesmente teatros de atividade óbvia, exterior. Uma simboliza nosso amplo ambiente social ou cultural. Faz surgir a questão do papel que lá desempenhamos. Outra simboliza o campo de atividade que chamamos de relações íntimas. Uma terceira mostra nossas circunstâncias materiais ou econômicas.

Algumas casas são menos ativas externamente. Mas elas sempre simbolizam algo *fora* da personalidade, algo de que *devemos nos tornar conscientes*. Uma, por exemplo, refere-se à existência da mente inconsciente.

Os planetas são a terceira dimensão do simbolismo astrológico. Eles representam a real *estrutura da mente*. Cada um simboliza uma *função psicológica* particular: intelecto, emoções, autoimagem, o impulso para a intimidade.

Junte todos os planetas e você tem um mapa da psique humana. É como muitos outros mapas que existiram na história. Sigmund Freud, por exemplo, dividiu a mente em ego, id e superego. Os astrólogos usam Mercúrio, Vênus, etc. da mesma forma.

Tal como o modelo mental de Freud, o mapa planetário está em branco. Ele descreve todos os departamentos do psiquismo, mas não diz o que está em cada departamento. Todos têm um ego. Mas nem todo mundo tem um ego da mesma força e da mesma natureza. Da mesma forma, Mercúrio (habilidade verbal) pode ser forte numa pessoa, fraco em outra. Ambos possuem a mesma função mental. Mas em cada pessoa ela opera de forma diferente.

Para entendermos como um planeta funciona, devemos vê-lo no contexto de um signo e de uma casa. Um planeta agressivo pode estar num signo que se refere ao processo de desenvolvimento da coragem. Esta é uma combinação poderosa e produz uma personalidade claramente assertiva. Mas como essa assertividade se torna visível? Onde podemos vê-la?

Para responder a isso, olhemos para a casa. É aí que a dinâmica do signo-planeta é liberada. Talvez essa assertividade seja expressa mais claramente na atividade profissional. Talvez a vejamos no casamento e na amizade. Ou talvez essa assertividade não seja de todo visível externamente. Talvez esteja brilhando em um dos departamentos ocultos da vida. Essa pergunta só pode ser respondida por uma casa. O desbloqueio das interações destes três tipos de símbolos – signos, planetas e casas – é a chave para se desvendar os segredos do mapa astral individual.

Em resumo, os três sistemas de símbolos respondem às perguntas: *o quê*, *o como* e *o porquê*, e *onde*.

Sempre olhe primeiro para o planeta, que é *o quê*. Ele nos permite saber qual parte da mente estamos considerando. Use então o signo para determinar exatamente o que esse planeta quer e quais métodos podem ser melhor utilizados para atingir esses objetivos – *o porquê* e *o como*. Finalmente, olhe para a casa. Ela responde *onde*, dizendo-nos exatamente em que departamento da vida a batalha está ocorrendo.

Imagine, por exemplo, que estamos analisando um mapa astral com Vênus em Virgem, na sexta casa. Como prosseguimos? No capítulo 8 estudamos essa combinação em detalhes, mas vamos dar uma rápida olhada agora apenas para focalizar todo este pensamento abstrato com um exemplo concreto.

Vênus é o planeta, e o seu *o quê* é sempre a capacidade de *estabelecer relações pessoais*. Neste caso, Vênus é guiado pelo *porquê* e o *como* de Virgem. O que isto significa? Como aprenderemos no capítulo 5, *o porquê* de Virgem é o esforço para *atingir a perfeição* e a sua *corporificação* envolve análises intermináveis. De imediato sabemos que estamos lidando com alguém que é idealista nos relacionamentos, mas que deve aprender a equilibrar esse idealismo contra uma tendência a ser demasiado crítico ou exigente. Responsabilidade no amor e na amizade provavelmente vem facilmente, mas a tolerância e o perdão devem ser desenvolvidos intencionalmente. *Onde* estão estes dramas que provavelmente serão encenados? Na sexta casa, a arena da vida que chamamos de trabalho. Neste caso, *as parcerias no trabalho* são particularmente *sensíveis* aos altos e baixos de Vênus em Virgem, e é aí que o indivíduo está mais propenso a encontrar suas tensões centrais de desenvolvimento no que diz respeito à formação de laços emocionais duradouros. Em outras palavras, ele tende a encontrar seus amigos mais íntimos e companheiros de vida (Vênus) por meio do trabalho (sexta casa) e a entrar nesses relacionamentos impulsionado por um conjunto de motivações e necessidades virginianas.

Não se preocupe se esta análise o confunde agora. Ela fará muito mais sentido depois que você tiver lido os próximos capítulos e absorvido os significados básicos dos signos, planetas e casas. Por enquanto, é suficiente lembrar que os planetas nos dizem para que parte da mente estamos olhando (*o quê*), os signos nos permitem saber quais necessidades e estratégias guiam aquele planeta (*o porquê* e *o como*), e as casas especificam exatamente em qual das arenas da vida a combinação planeta-signo está se desenvolvendo (*o onde*).

Leitura de Símbolos

O mapa astral é uma ferramenta notável. Mas, para usar essa ferramenta, você deve aprender uma arte perdida. Você deve se tornar um leitor de símbolos.

Interpretação: este é o coração da astrologia. Tecendo juntas as mensagens dos signos, casas, e planetas, entrelaçando-as, vendo como dão sabor uma à outra, se realçam uma à outra, anulam uma à outra – essa é a arte do astrólogo.

E é uma arte. A interpretação não é um procedimento científico, não é algo a ser memorizado. Não é mecânico. Não é uma habilidade que se adquire, como aprender a reconstruir carburadores ou a resolver equações diferenciais. O elemento de criatividade, de inspiração, de intuição é a centelha vital no núcleo do sistema. Sem ela, nunca se pode derivar significado de um mapa astral.

A mente é uma criatura viva, assim como o corpo. Todos os seus órgãos interagem. Se tivermos uma dor de cabeça, ela pode afetar nosso estômago também. E, talvez, se alguém massagear nosso pescoço e ombros, ambos os problemas desaparecem. O mesmo se dá com a astrologia. Se nosso Mercúrio dói, então esse desequilíbrio se reflete em um dos outros signos e casas também. Devemos aprender a compreender o mapa astral *como um todo*, assim como um bom médico aprende a ver o corpo como um sistema que interage.

Essa é a primeira lei de interpretação: ver a totalidade. Nunca devemos ler um símbolo no vácuo.

Mas essa totalidade é complexa, assim como as mentes o são. Um mapa astral é um arranjo intrincado de símbolos multidimensionais. Não há dois iguais. Muitas pessoas têm Marte em Aquário ou Vênus na quarta casa. Esses são os "pedaços" ou "frases" básicos que se combinam para formar a psique, e há relativamente poucos deles. Mas suas combinações possíveis são quase infinitas, e é nesse infinito fogo cruzado infinito e variável que a astrologia ganha vida.

Nenhum livro consegue cobrir todas as combinações concebíveis dessas "unidades de informação" astrológicas. Há muitas delas. Para ler um mapa astral, devemos abordar o problema de maneira diferente. Devemos aprender o idioma. Devemos nos familiarizar com todo o vocabulário básico – cada signo, cada casa, cada planeta. Somente então poderemos entender suas interações.

Aprender a interpretar mapas é como aprender a falar francês. Se ficaremos em Paris por apenas uma semana, então, memorizar frases do Berlitz[5] é tudo de que precisamos. Seremos capazes de localizar os banheiros e evitar a desnutrição. Mas, se levamos a sério nos comunicarmos no idioma, buscamos uma estratégia diferente. Memorizamos o vocabulário, aprendemos regras gramaticais e começamos a formar as frases por conta própria.

A maioria dos textos astrológicos são como livros de expressões. Eles contêm acervo de interpretações de cada "unidade de informação". Você tem Saturno em Virgem? Cada configuração é descrita abstratamente, como se estivesse funcionando sozinha. Vá para a página "x". Netuno na quarta casa? Página "y". E quando juntamos esses acervos de interpretações, temos uma miscelânea. Somos como o homem com o livro de expressões em francês, que de repente é confrontado com uma situação que o livro não contempla: gaguejamos.

Mais adiante, estudaremos o mapa astral de um inglês que nasceu com o Sol em Libra e na sexta casa. Um texto tradicional do livro de expressões astrológicas diria que tal combinação significa que ele é indeciso e subserviente. Indo mais adiante, descobrimos que sua Lua está no rebelde Aquário e sua primeira casa contém o explosivo e irascível Urano. Voltando àqueles capítulos, o mesmo texto nos ensinaria que ele é arrogante, teimoso e de espírito livre. Uma estranha justaposição de traços.

Esse tipo de astrologia de livro de expressões produz resultados rápidos. Não temos que aprender uma nova maneira de pensar. Tudo o que precisamos fazer é procurar no livro. Aprendemos a operar como um computador, cuspindo parágrafos pré-fabricados sobre cada configuração astrológica. Mas os resultados que obtemos são ruins. Não há nenhuma vida neles. Eles não crescem nem mudam. E se contra-

5 Guia de conservação em línguas estrangeiras. (Nota Edição Bras.)

dizem uns aos outros. Tentar praticar astrologia dessa maneira é como tentar reconstruir uma personalidade a partir de um corpo dissecado. Aqui está um braço. Aqui está um nariz, um olho, um dente. Podemos até unir todas as partes novamente. Mas nós não enganamos ninguém. Tudo o que temos é carne e ossos.

Um computador pode fazer um mapa astral, mas nunca poderá interpretá-lo de forma eficaz. Para conseguir isso, devemos reagir ao mapa da mesma forma como reagimos a uma pessoa viva: intelectualmente, emocionalmente, fisicamente, intuitivamente. Devemos responder ao todo. Devemos aprender palavras e formar sentenças. Memorizar as frases não nos ajuda.

Aprender a linguagem realmente não é difícil. Todos nós somos astrólogos. Apenas não conhecemos as palavras ainda. A americana que viaja pela França com seu livro de uma adulta competente e coerente. Ela sabe o que é ônibus. Ela sabe tudo sobre alcachofras e política, avenidas e vielas escuras. Ela simplesmente não sabe como os nomear. Com um pouco de instrução na linguagem, sua inteligência nata pode começar a se expressar.

Tal qual a nossa viajante, todos nós temos inteligência astrológica nata. Todos temos uma função Mercúrio e um processo Peixes. Somos todos construídos a partir do mesmo material. Nossos rótulos atuais podem ser diferentes, mas são apenas palavras. Qualquer que seja o nome que damos a esses nossos aspectos, temos vivido com eles, estudando-os, desde que nascemos. Só precisamos aprender algum vocabulário novo.

Tal como os idiomas, a astrologia é fácil. Há dez planetas, doze signos e doze casas. Apenas trinta e quatro palavras. Ao compreendê-las, é como se você estivesse indo para Paris com nota máxima em francês no ensino médio. Ninguém vai confundi-lo com um nativo, mas você vai sobreviver.

O livro que você tem em suas mãos não é um livro de expressões. É um texto de uma nova linguagem. Os primeiros capítulos são lições de vocabulário. Vamos nos familiarizar com a noção de um mapa astral, com cada signo, cada casa, cada planeta. Depois passaremos à formação de sentenças. Ao final do livro, se você estiver atento, estará fazendo muito mais do que repetir listas de características contraditórias feito um papagaio. Você estará falando uma nova língua. Uma língua antiga, eloquente, precisa. Que amplia a sua imaginação, e estimula sua sensibilidade. Uma linguagem tão penetrante quanto uma adaga e tão clara como um cristal colocado contra o Sol.

Capítulo 3

O que exatamente é um mapa astral?

Um mapa astral é um arranjo único dos elementos primários da astrologia: signos, casas e planetas. Muito embora haja apenas cerca de três dúzias de palavras no vocabulário da astrologia, quando acrescentamos as regras da gramática e sintaxe elas se combinam de forma quase infinita. Um mapa astral é uma combinação particular, feita para representar o indivíduo.

Fisicamente, um mapa astral é simplesmente um mapa. Ele mostra o modo como o Sol, a Lua e os planetas estavam dispostos no céu no momento em que uma pessoa nasceu. Vamos fazer uma visita guiada por um mapa que analisaremos posteriormente em detalhes. A figura na página seguinte é o gráfico de uma pessoa nascida em 9 de outubro de 1940, no noroeste da Inglaterra, por volta das seis e meia da tarde.

Glifos dos Planetas			
Sol:	☉	Júpiter:	♃
Lua:	☽	Saturno:	♄
Mercúrio:	☿	Urano:	♅
Vênus:	♀	Netuno:	♆
Marte:	♂	Plutão:	♇

Mapa Astral Natal do Inglês

O Inglês

Mapa Astral Natal (masculino)
09.Out.1940, Quarta-feira
18h30min BST - 1:00
Manchester, UK
53ºN30'002ºW15'
Geocêntrico
Tropical
Placidus
Nodo Lunar Médio

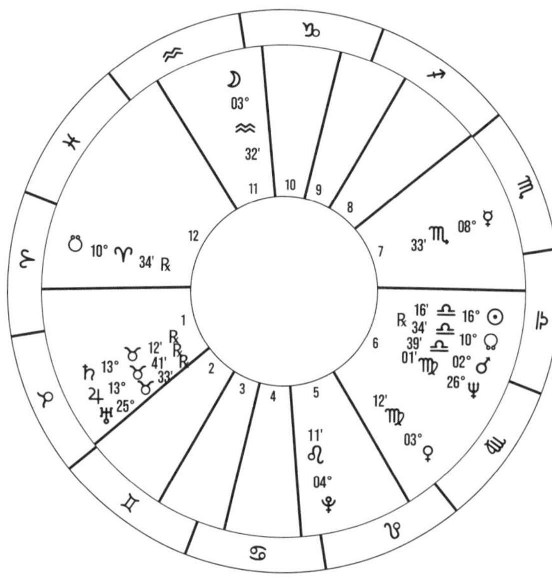

Os hieróglifos espalhados aleatoriamente pelo mapa representam o Sol, a Lua e os planetas. Estes símbolos são chamados de *glifos*. Como a taquigrafia, eles nos poupam muito da escrita. São eles:

A linha horizontal que atravessa o meio do nosso mapa do exemplo é o horizonte local. Tudo que estava acima dele, estava na metade visível do céu quando o homem nasceu. Tudo que estava abaixo dele estava invisível, sob a terra. Por razões que logo veremos, a extremidade *esquerda* dessa linha representa o *Leste*. É apenas o oposto da forma como os mapas são normalmente configurados.

No outono inglês, seis e meia da tarde é logo após o pôr do sol. Se este mapa for preciso, devemos encontrar o Sol logo abaixo do horizonte ocidental, tendo acabado de se pôr. E é exatamente isso que vemos: o glifo do Sol – o círculo com o ponto no centro – está do lado direito do mapa astral, abaixo apenas da linha central, exatamente onde esperaríamos encontrá-lo.

O símbolo familiar da Lua em crescente encontra-se no quadrante superior esquerdo do mapa: a Lua brilhou intensamente no crepúsculo, a meio caminho do céu oriental.

Pouco mais era visível. Além da Lua, apenas Mercúrio obscurecido brilhava na metade do céu visível para nós – e Mercúrio estava baixo no Oeste, provavelmente perdido na névoa sobre a Terra. Todos os outros planetas estavam ocultos abaixo do horizonte.

As doze fatias de torta que se destacam de forma tão proeminente são as casas. (No anel interno, pode-se ver números que correspondem a cada casa). Em nosso exemplo, o Sol está na sexta casa. Isso é apenas uma maneira sofisticada de dizer que estava um pouco abaixo do horizonte ocidental. Dizer que um planeta está na nona ou na décima casa o posiciona bem alto no céu. Na terceira ou quarta casa, ele está muito abaixo do horizonte.

Tudo o mais que você vê no nosso exemplo de mapa astral tem a ver com signos. Esses números e os símbolos que você vê ao redor da borda externa do mapa mostram onde estavam os signos no momento em que nosso herói respirou pela primeira vez. (Para os detetives entre vocês, esta é sua primeira pista para a identidade de nosso herói; ele não é uma mulher).

Tal como os planetas, cada signo tem um glifo:

O Glifo de cada signo			
Áries:	♈	Libra:	♎
Touro:	♉	Escorpião:	♏
Gêmeos:	♊	Sagitário:	♐
Câncer:	♋	Capricórnio:	♑
Leão:	♌	Aquário:	♒
Virgem:	♍	Peixes:	♓

Olhe para o lado extremo esquerdo do mapa, perto de onde encontramos a Lua. Vê-se o número 25, seguido do glifo para Áries. Isso nos diz que Áries estava ascendendo no horizonte oriental quando o homem nasceu. Especificamente, 25º graus de Áries – cada signo tem a largura de trinta graus.

Os outros números ao redor da borda externa do mapa astral nos dizem onde os signos estavam com relação às casas no momento do nascimento do homem. O que isso significa exatamente? Posteriormente investigaremos isto em detalhes. Por enquanto, visualize os signos como grandes regiões do espaço marcadas por estrelas. Como o mundo gira, eles parecem nascer e se pôr. Em certo momento, Áries pode estar ascendendo (nascendo). Doze horas depois, Áries estaria se pondo, e o signo oposto, Libra, estaria ascendendo. Embora varie de minuto a minuto, um determinado grau de um certo signo está sempre no início de cada casa. Em outras palavras, *cada signo está em algum lugar*. Pode estar acima do horizonte, pode estar abaixo dele. Esses números e glifos ao redor da borda do mapa astral nos dizem exatamente onde está cada signo.

Todos os signos têm o mesmo tamanho – 30 graus, ou 1/12 dos 360 graus do círculo. Não é assim com as casas. Elas variam em largura, embora, por conveniência, a maioria dos mapas em branco mostrem casas do mesmo tipo, tamanho. Ocasionalmente, uma casa que por acaso seja mais larga que 30 graus se alinha com um signo de tal maneira que o signo é completamente engolido – não toca em nenhuma das *cúspides* da casa (início). Isto é chamado de *interceptação*, e é o caso dos quatro signos em nosso mapa de amostra. Veja-se, por exemplo, a décima segunda casa. Ela começa a 25 graus de Aquário, engole completamente Peixes, e não termina até chegarmos aos 25 graus de Áries, que é a cúspide da primeira casa.

Cada planeta cai ao mesmo tempo em um signo e em uma casa. Podemos dizer a posição de sua casa apenas olhando qual fatia de torta o planeta ocupa? Para determinar o signo do planeta, considere a notação próxima a ela. No nosso mapa de exemplo, Vênus está na sexta casa acompanhado do símbolo de Virgem. Isso nos diz que Vênus está na parte do céu que chamamos de Virgem especificamente, no quarto grau de Virgem. Saber que está na sexta casa nos permite saber que, no instante do nascimento do homem, Virgem havia girado abaixo do horizonte ocidental, carregando Vênus com ele.

A princípio, algumas pessoas confundem signos e casas. Uma boa maneira de mantê-los separados na mente é lembrar que as casas estão ligadas ao horizonte local, enquanto os signos estão ligados ao espaço em si. Como a Terra gira no espaço, os signos *parecem girar em torno da Terra*. E porque os planetas também estão lá fora no espaço, eles também parecem girar junto com os signos, nascendo no Leste e se pondo no Oeste. Nós registramos esse nascer e pôr do sol como mudanças nas posições das casas dos signos e planetas, um fator que descreve suas posições somente do nosso ponto de vista particular sobre a Terra, visto em relação ao horizonte local. As casas no mapa astral, em outras palavras, são simplesmente espaços vazios – cada planeta e signo passa por todos eles enquanto parece girar ao redor da Terra a cada vinte e quatro horas.

Por que o Leste está à Esquerda?

Já notou que o Sol está sempre no céu do Sul? Pensamos nele como se estivesse nascendo no Leste e se pondo no Oeste, mas está sempre ao sul dessa linha, pelo menos até descermos em direção ao Equador.

Isso porque, aqui no Hemisfério Norte, estamos "no topo" do planeta – e para ver o Sol, precisamos olhar "para baixo", para o Sul. Nossos amigos australianos, por outro lado, precisam olhar para cima, para o Norte. No Hemisfério Sul, dizer que uma casa tem "face sul" não atrairá ninguém. Isso só significa que ela está sempre voltada para longe do Sol, em direção à Antártida.

No nosso Hemisfério, o Sol está mais ou menos voltado para o Sul quando atinge o pico de seu arco diário. Portanto, o ponto mais alto de um mapa astral é um ponto no Sul, e não um ponto no Norte. Os mapas no Hemisfério Sul têm a mesma aparência, mas a matemática subjacente a eles é ligeiramente diferente. Mesmo assim, os leitores australianos podem ainda usar este livro.

Com o Sul em cima, os mapas natais são construídos "de cabeça para baixo." Isso parece estranho a princípio – mas a única alternativa é ter planetas acima do horizonte representados na parte inferior do mapa. Isso é ainda pior, então só temos que nos acostumar a pensar de cabeça para baixo.

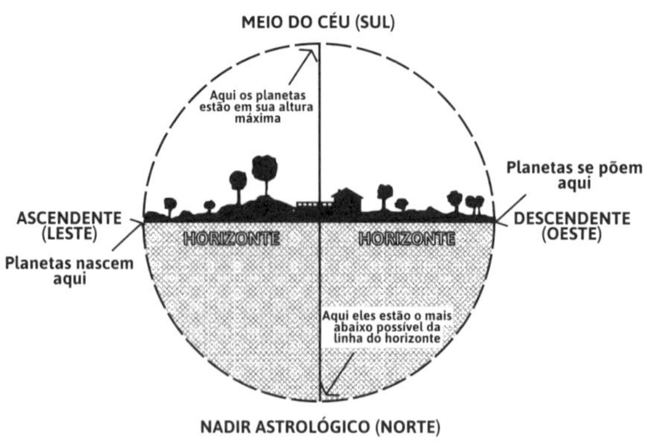

A inversão natural do mapa astral coloca o Leste à esquerda e o Oeste à direita. Assim, os planetas nascem no lado esquerdo do mapa. Damos a esse ponto o nome de *Ascendente*. O ponto oposto, o extremo direito da linha do horizonte, é onde eles se põem. É chamado de *descendente*.

Meio do céu é o nome dado ao ponto alto do mapa astral – onde o Sol está por volta do meio-dia. E o *nadir astrológico* é o ponto oposto, onde encontraríamos o Sol por volta da meia noite.

Movimentos planetários

No decorrer de um dia, o Sol, a Lua e os planetas nascem e se põem uma vez. Em outras palavras, eles se movem através de cada uma das doze casas. Isso só acontece porque a Terra está girando em seu eixo. Ela nada tem a ver com qualquer movimento dos planetas.

Mas os planetas em si estão em movimento. Eles estão se inclinando em torno do Sol. Se compararmos suas posições a cada noite com as de estrelas próximas, veremos pequenas mudanças. Junte seus polegares e abra as mãos com os braços estendidos: isso é um pouco menos do que o movimento da Lua em relação às estrelas em vinte e quatro horas. Todos os demais se movimentam muito mais devagar, mas se movem.

Se acompanhássemos os movimentos planetários durante um período de anos, descobriríamos que todos eles se mantêm na mesma rota. Eles se movem de Áries, para Touro, para Gêmeos, e continuam pela conhecida sequência dos "signos de nascimento". Nunca encontramos Vênus em Cassiopeia ou Marte em Orion. Isto é impossível, eles não estão na rota.

Esta rota é chamada de *eclíptica* e está dividida em doze segmentos iguais. Esses segmentos são os signos. Os signos levam os nomes das constelações, mas não correspondem realmente a elas. Esta é uma questão complicada, e não precisamos nos preocupar com ela agora. Por enquanto, basta lembrar que os planetas se movem em relação ao pano de fundo das estrelas e que medimos esse movimento como mudanças nas posições de seus signos.

A maioria dos movimentos planetárias é errática. Mercúrio permanece em cada signo por cerca de um mês, mas isso pode variar muito. Nesse período, a Lua passa por todos os doze signos, enquanto o distante Plutão quase não se moveu – pode até ter perdido terreno.

Quando o homem inglês do nosso mapa astral de amostra nasceu, eram seis e meia da tarde do nono dia de outubro. Naquela ocasião o Sol estava em Libra – sabemos isto apenas por causa da data. O Sol permanece em Libra até cerca de 21 de outubro. A posição do signo solar não é afetada pela hora do dia, mas saber que os relógios estavam marcando seis e meia da tarde nos diz algo significativo: que o Sol de Libra havia acabado de se pôr. Em outras palavras, ele está na sexta casa.

Tivesse o inglês nascido algumas horas mais tarde, o Sol estava muito mais abaixo do horizonte. O Sol ainda estaria em Libra, mas agora na quarta casa em vez de na sexta. Durante esse curto período de tempo, o movimento do Sol *através dos signos* é inconsequente. Mas seu movimento *através das casas* é o suficiente para alterar completamente a forma do mapa astral.

É por isso que *a hora do nascimento* é um fator tão crítico na astrologia. Só a data bastaria para estabelecer a relação dos signos com os planetas, mas precisamos da hora para acrescentar o elemento crucial das casas ao mapa astral.

09 de Outubro de 1940

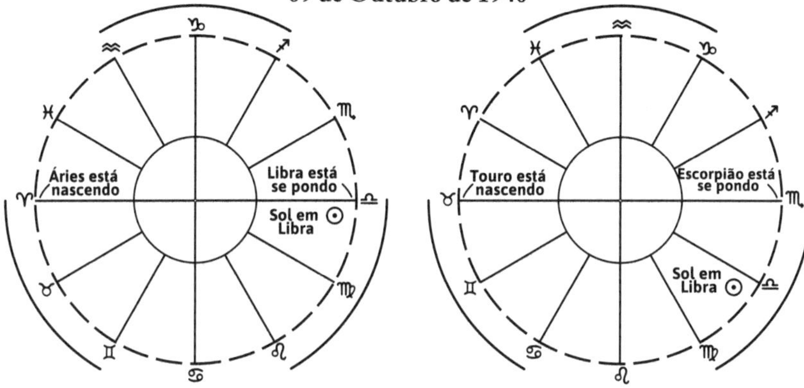

18:30
Este é quando nosso personagem nasceu.

19:30
Mas veja como o mapa astral seria diferente se ele tivesse nascido uma hora depois.

Os signos têm uma relação fixa entre si. Touro sempre segue Áries, Gêmeos sempre segue Touro, e assim por diante. Quando um se move, os outros também se movem, e de forma previsível. É como se estivéssemos girando uma carroça com raios numerados. Se sabemos onde o raio sete está, podemos localizar o oito e o nove sem problemas.

Quando o Sol se pôs naquela noite de outubro, Libra também estava se pondo. Naquela época do ano, o Sol e Libra são um "pacote": onde encontramos um, encontramos o outro.

Mas sabemos mais do que isso. Com Libra se pondo no Oeste, Áries – o signo oposto – deve estar nascendo no Leste. E Peixes, o signo imediatamente antes de Áries, deve ter acabado de nascer. E Touro, o signo seguinte, deve estar logo abaixo do horizonte oriental, se preparando para nascer.

Funciona exatamente como a roda do vagão.

E este é o mapa astral. Nossa visita guiada à ferramenta básica da astrologia está terminada. Se você tiver assimilado as últimas poucas páginas, nada mais no nosso mapa de amostra deve ser um mistério para você.

Por mais simples que seja este mapa celeste, nenhum esquema da mente humana mais sofisticado do que este jamais foi concebido. À medida que juntos tecemos os significados dos signos, planetas e casas, surge uma tapeçaria que engloba todas as aspirações e sombras, toda a alegria, todo o horror da vida humana. E cada combinação de símbolos, cada mapa astral é único. Diferentemente de qualquer religião e de qualquer sistema de psicologia, *a astrologia pinta um retrato do indivíduo.*

Ainda assim, o mapa astral é apenas um mapa do céu. Algo muito simples. Seu simbolismo não se corporifica a partir das teorias favoritas de nenhum homem ou mulher. Ele se situa além dos preconceitos pessoais, além das mitologias de qualquer cultura. Sua fundação é muito mais profunda, muito mais primeva. A astrologia, tal como nós, tem raízes na natureza.

Segunda Parte:
Palavras

Você pode aprender todas as regras de gramática de um idioma, mas, sem um bom vocabulário, você ainda ficará mudo como um poste. Com a linguagem astrológica é a mesma coisa. Podemos memorizar algumas frases práticas e aprender a comunicar algumas ideias rudimentares desta forma. Entretanto, se buscamos fluência, nossa primeira compra deve ser um dicionário em vez de um livro de expressões. É isso que são os próximos quatro capítulos: um dicionário. Nele, definimos as trinta e quatro palavras básicas do vocabulário da astrologia. Posteriormente, na parte 3, acrescentamos as regras de sintaxe e de gramática. E seja você um aquariano ou um leonino, se quiser falar o idioma, precisará de todas elas.

Capítulo 4

O Símbolo Primordial

O céu: este é o *símbolo principal* da astrologia. O céu é a base a partir da qual surge a linguagem elaborada do mapa astral.

Mas o que isso significa? Para o astrônomo, a pergunta não faz sentido. Ele pode dizer o que é o céu. Mas o que *significa* – isso é algo para poetas e filósofos se debruçarem, e não os astrônomos. Queime-se toda a nomenclatura, e a diferença entre astrônomos e astrólogos se resume a isto: os astrônomos procuram conhecer *a forma* dos céus, enquanto os astrólogos buscam seu *significado*. A astrologia é a poesia da astronomia. Não é tanto um estudo de estrutura, mas de significado. Não é o que o céu é, mas o que ele nos diz.

Exatamente o que ele diz? Para responder a isso não precisamos ser um Aristóteles ou um William Butler Yeats. Tudo o que temos que fazer é olhar e pensar. Quem pode olhar para a Via Láctea numa noite de verão sem Lua, meteoros passando por Vega e Altair, sem sentir uma sensação de maravilhamento? O que quer que possam os cínicos dizer sobre esta era confusa, viciada em televisão, tal aridez de coração continua sendo rara.

Nos tempos antigos, o céu era sagrado; as pessoas tinham certeza de que Deus vivia lá. Este sentido de sacralidade do céu é um elemento quase universal nas antigas religiões. Nossa metafísica pode ter amadurecido, mas nossos corações mudaram pouco. O céu ainda nos enche de reverência e admiração.

O principal símbolo da astrologia, a grande esfera do espaço que nos rodeia, é um símbolo desse temor e reverência. Podemos optar por chamá-lo de símbolo de Deus. Ele representa o infinito e a perfeição, atemporalidade e universalidade. Norte-americanos, russos, europeus, africanos – todos nós estamos sob o mesmo céu. Como a respiração, o sexo, a morte, ele nos une. Faz-nos lembrar de nossa humanidade. O céu representa a perspectiva profunda em nós, a partir da qual nos sentamos e assistimos, impessoal e indiferentemente, o desenrolar de nossas vidas.

Feche os olhos. Esvazie a mente. Vá além dos hábitos, pensamentos, preconceitos. Sinta aquela consciência indefinível e vasta que o marca como humano, seja você da tribo Bantu ou astronauta. Você está experimentando o símbolo principal: o pano de fundo indiferenciado da consciência da qual emerge aquela estrutura muito mais frágil e arbitrária, a personalidade.

Podemos chamá-la de nossa *alma*. Mas a astrologia não é um estudo da alma, é um estudo da personalidade. O poder da linguagem astrológica reside em sua particularidade, na forma como aborda a singularidade da realidade pessoal de cada indivíduo. Isto, mais do que a metafísica, deve ser sempre seu foco. Ainda assim, permeando o sistema encontramos o aroma daquelas percepções humanas mais primevas: um senso de presença do Absoluto, um senso da possibilidade de autotranscendência. Coisas arrebatadoras!

Para tornar o símbolo principal relevante na vida cotidiana, devemos baixar sua voltagem. Devemos fracioná-lo em pedaços menores, mais adequados ao âmbito restrito de nossa experiência diária. Nosso primeiro esforço nesta direção é reduzir nossa imagem de três dimensões para duas, da esfera para o círculo.

O Círculo do Ano

Dois movimentos físicos, ambos circulares, estão na raiz do simbolismo astrológico. Um é a rotação da Terra sobre seu eixo. A segunda é a revolução da Terra em sua órbita ao redor do Sol. O primeiro movimento produz as *casas*. Discutiremos isso num capítulo posterior. O segundo círculo dá origem ao simbolismo dos signos. E é por meio dos signos que o símbolo principal desce à Terra.

Se acordarmos todo dia antes da aurora e estudarmos o céu, rapidamente perceberemos um padrão. Todas as manhãs o Sol nasce em meio a um punhado de estrelas. Durante várias semanas, vemos que enquanto o Sol continua a nascer no Leste, as estrelas que sua luz toca primeiro estão mudando gradualmente. Numa manhã em particular, ele nasce numa constelação. Um mês depois ele nasce em outra, depois em outra, e assim por diante, até que transcorre um ano e ele retorna ao ponto de partida.

A realidade objetiva é muito diferente, mas esses são os fatos percebidos. É o que vemos. O que realmente está acontecendo é que a Terra está orbitando ao redor do Sol. Quando estamos em um dos lados de nossa órbita circular, olhamos para o Sol e o vemos projetado contra um certo pano de fundo de estrelas. Um pouco mais adiante em nossa jornada anual, vemos o Sol contra outro pano de fundo.

A escala do Sistema Solar é surpreendentemente grande, o que pode nos confundir. Visualizemos a mesma coisa em termos mais familiares. Imagine que estamos fotografando uma amiga. Nós a colocamos no centro do assoalho e focalizamos a câmera. De onde estamos fotografando, ela está em frente a uma estante alta. Em foco suave, os livros são uma confusão de cores que distrai. Caminhamos pela sala. A partir desta nova perspectiva ela parece estar de pé diante de uma parede branca. A composição é melhor e tiramos a foto.

O mesmo ocorre com o Sistema Solar. O Sol, para nossos propósitos, é estacionário. Nós nos movemos em torno dele como um fotógrafo que procura o ângulo certo. No entanto, nossas percepções nos dizem que estamos parados e que o Sol está em movimento. Por quê? Porque o pano de fundo estrelado do Sol muda à medida que oscilamos em nossa órbita, tal como a nossa amiga parecia estar de pé contra uma estante, depois contra uma parede, mesmo que ela nunca se tenha movido.

A "caça ao ângulo correto" da Terra é constante; nossa órbita nunca varia. E assim a aparente "órbita" do Sol ao nosso redor também nunca varia. Ela viaja de constelação em constelação, em uma progressão interminável e ordenada. O caminho seguido por ela foi mapeado desde a Antiguidade. Nos tempos modernos nós o chamamos de *eclíptico*, mas tem um nome muito mais antigo: o *zodíaco*.

O zodíaco é uma tradução bidimensional do principal símbolo da astrologia, o próprio céu. Como o céu, este círculo é uma metáfora para o eterno e o infinito, mais simples do que a esfera, mas ainda demasiado abrangente para ser de qualquer valor prático.

Ficamos com um problema clássico: onde começa o círculo? Como podemos rompê-lo? A solução está onde deve estar sempre na astrologia: com nossos olhos, nossos corações e nosso bom senso.

A órbita da Terra é visível para nós por meio da relação variável do Sol com as estrelas de fundo. Mas isso é bastante sutil. Os sacerdotes-astrônomos podem notar isso. Os marinheiros também. Mas o resto de nós não precisa ter um tal olho para os detalhes. O ano nos atinge na cabeça de uma forma que é mais difícil de ignorar. O tempo fica frio de gelar. Depois fica um calor abrasador. As estações mudam. E essas mudanças são impulsionadas por nossa trajetória anual ao redor do Sol.

Uma "crise" astronômica marca o início de cada estação do ano. E essas quatro "crises" nos transportam para além do símbolo principal.

Elas começam a, metaforicamente, "fragmentar" o Absoluto, a torná-lo acessível. Por meio delas, dividimos o círculo.

O inverno traz um Sol baixo, dias curtos e noites longas. No verão, isto se inverte. Se acompanharmos as variações de luz ao longo do ano, surge um padrão distinto. Em certo ponto, a duração do dia e a duração da noite são iguais. Então, o dia começa a aumentar. Exatamente três meses depois, chegamos a uma crise. O dia está na ascendência; a noite em seu ponto mais fraco. Mas a escuridão reanima e lentamente começa a corroer o dia. Gradualmente, os dois voltam ao equilíbrio. Este equilíbrio dura outros três meses. Quando está completo, dia e noite são novamente iguais.

Durante os três meses seguintes, a escuridão continua a dominar a luz. Então se chega a uma outra crise; o dia começa a reagir. Debilmente a princípio, mas o *momentum* mudou. Em três meses a luz está igual à escuridão e estamos de volta ao ponto de partida.

Este lento respirar da luz da Terra é o ritmo astrológico rudimentar; sem ele, nós não poderíamos ir além da abstração do símbolo principal.

Estações do ano, não estrelas

A astrologia realmente não tem nada a ver com as estrelas em si. Ela se baseia unicamente nestas variações da luz, ou, mais simplesmente, nas estações do ano. Mas o que dizer de Áries e Touro e Capricórnio? Essas são constelações, são estrelas. Se elas realmente não têm nada a ver com a astrologia, por que falamos delas?

Há milênios, os sacerdotes-astrônomos notaram que, na manhã do dia quando a luz finalmente começou a fazer incursões na escuridão, o Sol nasceu em meio às estrelas de Capricórnio. A constelação serviu como um conveniente marcador visual para a localização do Sol ao longo da eclíptica. Tal conhecimento ajudou nossos antepassados em coisas práticas, como por exemplo, determinar a época de plantio. A conveniência se revelou ser temporária.

Devido a uma lenta oscilação no eixo da Terra, a posição do Sol no primeiro dia de inverno gradualmente se deslocou para trás através de Capricórnio em direção à constelação de Sagitário. As tradições, no entanto, morrem lentamente. Os sacerdotes estavam acostumados a dizer que quando a Terra entrava no inverno, o Sol entrava em Capricórnio. Eles continuaram dizendo isso, mesmo quando Sagitário era verdadeiramente a constelação do inverno.

Este lapso não produziu nenhum problema sério para a astrologia em si, mas tem sido difícil nas relações públicas. Os astrônomos gostam de dizer: "Mesmo se houvesse algo para a astrologia, todos vocês arianos nasceram realmente com o Sol em Aquário, então estão lendo o signo errado". O problema aqui é de comunicação. Quando um astrônomo diz "Áries", ele ou ela se refere a um certo grupo de estrelas. Para o astrólogo, Áries significa algo totalmente diferente. Refere-se a uma certa fase na órbita da Terra em torno do Sol, ou, mais simplesmente, *a uma determinada estação do ano.*

Portanto, as mudanças sazonais, e não as estrelas, estão no centro do simbolismo dos signos. Pelas variações na duração da noite, marcamos quatro pontos críticos que nos ajudam a dividir o círculo. O infinito é dividido em quatro fases finitas, cada uma com seu próprio caráter distinto.

Damos a essas quatro fases o nome de *elementos.*

A Dança dos Elementos

Fogo, Terra, Ar e Água. Os elementos. Imagens da Antiguidade. Quatro estados primordiais do ser. Quatro faces do Universo. Dentro de nós, eles existem como estados de consciência. Além de nós, funcionam como modelos para todos os processos físicos e metafísicos. Como eles estão ligados às estações do ano?

O primeiro elemento surge no *equilíbrio entre a luz e a escuridão*, mas quando a luz tem o *momentum*, quando está aumentando. Astronomicamente, este momento é chamado de *equinócio vernal*, mas a maioria de nós o conhece simplesmente como o primeiro dia da primavera. Astrologicamente, o equinócio vernal simboliza o nascimento do elemento ***Fogo***. Este é o princípio *de ação*. Tal como a primavera, seu espírito é de energia em expansão, lançando-se no Cosmos, estilhaçando tudo que fica em seu caminho. Inflexível invencibilidade de propósito – esse é o fogo. Em breve veremos como isso vai permear os signos de Áries, Leão e Sagitário.

A Terra segue o fogo na ordem tradicional dos elementos. Este segundo princípio vital emerge do coração da noite. Está associado ao *solstício de inverno*, o ponto do ciclo anual em que a escuridão atinge o poder máximo. O inverno. Por toda a Natureza, vemos um espírito de implacável e persistente determinação. A Terra simboliza a estabilidade e a continuidade. Sua ênfase está em fazer as pazes com um mundo difícil, inflexível. A praticidade e a desenvoltura surgem aqui. A Terra é o sustentáculo, o doador e o mantenedor da forma. Personificada em Touro, Virgem e Capricórnio, está eternamente construindo, cristalizando e aperfeiçoando.

Depois da Terra vem o ***Ar***. O Ar aparece em outro *ponto de equilíbrio* no ciclo de luz e escuridão. Desta vez, a noite está em ascensão, preparando-se para superar o dia. Chamamos este momento de *equinócio outonal*. Marca o início do outono. Em antecipação ao inverno, há uma sensação de presságio na atmosfera de outono. Todas as criaturas sentem a vinda da escuridão. Elas sentem a morte, cujo espectro aumenta seu estado de alerta. No Ar, elas se encontram: percepção, raciocínio, conexão – as funções mentais. Seu tom é de curiosidade sem fim, de desapego e clareza de percepção. Mais do que qualquer outro elemento, *o Ar está ciente de que, além de si mesmo, está o desconhecido.* O espírito buscador do Ar anima Gêmeos, Libra e Aquário.

A ***Água*** é o último dos elementos. Ela surge quando a luz atinge a potência máxima, no primeiro dia de verão. Os astrônomos chamam este momento de *solstício de verão.* No verão, a própria terra parece favorecer a vida. A Natureza se torna "um ventre protetor". Mesmo às formas fracas de vida são concedidos alguns momentos sem preocupações. A água é o princípio da *nutrição e da proteção.* Externamente, seu espírito é de calor; interiormente, de imaginação e intuição. Com sua qualidade penetrante e sensível, *a principal função da água é a de sentir.* Câncer, Escorpião, e Peixes são os signos condicionados pela água.

Todos nós personificamos cada uma destas quatro faces do símbolo principal. Elas interagem dentro de nós, definindo nossas personalidades individuais. O caleidoscópio dos tipos de caráter humano reflete a infinita diversidade de relações entre os elementos.

Quando um homem ou uma mulher nasce sob a influência predominante dos signos de fogo, ele ou ela está desenvolvendo a *vontade.* Coragem ou força de vontade é simplesmente a tradução do princípio fogo para a linguagem da psicologia.

De maneira semelhante, a pessoa condicionada pela Terra está aqui para aprender *paciência e autodisciplina*; a pessoa moldada pelo Ar, para desenvolver a *atenção e a clareza da percepção*; aquela influenciada principalmente pela água, para aprender *amor incondicional diante de uma vulnerabilidade extrema.*

Ninguém é uma encarnação pura de um elemento. Ninguém encontra todas as suas lições em uma única área. É quando encontramos a arejada necessidade de desapego unida à montanha-russa emocional da Água, ou a ígnea necessidade de estímulo e mudança presa às estruturas de estabilidade da Terra, que começamos a ver no simbolismo algum reflexo da pungência da experiência humana.

Fogo, Terra, Ar e Água ainda são abstrações. Da incompreensível perfeição do símbolo principal para o nível dos elementos é um grande salto, mas ainda estamos muito longe do alcance da vida cotidiana. Para aproximá-los mais da realidade de nossa experiência diária, devemos introduzir outro conjunto básico de sílabas na linguagem da astrologia. Então, podemos começar a transformar essas sílabas em palavras.

Os Modos

Tudo o que nasce deve morrer. A vida não ensina uma lei mais primária, nem uma mais inviolável. Um átomo instável é criado num acelerador de partículas. Em um milissegundo, ele se desintegra. Tão fugaz é sua existência que só o conhecemos por meio de conjecturas. Nasce uma criança. Sete décadas se passam. O corpo de um velho é enterrado no chão. As pirâmides são levantadas; uma civilização é criada no vale do Nilo. Durante mais de três milênios ela vive e frutifica. Gradualmente, vai decaindo.

Átomos, pessoas, culturas – qual é a diferença? Somente o tempo. As principais características de qualquer ciclo de vida são idênticas. Alguma coisa nasce. Algo existe por um tempo mensurável em alguma forma relativamente distinta. E algo morre. Estas três fases arquetípicas de qualquer ciclo de vida constituem outro ingrediente essencial no simbolismo da astrologia: os *modos*.

A primeira modalidade é chamada de ***Cardeal***. Ela se refere ao nascimento, ao início de um ciclo. A cardinalidade é o princípio que dá início às coisas. Do nada, algo surge. É o impulso criativo que permite uma vida nova se corporificar num Universo que pode já ser estável e fechado.

Uma vez alcançada a existência, os ciclos de vida passam para sua segunda fase. Os astrólogos chamam isto de modo ***Fixo***. A fixidez tem o espírito de solidariedade e continuidade. Enquanto estiver nesta modalidade, uma entidade é mais reconhecível. Está em sua maturidade.

Mas a fixidez também pode se referir à teimosia ou à falta de resposta. É a antítese da mudança e quintessência da força.

Tal estabilidade pode durar por um instante ou por um éon, mas nunca por toda a eternidade. A vida é corrosiva. Os corpos morrem. Os metais enferrujam. As civilizações se corrompem. O estágio final, que os astrólogos chamam de ***Mutável***, reina sobre o fim dos ciclos de vida. O seu espírito é de mudança e ajuste, muitas vezes de total dissolução. A mutabilidade tem uma virtude primordial: ela é adaptável. Ela pode responder a um ambiente em mudança modificando sua própria forma. O preço que paga por esta capacidade é que pode perder toda definição, ficar sem forma. Ela pode morrer.

Os Doze Signos

Elementos e modos. Essência e mudança. Como eles interagem?

Fogo e Terra, Ar e Água – essas qualidades existem para além de nossos calendários, anos-luz além de qualquer coisa que possamos captar dentro da estrutura normal da consciência. Nós existimos no tempo; eles existem fora dele. Uma muralha de mal-entendidos deve permanecer para sempre entre nós.

Com os modos, introduzimos a dimensão da mudança. Como os modos interagem com os elementos, o símbolo principal é reduzido em um nível tangível. É sincronizado com os nossos próprios ritmos. Os modos forçam os quatro estados elementais na fluida e deslizante trajetória do tempo. Desse casamento nascem doze filhos. E esses filhos são a força vital da astrologia prática. São os signos.

Como eles são formados? Cada elemento pode se expressar através de qualquer uma das três modalidades. A Água, por exemplo, pode vir a existir. Pode assumir uma forma estável, facilmente reconhecível e resistente à mudança. E pode falecer. O Fogo pode fazer o mesmo. Também a Terra e o Ar o podem. Quatro elementos. Três modos. Teça-os juntos e os doze signos aparecem. Por meio deles, o símbolo principal finalmente começa a funcionar no mundo cotidiano, expressando-se como Áries, Câncer, Libra, e assim por diante.

Mas é uma via de mão dupla. Os signos são vias de expressão, mas são também *caminhos de volta* à fonte, de volta ao símbolo principal. Eles oferecem descrições eficazes da personalidade. Formam um proveitoso catálogo de tipos de caráter humano. Mas eles também são *métodos evolutivos*, formas de crescimento.

Leia os signos como uma tipologia e voltamos à estaca zero. Ainda estamos adivinhando. "Você é ariano. Isso significa que você é corajoso e aventureiro". Leia-os como métodos de crescimento e tudo é transformado. Acrescentemos o tempero da possibilidade, de um destino maior. "Você é ariano". Você deve se tornar mais corajoso. Você veio ao mundo para fortalecer o poder de sua vontade. Experiências desafiadoras e assustadoras lhe perseguiram desde que você nasceu. Elas o perseguirão até você morrer. Enfrentá-las corajosamente é o seu destino. Você deve se levantar e ir ao encontro delas. Falhe e você só encontrará terror".

Crescimento. Risco. A incerteza da batalha ainda não resolvida. Isso é astrologia evolutiva. Ninguém é simplesmente um ariano. Isso é um mito. Os signos são processos psicológicos comuns a todos nós. Cada um de nós personifica todos os doze. Diferenciamo-nos apenas no grau em que eles são enfatizados. Mais uma vez, o símbolo principal é um círculo. Cada mapa astral é um círculo – o mesmo círculo. De alguma forma, cada signo está ativado em cada um de nós.

Compreender totalmente até mesmo um único signo força o intelecto. No entanto, em comparação com as pessoas, os signos são tão unidimensionais quanto Batman e Robin. Cada um de nós é uma síntese de todos os doze. Imaginar uma pessoa sem energia ariana, por exemplo, é como imaginar alguém sem emoções. Uma impossibilidade. As pessoas podem nascer sem braços e pernas; elas ainda são inquestionavelmente humanas. Mas nascer sem algumas qualidades taurinas ou algumas geminianas nos tornaria tão alienígenas quanto uma criatura saindo de um disco voador. O processo que chamamos de Leão pode dominar a personalidade de alguém. Mas os outros processos estão lá. Câncer pode espreitar nas sombras, nunca visível. Peixes pode parecer completamente ausente – até que os assuntos financeiros apresentem um problema ou a pessoa se apaixone. Cada signo está sempre presente, *aguardando o gatilho certo.*

Percepções úteis podem ser geradas isolando-se os temas centrais de um determinado caráter. Mas quando dizemos "eu sou taurino", nos identificamos com um processo, com a exclusão de todos os outros. Reduzimo-nos a bonecos de papel. Esquecemos o símbolo principal. Então, por que há tanto fascínio pelos signos solares? Por que ouvimos tanto sobre como "eu sou pisciano e você é de escorpião"?

Apesar dos protestos dos puristas, se esse sistema não funcionasse de alguma maneira, já teria desaparecido. Entretanto, como qualquer tipologia simples, os signos solares são categorias amplas. Chamar alguém de "leonino" tem tanto valor quanto chamá-lo de "extrovertido". Aprendemos alguma coisa, mas há muita coisa que não aprendemos.

A tentação de nos simplificarmos assim é enorme. Mas o custo de sucumbir a isto é alto. Podemos ganhar uma espécie de clareza sintetizada de nós mesmos, mas sacrificamos o verdadeiro tesouro da astrologia – a capacidade dos símbolos de evocar o teatro da mente com seus muitos personagens ambivalentes.

Nada do que segue no próximo capítulo se destina a descrever uma pessoa específica – muito embora a esta altura no livro, muitos sagitarianos já terão se adiantado para ver o que eu tenho a dizer sobre Sagitário. Cada signo é apresentado como uma "personalidade", mas a personalidade não é mais crível do que o herói de um *faroeste* dos anos 1930: apenas um tipo, um representante de algum tema universal. Posteriormente veremos como os signos tecem juntamente com casas e planetas para pintar retratos humanos de sutileza inigualável. Mas por enquanto devemos nos concentrar em algo muito mais elementar do que a psique – os próprios símbolos. Devemos começar a aprender a linguagem.

Capítulo 5

Signos[6]

	Fogo	**Terra**	**Ar**	**Água**
Cardeal	Áries	Capricórnio	Libra	Câncer
Fixo	Leão	Touro	Aquário	Escorpião
Mutável	Sagitário	Virgem	Gêmeos	Peixes

ÁRIES – O CARNEIRO

Elemento: Fogo
Modo: Cardeal
Arquétipos: O Guerreiro
O Pioneiro
O Audacioso
O Sobrevivente
Glifo: ♈

Ame a Deus e faça o que quiser.
– Santo Agostinho

6 Vale mencionar que o autor, na sua abordagem, está se referindo ao arquétipo de cada signo, que cada planeta funciona de uma maneira, e nada pode ser entendido se não olharmos para o mapa como um todo. (Nota Edição Bras.)

O Símbolo de Áries

O carneiro. Chifres para baixo, avançando. Feroz. Inabalável. O carneiro vai rachar o crânio? Ele não se importa. Nada consegue intimidá-lo. Nada pode forçá-lo a desviar. Vitória – ou autodestruição no esforço para alcançá-la: dois destinos. Um o reivindicará.

Áries é a *força vital*, a vontade de existir. No princípio nada existe. Depois há algo. A vida se introduz do nada, reivindicando um lugar no vazio. O tom do processo é inabalável, explosivo, violento. Ele conjura imagens de vulcões, de estrelas brancas e quentes que irrompem em nebulosas esfarrapadas.

Um cão raivoso faz você recuar até um precipício, presas à mostra, a boca espumando. Você tem uma faca de caça na mão. Ele se aproxima, rosnando, olhos vermelhos brilhantes. Você se prepara. Acabou-se o verniz de gentileza e educação. Acabou-se a linguagem. Nada resta senão a fúria animal para sobreviver. Você grita. Você avança na garganta.

Você encontrou Áries.

O Propósito Evolutivo de Áries

Áries ensina *coragem*. Representa a habilidade da *vontade* para triunfar sobre qualquer intimidação, qualquer obstáculo, qualquer dúvida. O carneiro é a parte de nós que faz exatamente o que quer. Ele escolhe e age. Nada mais importa. Crocodilos lutadores de olhos vendados? Sim – se é isto que queremos. Mas esse tipo de atividade está fora de questão. Áries é o signo da ousadia, de qualquer ato de puro espírito aventureiro, independentemente de quão inteligente o ato possa ser. Mas seu verdadeiro significado é mais profundo. Refere-se à *coragem existencial*.

O que é isso? Em uma palavra, é egoísmo. Uma arte delicada. Não é insensibilidade. Não é estreiteza. Não é manipulação. Mas a capacidade de dizer: "Esta é a *minha* vida. Eu tenho o direito de buscar quaisquer experiências de que tenha necessidade. Nada se interporá entre mim e meu crescimento. Nem outra pessoa. Nem uma circunstância. Nem mesmo os meus próprios medos".

O objetivo para Áries é o perfeito casamento de nossos desejos e de nossas ações. É liberdade. Nada de se perder em sentimentos. Nada de fascínio com os fundamentos psicológicos de nossas decisões. Tudo que prende a atenção do carneiro é o poder da vontade de moldar uma vida.

A Estratégia de Áries

A coragem deve amedrontar uma pessoa. Ela não pode ser alcançada por nenhum outro meio. Estresse e coragem são um par que combina. Situações assustadoras nem sempre nos tornarão mais corajosos, mas nunca poderemos nos tornar mais corajosos sem eles.

Áries busca coragem. Por isso, é um ímã para o estresse. Como o carneiro enfrenta esse estresse não pode ser predeterminado. Ele pode responder de forma criativa e com determinação. Ou pode correr como um coelho fugindo de um trator. Tudo o que sabemos de antemão é que o estresse estará presente.

A crise segue Áries como uma sombra. A ousadia de fazer exatamente o que se quer é difícil de alcançar, e as crises que ela cria são ferozes. Os amigos são muitas vezes afastados. As figuras de autoridade podem reprimir. Muitas vezes é preciso ter coragem existencial, praticando-a a princípio de forma mais segura e menos ameaçadora. Estamos falando de aventuras.

Imaginemos que estamos pendurados por uma corda a meio caminho na subida de uma parede de granito. Se a corda não tem defeitos internos e está bem presa, e se não cometermos erros, temos uma chance razoável de permanecer vivos ao final do dia. Em tal situação, se não estivermos com medo, somos tolos. A maioria daqueles que escalam montanhas, eu suspeito, concordaria com isso. No entanto, o alpinista aprende a controlar o medo, a trabalhar de forma eficiente, apesar da estática emocional que esse esporte produz. Em outras palavras, ele desenvolve coragem.

Para escalar um pico, é preciso ter coragem. Não há dúvida quanto a isso. Mas essa é uma afirmação estática. Não capta nada da dinâmica de desenvolvimento do processo. O astrólogo o expressaria de maneira diferente. Ele diria que escalar uma montanha *evoca* coragem. As emoções naturais são superadas; a estrutura da consciência é alterada. E tudo isso é provocado por meio da clássica estratégia evolucionária ariana: a seleção intencional de uma crise.

Quaisquer que sejam os meios pelos quais são alcançadas, tais transformações são a essência do crescimento. A escalada da montanha é o paradigma, mas cada um de nós escolhe sua própria montanha. Para um, pode ser que seja aprender a nadar. Para outro, pode ser um confronto com um chefe prepotente. Para um terceiro, deixar de fumar pode ser a questão. Quer o carneiro esteja ou não disposto a aceitar o desafio, a vida tornará a identidade da montanha suficientemente clara. Depois cabe a ele começar a escalada.

O carneiro quer algo. Certas experiências, geralmente arriscadas, o fascinam, atraem-no, como o nascer do Sol depois de uma longa e fria noite. Aquele desejo, seja ele qual for, está oculto, envolto em véus de medo. A estratégia ariana é desvendar a necessidade, por mais temível que seja. E depois, satisfazê-la, a qualquer preço. Viver na presença dos medos, mas agir clara e decisivamente de qualquer forma – essa é a arte do carneiro.

Os Recursos de Áries

A natureza prepara Áries para as suas montanhas. O carneiro vem ao mundo armado de beligerância, vitalidade, e instinto de sobrevivência. Seu espírito é intenso e direto. Honestidade, coragem, entusiasmo, independência, uma aversão às autoridades externas – estes são os recursos do carneiro.

Sob um exame minucioso, um traço combativo aparecerá em qualquer parte tocada pelo mapa astral de Áries. Essa combatividade pode ser de natureza física óbvia, como a luta de um alpinista com uma montanha. Muitas vezes, assume uma forma menos aparente. Podemos encontrar argumentação. Podemos encontrar a cruzada pelos direitos da mulher ou pela proteção do meio ambiente. Podemos encontrar um indivíduo travando combate com algum demônio interior – o alcoólatra se recuperando, o veterano da Guerra do Vietnam que luta contra seus pesadelos. Um olhar para o mapa astral aponta frequentemente para o alvo do fogo ariano. Haverá fogo e haverá um alvo, mais cedo ou mais tarde. Disso podemos ter certeza.

Sujeite até mesmo o filho ou filha mais afável deste signo a uma crise repentina e observa-se uma eficiência fria, lúcida. Os joelhos podem tremer em antecipação ao estresse, e eles podem desmaiar depois. Mas sob pressão a verdadeira natureza ariana resplandece. O recurso do carneiro? Qualquer que seja a capa que ele use no mundo, por baixo dela bate o coração de um guerreiro. Pode ser preciso uma crise para tirá-lo do esconderijo. Mas está lá.

A Sombra de Áries

Uma noite escura. Um beco sombrio. Uma figura monstruosa se movendo em nossa direção saindo da escuridão. Sob tais circunstâncias, seria bom ter um amigo ariano ao nosso lado, ou, melhor, um Sol ou Lua ariana brilhando em nosso espírito.

Mas o que faz o guerreiro em tempos de paz? Ele não pode manter sua autoimagem sem alguma forma de resistência ameaçando-o a partir mundo exterior. O soldado precisa de um adversário. Os exércitos lutarão. Se não forem desafiados por um inimigo legítimo, encontram um inimigo ilegítimo, talvez até se voltando contra o país que lhes foi designado para proteger. Encontramos exatamente o mesmo fenômeno no carneiro. Ele irá lutar. Isso é certo. Mas ninguém pode dizer se suas batalhas servem ao propósito da mudança evolutiva ou assumem a forma de uma confrontação inútil.

Felizmente, os inimigos legítimos são abundantes. Vez por outra Áries é confrontado com obstáculos assustadores. Podem ser pessoas poderosas que tentam arrancar a liberdade do carneiro. Podem ser constelações de circunstâncias adversas. Às vezes são fraquezas interiores. Muitas vezes os obstáculos assumem a forma de mal-entendidos interpessoais, normalmente engendrados pela própria intensidade de Áries – visto que essa qualidade muitas vezes põe outras pessoas na defensiva. Qualquer que seja a forma que os obstáculos assumam, eles devem ser enfrentados. Se há um pecado capital para o carneiro, é se acovardar.

Tais batalhas têm um apelo ambíguo. Podemos saber que elas nos ajudam a crescer, mas talvez estejamos muito cansados. Se Áries optar por seguir o caminho de menor resistência, ele é livre para fazê-lo. A batalha deve ser aceita de bom grado.

De qualquer forma, o carneiro continua sendo um ímã para o estresse. A escolha está apenas na seleção da forma que o estresse assume. Pode ser o significativo estresse do crescimento pessoal, dos desafios aceitos e das montanhas conquistadas. Ou pode ser um desfile interminável de aborrecimentos vazios e inúteis, em grande parte provocados pelo próprio tédio, sensibilidade e frustração de Áries. Nesse caminho está a sombra do carneiro.

O guerreiro está cheio do fogo da batalha. Ele precisa desse fogo para cumprir o que veio fazer aqui. Mas, caso ele desvie de uma crise evolucionária, o fogo ainda permanece. Não pode ser extinguido. Invariavelmente ataca algum alvo externo com toda a paixão que poderia ter sido aplicada apropriadamente à verdadeira questão.

Podem surgir discussões nas quais o tom emocional pareça desproporcional ao aparente conteúdo do conflito. "Por que você insiste em usar essa *maldita* camisa amarela"?

Toda a ferocidade, vontade e coragem do carneiro são então dissipadas à toa. Os amigos são afastados. Os casamentos fracassam. As carreiras são destruídas por questões insignificantes. Ninguém ganha. Esse combustível de foguete evolutivo volátil, sobe como fogos de artifício do Dia 7 de Setembro, cheio de fogo do inferno e enxofre, vazio de significado.

O ariano que seguiu esse caminho mais fraco fica ferido, cheio de fome e frustração. Ele pode ser arrogante. Pode ter autocomiseração. Mas sua pergunta é sempre a mesma: "Por que eu pareço colocar todos na defensiva?"

E a resposta? Simples. O guerreiro travou a guerra errada.

TOURO

Elemento: Terra
Modo: Fixo
Arquétipos: O Espírito da Terra
O Músico
O Silencioso
Glifo: ♉

Procure a simplicidade, mas aprenda a desconfiar dela.
– Alfred North Whitehead

O Símbolo de Touro

Exausta pela fornalha ígnea de Áries, a consciência busca poças de água fria, o consolo das pedras antigas, o sussurro curativo do cantar dos pássaros entre as folhas. Ela busca a paz. Troca a arenga pela sinfonia, a paixão pelo silêncio. Não mais incandescente com o fogo da batalha, o espírito enfia as mãos retorcidas na terra, buscando sentir as sementes, o barro, a carne do próprio planeta.

O símbolo é um touro. Não o monstro enraivecido e furioso com a capa vermelha do toureiro. Não o touro feroz, mas antes o touro tranquilo, solitário sob um frondoso carvalho num mês de abril, inspecionando silenciosamente a grama e o Sol, o gado e a terra. Nada o assusta. Foi-se a temível postura do carneiro. O Touro está tão no controle de seu mundo, tão além do medo que o próprio destemor se tornou sem sentido para ele. A guerra ariana foi vencida. Touro está em paz.

O Propósito Evolutivo de Touro

O topo de um penhasco no início de maio. O vento suave lentamente dispersa as nuvens preguiçosas. Os bosques estão florescendo.

Os falcões flutuam sem esforço nas correntes ascendentes de ar. Você se senta sozinho, sentindo a pedra aquecida pelo Sol debaixo de si, banhando-se no ar quente, sentindo o toque calmante da primavera. Diante de você estende-se o vale, florescendo e fértil. Os agricultores estão trabalhando em seus campos. O gado está pastando. O verde exuberante da primavera permeia os sulcos e atravessa as florestas.

Você fica ali sentado por uma, duas, três horas. Sem pensar. Apenas sentindo. Sem grandes perguntas a lhe assombrar. A natureza da vida não é da sua conta. Nesse momento, sobre aquela rocha, sob aquelas nuvens, você simplesmente *é*. Não é preciso palavras. Naquele vasto espaço interior, o que você sente? O que a terra fértil ensina? Atemporalidade. Serenidade. Paz. Como ser infinitamente complexo e ainda assim ser simples. Como ser insondavelmente profundo e, ainda assim, não sentir necessidade de falar sobre isso.

Nesse momento você vislumbrou o propósito evolutivo de Touro. Encontrar essa serenidade e mantê-la: essa é a tarefa de Touro.

A Estratégia de Touro

Nem todos os taurinos são amantes da Natureza. Mas ficar sentado no topo de uma colina é uma estratégia evolutiva básica. A própria Mãe Terra é a professora primária do Touro. Ela apazígua o espírito, ensina simplicidade e calma. Uma caminhada no bosque, uma hora tranquila às margens de um riacho que corre, um passeio noturno pelo chaparral[7] – essas coisas proporcionam ao Touro muito mais paz do que qualquer "cura falante".

Se o destino levar Touro para a cidade, isto não implica em um desastre psicológico. O taurino puro sempre escolhe a facilidade e o silêncio dos ambientes silvestres. No entanto, nenhum ser humano é uma

---

7 Bioma encontrado no sul da Califórnia, característico de clima mediterrâneo. (Nota Edição Bras.)

encarnação pura de qualquer signo. Outras forças podem levar uma pessoa com fortes componentes taurinos para a metrópole. É mais difícil manter a paz nesse cenário. É essencial que o taurino urbano deixe a cidade periodicamente, talvez para um fim de semana com mochila nas costas ou alguns dias em uma pousada no campo. E ajudaria ter uma casa cheia de plantas. Um gato ou cão também ajudaria a manter uma forte conexão com terra.

A Mãe Terra tem uma irmã sombria. Se encontrarmos uma, a outra não pode estar muito longe. Ela é a segunda grande instrutora do Touro. Seu nome é Silêncio. Touro é o mais taciturno dos signos. As pessoas que são influenciadas por esta energia acham que falar é uma coisa frustrante. Sua essência é oposta às palavras, intraduzível na linguagem. O silêncio gera simplicidade e a simplicidade gera paz. Touro sabe disso e intuitivamente se rebela contra muita conversa.

O silêncio exterior não é fácil de conquistar. O silêncio interior, o verdadeiro objetivo do taurino, é muito mais difícil. Mas aqui também surge uma instrutora oferecendo uma estratégia. Paradoxalmente, ela é a música. Absorto na escuta, hipnotizado pela reprodução das notas de um determinado ritmo, o que acontece? Por alguns segundos, o zumbido constante da linguagem na mente é silenciada. É irrelevante se esse *flash* de paz vem ouvindo Beethoven ou Led Zeppelin; de qualquer forma, a mente deixou de falar consigo mesma. E para o taurino isso é tudo.

A música nos silencia quando a ouvimos. Mas faz um trabalho ainda melhor quando a tocamos. Para o taurino não há estratégia evolutiva mais potente do que cantar no chuveiro ou improvisar na gaita. Tocar os estudos de Chopin diante de uma casa cheia também servirá. Mas somente se afogarmos todo o orgulho, pretensão e nervosismo de nos apresentarmos publicamente em um turbilhão de notas musicais.

De todos os signos, Touro é o mais físico. Ele procura enterrar toda a tensão ruidosa de imagens mentais desenfreadas no mundo material. A sensação da carne na carne. As mãos alcançando a terra. Dedos acariciando a madeira de um bom e velho violino. Trabalhar com argila, com tinta, até mesmo limpar a casa ou picar legumes são atos de autocura para o taurino. Seu caminho é através do corpo. Ele não transcende a carne; deleita-se nela, brilha nela, celebra-a.

O taurino precisa de toque físico; isto é básico. Ele descobre o mundo por meio dos sentidos, através da pele, pela ponta dos dedos. Nunca pode encontrá-lo apenas através da mente. Sentimos a terra debaixo de nossos pés. Ouvimos a música em nossos ouvidos. Sentimos o calor do corpo de nosso companheiro contra o nosso. A natureza da vida? Quem sabe? Quem se importa? Quem pode sequer pensar sobre isso? Esse momento perfeito é a natureza da vida. Falar sobre isso só deixa cair o véu novamente.

Os Recursos de Touro

Aversão ao drama. Suspeita de complexidade. Estes são os recursos do taurino. Instintivamente, ele procura circunstâncias que lhe permitam encontrar seu silêncio e sua simplicidade. Um trabalho estável. Uma rede confiável de relacionamentos. Pacientemente, com absoluta praticidade, o taurino tece um casulo. Dentro dele, seu trabalho continua tão metódica e inexoravelmente quanto o lento crescimento de uma estalagmite.

Joana tem um novo psicólogo. Ele trabalha com um tipo totalmente novo e revolucionário de terapia. Ela está muito aliviada por ter encontrado A Resposta após todos esses anos explorando becos sem saída. Flávio agora é Bhagwan, o que é ainda mais difícil de dizer do que Pena Pintada, que é o que ele era no mês passado. Tomás encontrou Deus. Márcio encontrou orgasmos. Luís encontrou a si mesmo.

Para o taurino, tudo isso é uma loucura. Ele dá de ombros. Ele vive e deixa viver. Ele recosta em sua cadeira de couro. Ele sente o sabor crocante de uma maçã perfeita em sua boca. Ele vê seus filhos. Ele sente a solidez de sua casa e a eficiência de seu corpo. E, em alguma parte indizivelmente profunda e impenetrável de si, sente algo que nenhum outro signo pode sentir da mesma maneira.

Ele sente reverência.

A Sombra de Touro

Objetos colossais e perenes, como montanhas e grandes carvalhos, são metáforas para a paz que o taurino busca. Eles o guiam. Mas ele pode perder isso de vista e obter segurança material para seu próprio bem. Esta é a sombra de Touro. Ele busca a paz criada pela segurança interior. Mas pode ser enganado por seu reflexo no mundo exterior: dinheiro, posses, terras, o plano de aposentadoria.

A segurança não é má; não é essa a questão. Mas ela pode constituir uma espécie de "ouro de tolo" pelo qual o taurino é fatalmente atraído. Se o taurino sucumbir à sedução da segurança, toda a perene serenidade do signo pode ser desperdiçada, e em seu lugar surge apenas uma estabilidade entorpecida, que mata o espírito. O taurino pode matar a si mesmo de tédio.

Há uma encruzilhada para o taurino. Mais cedo ou mais tarde, ele deve enfrentá-la. Por um lado, lhe é apresentado um caminho de segurança material, de previsibilidade e estabilidade. Há boa chance de ser um caminho honesto e ético, inofensivo para todos, exceto para si mesmo. Por outro lado, ele vê um caminho que o excita, que promete crescimento e mudança. Incerto, inseguro, mas sedutor, ele apresenta ao taurino uma decisão fundamental: a vida é uma ação ofensiva ou defensiva? Estou aqui para crescer ou para estar seguro?

A segurança também pode se tornar estagnação no plano mental. Aqui encontramos a proverbial teimosia de Touro. Como todos os signos fixos, Touro é determinado, embora isso nem sempre seja imediatamente evidente. Muitas vezes ele parece silencioso e sem compromisso na superfície. Jamais confunda isto com indecisão. Sob o silêncio, há uma vontade de ferro. Isso dá ao taurino a capacidade de fazer qualquer coisa que esteja decidido a fazer, mas também pode produzir inflexibilidade.

A teimosia pode resultar em respostas tacanhas e pouco imaginativas à experiência, uma falha em dar aqueles saltos existenciais de fé que são o elemento primário de uma vida plena. Crescemos e mudamos, e à medida que o fazemos, nossa autoimagem e sua aura de atitudes e opiniões também deve mudar. O taurino pode falhar aqui. Como as antigas colinas que o guiam, o taurino pode vir a dizer: "eu sou o mesmo ontem, hoje e amanhã".

E então tudo está perdido.

GÊMEOS

Elemento: Ar
Modo: Mutável
Arquétipos: A Testemunha
O Professor
O Contador de Histórias
O Jornalista
Glifo: ♊

Decapite-se!
Dissolva todo o seu corpo na Visão;
torne-se o ver, ver, ver!
– Jalāl-Dīn Rūmī

O Símbolo de Gêmeos

Os gêmeos. Quem são eles? Irmãos. Irmãs. Almas gêmeas. Amantes. Dois seres irrevogavelmente ligados, fascinados um com o outro. Dois seres, cada um deles empenhado em desvendar o mistério do outro, mas separados por uma parede impenetrável de desentendimentos.

O que fazem eles? Eles falam. Eles escutam. Examinam um ao outro em busca de pistas, de gestos significativos, de insinuações meio ocultas. Nada lhes escapa. Nenhum detalhe é pequeno demais. Nenhum rastro é frio demais.

Uma bomba explode na fábrica de quebra-cabeças. Mil quebra-cabeças feitos em pedaços. Um milhão de peças dispersadas como confete. Dois gênios loucos, ambos usando metanfetamina, atacam o problema, cada um jurando ter quinhentos quebra-cabeças montados até o amanhecer.

Imagine. Isso é Gêmeos.

Propósito Evolutivo de Gêmeos

Vá para o capítulo sobre Gêmeos em qualquer livro de signos solares. Em algum lugar no primeiro parágrafo, você lerá a palavra *comunicação*. Falar e ouvir são certamente questões-chave para os geminianos, mas, para entendê-los, devemos ir mais longe. O processo psíquico ao qual Gêmeos se refere inclui muito mais. É toda a questão da *percepção*, a forma como o mundo se comunica conosco. A maneira como vemos, sentimos, ouvimos e cheiramos toda a fantasmagoria que nos rodeia. Ouvir as palavras é apenas um fio condutor nessa tão vasta tapeçaria.

O geminiano nasce para perceber, para se deslumbrar com observações. A estagnação tão característica de Touro é antitética para Gêmeos. Este signo deve permanecer em movimento o tempo todo. Há tanto para ver e saber. Nem um minuto a perder. Como uma criança a quem de repente foram concedidos dez minutos para saquear uma loja de brinquedos, o geminiano se lança na experiência, às vezes frenético, frequentemente sem qualquer plano aparente, mas sempre com entusiasmo.

Uma inteligência alerta é a base dos geminianos. Mas concentrar-se na inteligência obscurece nossa compreensão do que nasce aqui. Para o geminiano, pensar é epifenomênico, apenas um efeito colateral. O forte desse signo não é a intelectualidade, é a percepção crua. Não é pensar, mas ver. Gêmeos está mais para jornalista do que para filósofo. Os fatos não digeridos da percepção, e não o seu significado, são o seu alimento. Ele só quer ver, testemunhar o mundo. Ideias e compreensão podem surgir, mas não são a questão. Desvendar o segredo do mundo. Reunir todas as pistas. Ver tudo. Esta é a meta final de Gêmeos.

A Estratégia de Gêmeos

Ver tudo! A tarefa é impossível. Dê a alguém um milhão de anos de vida, uma visão de raio X e ouvidos biônicos.

Dê a ele a mente de um computador e a energia de um hiperativo de quatro anos de idade. O que ele conseguiria ver? Quanto da vida ele poderia penetrar? Seria como mergulhar um dedal no oceano. E, contudo, essa é a tarefa do geminiano.

Como os geminianos podem proceder? Uma estratégia chave é viver uma vida tão intensa e variada quanto possível. Viver três ou quatro vidas em uma. Tratar a previsibilidade e o tédio como pecados imperdoáveis. Nunca permitir que a mente pare de se desenvolver. Muito difícil.

Todos nós criamos imagens do Universo que carregamos em nossas cabeças. E não gostamos de experiências que não se encaixam na imagem. O médico não gosta de ver o curandeiro obter resultados. O racista branco tem pouca utilidade para um físico negro brilhante. Nós criamos uma imagem. Depois, procuramos evidências para sustentá-la. Os geminianos devem violar esse instinto. Devem esforçar-se para ver com clareza, independentemente de quão incompreensíveis possam ser suas percepções. Os geminianos devem *dar permissão ao Universo para não fazer nenhum sentido*. Se estão confusos, eles estão bem no alvo. Isso apenas significa que as informações que reuniram estão além de sua capacidade de entender. Manter esse estado aberto e totalmente receptivo é uma das principais estratégias evolutivas para este signo. Mais uma vez: não pensar, mas ver.

Viver é uma forma de adquirir experiência. Mas há outra. O mundo está repleto de experimentadores. Está repleto de pessoas. Cada uma delas tem um conjunto único de percepções. Cada uma delas as digeriu, transformou-as de observações grosseiras em uma forma muito mais refinada: pensamentos. Mas como podemos chegar até eles? Eles estão trancados atrás de uma parede de ossos e massa encefálica.

Os geminianos sabem a resposta. Para chegar a esses tesouros ocultos na mente daqueles que nos rodeiam, tudo o que temos de fazer é perguntar. Colocar questões. Devemos dominar a arte de falar. Para o geminiano, isso é uma estratégia evolutiva crítica. Os geminianos nasceram para conversar.

Eles também nascem para ouvir. Mas isso não vem tão automaticamente. Raciocínio rápido, e até mesmo a eloquência estão muito mais disponíveis para os geminianos do que a atenção. No contexto de um mapa astral duro e direto, eles podem interromper e terminar as frases de outras pessoas por elas. Num mapa mais brando e mais sensível do ponto de vista interpessoal, o padrão pode ser menos óbvio. Nós os achamos silenciosos, parecendo fascinados por nossas ideias. Mas suas mentes correram à frente. Apesar do contato visual e da cabeça acenando em concordância, eles estão alheios ao que estamos dizendo. Na realidade, já decidiram o que vamos dizer. Eles estão agora absortos em estudar nosso nariz, pensando no quanto ele os lembra um nariz que um dia conheceram no ensino médio.

A comunicação é uma via de mão dupla. Os geminianos devem se lembrar disso. Falamos do que sabemos, mas às vezes ouvimos algo que não sabemos. Ouvir. Absorver o mundo. Essa é estratégia de Gêmeos. Para eles, falar só é útil se acelerar esse processo.

Os Recursos de Gêmeos

Curiosidade. Esse é o maior recurso geminiano. O sentido da maravilha que é o mundo. Apreciar como uma criança cada gota de orvalho, cada lágrima, cada floco de neve como algo sem precedentes. Sem isso, os geminianos não são nada além de tagarelice.

A vitalidade também é um recurso geminiano. A curiosidade do geminiano o move incessantemente. Tanta coisa para ver, tanta coisa para saber. Poucos signos vivem tão incansavelmente, funcionam com tão pouco sono. Viver três vidas em uma não deixa tempo para a preguiça. Uma vez que o seu entusiasmo é disparado, os geminianos resplandecem pela vida como um par de meteoros.

A vitalidade física também funciona mentalmente, dando aos geminianos um terceiro recurso chave: a inteligência. Eles combinam toda essa curiosidade, toda essa energia, para produzir uma enorme biblioteca não digerida de informação bruta. E o geminiano a atravessa na velocidade da luz, fazendo conexões, estabelecendo paralelos, observando discrepâncias. Nenhum signo tem uma mente mais rápida.

Por fim, os geminianos podem falar. Como nenhum outro signo, eles sondam a mente das pessoas, peneirando as camadas de falsidade e ficção, prospectando pepitas de *insights*, cristais de experiência. Para o geminiano, as substância do Universo não são moléculas ou átomos. É a informação. Nenhum signo é tão faminto por ela ou tão propenso a coletá-la, correlacioná-la, transmiti-la. E esse é seu recurso mais precioso.

A Sombra de Gêmeos

O geminiano em sua forma pura está além das opiniões. Sendo tão crítico quanto um espelho, ele simplesmente observa. Desconfiado de grandes esquemas, de verdades supremas, o geminiano tece uma teia de pistas, sempre hesitando em tirar uma conclusão prematura. Intuitivamente, ele sente que tudo pode ser provado com os fatos.

A adaptabilidade tão característica desta fase do zodíaco surge aqui. Infelizmente, quando casada com motivos nada nobres, esta mesma flexibilidade produz coisas horríveis. Pressionada a encarar uma verdade desagradável, a adaptável mente geminiana consegue reconstruir a informação. Aqui existe pouca mentira verdadeira envolvida –, apenas uma mudança de ênfase, alguns silêncios estratégicos, e uma barreira de palavras. Muitas vezes a nova montagem de ideias faz sentido. Mesmo falsa, pode ser convincente, ou pelo menos persuasiva o suficiente para despistar alguém. Somente o indivíduo mais astuto e determinado consegue penetrar no labirinto que o geminiano cria quando colocado na defensiva. Certo ou errado, ele raramente perde uma discussão.

Também há perigos físicos para os geminianos. O burburinho contínuo da psique geminiana inevitavelmente transborda para seu sistema nervoso. Um acúmulo de tensão na mente pode produzir sobressalto. Esta dificuldade em relaxar frequentemente leva à insônia e pode agravar a tendência do signo em direção à tagarelice nervosa. Se o burburinho interno não for controlado, as circunstâncias externas começam a refletir o mesmo padrão: inquietação, sobrecarga e, finalmente, exaustão emocional.

Tensões como as que o geminiano pode desenvolver devem ser liberadas. Uma conversa tranquila com parceiros perspicazes e ainda assim relaxados é uma grande ajuda. Sem guerras mentais com intelectuais. Nenhuma disputa verbal. Simplesmente comunicação de coração para coração, sem ninguém tomando notas ou procurando vender uma opinião.

O exercício físico também ajuda na liberação da tensão do geminiano. Tipicamente, ele precisa de mais disso do que gostaria. Andar, correr, um jogo de vôlei amistoso, tudo isso pode ajudar. Sem flexões, no entanto. Lembre-se: O geminiano não está aqui para ficar entediado.

O geminiano está no mundo para reunir experiências, para deixar o milagre da vida funcionar diretamente em seu coração. Nele não há lugar para complacência, para opiniões dogmáticas que o protejam do caos e do mistério. Com sua curiosidade insaciável, ele pode embalar uma vida inteira com experiências. Mas o cavalo que monta é selvagem. Ele pode levá-lo a um horizonte distante ou dançar em círculos, cheio de movimento, sem chegar a lugar nenhum. "Toda tática e nenhuma estratégia" tem sido o epitáfio de muitos geminianos. O que se resume a: o cavalo precisa de um cavaleiro.

CÂNCER – O CARANGUEJO

Elemento: Água
Modo: Cardeal
Arquétipos: A Mãe
O Curandeiro
O Homem / A Mulher Invisível
Glifo: ♋

Aqueles para quem não ser visto é não ter existência, não estão vivos; e o tipo de existência que eles procuram, a imortalidade que procuram, é espectral; ser visto é a ambição dos fantasmas, e ser lembrado é a ambição dos mortos.
Norman O. Brown

O Símbolo de Câncer

O caranguejo. Uma criatura vulnerável. Um suculento pedaço de carne. O alimento das gaivotas. Como ele pode sobreviver? Que esperança há para ele? Ele é apenas um bocado à espera da boca do predador.

Para viver, o caranguejo precisa desenvolver uma carapaça. Deve criar uma muralha entre ele e a Natureza. Ele também é delicado demais para se proteger de qualquer outra forma.

Com essa armadura, o canceriano perdura. Ele está em paz com seu ambiente. Mas esse sucesso traz as sementes de uma arriscada transformação. O caranguejo come. Ele amadurece. E logo ele fica maior que a sua casca. Ele deve abandoná-la. Se ele for astuto e tiver sorte poderá viver para formar uma outra. Uma que seja maior, mais adequada ao seu estado expandido. Mas somente se for astuto e tiver sorte.

Propósito Evolutivo de Câncer

Atordoada com o carrossel giratório de Gêmeos, confusa com o caos da vida no meio do caminho, a consciência agora se volta para dentro, para suas raízes. Para o geminiano, a verdade está "lá fora", em algum lugar. Ele busca o mundo, mantendo a psique alerta e maravilhada. E ainda assim a busca não rende nada. A vida é mais misteriosa, mais cheia de pontas soltas e detalhes não digeridos do que nunca.

O canceriano segue em uma nova direção. Ao invés de vasculhar o Universo de forma rápida e descuidada, ele alcança fios de consciência interior, sondando profundamente os fundamentos da experiência, buscando o coração.

Para o canceriano, a estrutura básica do mundo é feita de sentimentos. Uma imensa subjetividade anima esta fase do zodíaco. A consciência sucinta e jornalística de Gêmeos dá lugar a uma tapeçaria de impressões, de respostas pessoais. Não há mais um Universo objetivo. Tudo o que resta é um padrão de reações.

Aqueles que nascem sob a égide de Câncer vieram aqui para penetrar dimensões da vida interior inacessíveis a qualquer signo anterior. Eles chegam fluentes na linguagem do eu profundo, a linguagem da emoção. Fascinados pelos aspectos reativos e subjetivos da mente, sua força vital é um processo prolongado de psicanálise, geralmente autoadministrado.

Sentir a consciência. *Sentir* cada nuance da vida. Abandonar a concha de entorpecimento que nos protege contra este matadouro que é o mundo. Tudo isso é trabalho de Câncer. O propósito evolutivo de Câncer? Ver a discórdia infernal da vida. Ver o caldeirão interior. E, apesar de todas as adversidades, contra todo o bom senso, *amar, confiar e aceitar* tudo que a existência oferece.

Estratégia de Câncer

Uma batisfera automatizada. Seu propósito? Mapear o fundo do mar quatro mil metros abaixo da superfície do oceano para extrair amostras do sedimento. E retornar intacta à nave-mãe.

Uma estratégia se sobrepõe a todas as outras: a batisfera deve sobreviver. O mar a pressiona, tocando as paredes em busca de qualquer fraqueza, qualquer falha. Nesse ambiente hostil, a defesa é tudo. Sem a armadura, os delicados dispositivos de detecção dentro da embarcação seriam esmagados num microssegundo.

No entanto, deve haver brechas na defesa. Uma parede sólida de aço com sessenta centímetros de espessura protegeria a embarcação perfeitamente. Perfeitamente demais. Sem brechas na armadura, a batisfera não poderia interagir com o ambiente para o qual foi projetada para explorar. Deve haver janelas para as câmeras. Os fios devem passar do cérebro interior para os olhos e ouvidos exteriores. Deve haver compartimentos de armazenamento interno para o material recolhido de fora.

Os projetistas da batisfera enfrentam um problema difícil: se eles protegerem o maquinário, a embarcação não fará o trabalho para o qual foi criada. E se eles não a protegerem suficientemente bem, ela será destruída pelo ambiente para o qual foi projetada.

O mesmo se dá com o canceriano.

Os "dispositivos de detecção" de Câncer são os mais delicados do zodíaco. Nenhum signo *sente* com tal intensidade. E *sentimento* é tudo na vida para o canceriano. Mas esses circuitos emocionais podem ser sobrecarregados. Eles podem queimar. Deve-se permitir que a vida penetre lentamente, de forma controlada. Simplesmente abandonar todas as defesas seria suicídio.

A meta de Câncer é maximizar a intensidade de suas interações com o mundo, enquanto simultaneamente protege suas sensibilidades emocionais aguçadas. Envolvê-las numa casca de aço permitiria que os frágeis mecanismos perdurassem. Mas a vida é mais do que a resistência. A estratégia do canceriano é *criar as defesas mínimas compatíveis com a sobrevivência.*

A timidez é uma dessas defesas. Especialmente no início da vida, os devaneios e as reticências são o manto de Câncer. A pessoa inicia apenas as interações mais essenciais com o mundo. Uma máscara é usada, uma máscara de anonimato e desinformação. Como se fosse um índio Xavante camuflado na floresta, podemos olhar diretamente para um indivíduo assim e não ver nada mais do que a paisagem ao redor.

Mais tarde, as defesas podem se tornar mais sofisticadas. O canceriano aprende a projetar um holograma plausível e tridimensional de uma personalidade humana na arena social. Talvez até mesmo um holograma gregário. Dentro desse disfarce ele espreita como um espião, tirando fotografias de raio X, penetrando secretamente as almas dos que o rodeiam.

Usar uma máscara ou revelar-se Câncer tem pouca escolha. Seus processos internos são tão delicados e a vida é tão chocante que, sem um material isolante, seu sistema nervoso se estilhaçaria. O perigo é que as defesas podem se tornar eficientes demais, colocando a segurança à frente de tudo, até mesmo do crescimento.

Para que o canceriano evolua, ele deve abandonar sua carapaça. Mas este desprendimento deve ser bem ponderado. Ninguém tocado por este signo precisa subir num palanque em plena hora do *rush* e abaixar suas calças psicológicas. O público deve ser cuidadosamente selecionado e a escolha do momento deve ser impecável. Com sua extrema vulnerabilidade, o canceriano está jogando pesado.

Mas ele deve jogar. Ele deve se abrir. Ele tem que confiar. O amor é sempre um jogo de azar, e isso é um risco que o canceriano vai ter que aprender a correr.

Os Recursos de Câncer

Coloque o canceriano num ônibus lento para a Patagônia. Para a maioria de nós isso seria tão atraente quanto contrair lepra. O canceriano reage de maneira diferente; ele se instala, fecha os olhos, e, em dez segundos, está caminhando pela Terra Média.

Para Câncer, o mundo exterior é pálido em comparação com o gerado pela imaginação. E esse mundo interior cheio de vida é o principal recurso do canceriano. Como nenhum outro signo, ele se sente em casa no reino das fadas que carregamos entre nossos ouvidos.

Imaginação, subjetividade, sentimentos – estas são as matérias-primas do canceriano. E elas alcançam o foco naquela que é a mais primordial de todas as emoções: O amor. Olhe para outra pessoa. Sinta ternura. Sinta o desejo de ajudar, de curar, de nutrir. Nenhum sentimento de competitividade ou medo, nada além de apoio. Seus circuitos cancerianos são iluminados.

A gentileza e a preocupação são reações não premeditadas para o canceriano. Elas são as únicas forças mais potentes do que os instintos de autopreservação do signo. A pessoa mais mansa do mundo pode beber duas cervejinhas, ficar um pouco animada demais, e começar a se insinuar para o canceriano. Vai ser como se ela estivesse tentando entrar numa caixa forte de banco com a chave da igreja. Mas deixe Genghis Khan aparecer com o coração partido e as portas serão totalmente abertas.

Esse tipo de amor vem naturalmente ao canceriano. É um dos recursos do signo, não seu ponto final. Ser solidário. Ser útil. Ser protetor. Características louváveis, mas não são o mesmo que deixar a carapaça, não é a mesma coisa que ficar nu. São um tipo especial de amor, mm tipo relativamente seguro.

Maternidade – esse é o recurso de Câncer. É o que surge automaticamente. Amar verdadeiramente é muito mais difícil, muito mais arriscado. E isso nunca acontece sem esforço.

A Sombra de Câncer

A maternidade é a expressão máxima de Câncer – e sua queda potencial. Nove em cada dez vezes, é uma terna expressão de amor humano, louvável em todos os sentidos. Outras vezes, é apenas mais um esconderijo, outra concha.

As pessoas, especialmente as que sofrem, são atraídas para o ventre acolhedor do canceriano. Câncer suscita a sensibilidade e o sofrimento em todas as pessoas com quem entra em contato, incentivando-as a se sentirem seguras o suficiente para rir e chorar. As pessoas desse signo parecem usar camisetas astrais adornadas com a palavra *Mãe*. Qualquer pessoa pode ler a mensagem. Deixe o canceriano sentar-se naquele ônibus para a Patagônia. Dentro de dez minutos, há alguém sentado ao seu lado, vertendo seu coração.

Nenhum signo consegue usar a máscara da mãe de forma tão convincente quanto Câncer. Nós ganhamos compreensão e compaixão. O canceriano ganha segurança e invisibilidade. E ninguém chega a lugar algum, pelo menos não num relacionamento íntimo. A maternidade funciona bem com estranhos no ônibus. Mas não se pode permitir que se torne o tema dominante de um casamento ou de uma amizade. Se isso acontecer, a igualdade natural de tal vínculo é interrompida. Ambos os parceiros são despojados de sua humanidade.

Câncer deve estar vigilante contra os tentadores perigos do papel de mãe. Ele deve estar atento para não se revestir de tanta sabedoria, perdão e compreensão de forma tal que sua própria vida interior turbulenta e suas próprias necessidades se tornem invisíveis. Os cancerianos podem ganhar segurança e estabilidade dessa maneira, mas é apenas mais um jogo de conchas. E a aposta mínima é a solidão.

Para o canceriano a nudez emocional é assustadora. Mas igualmente assustadora é a insegurança e a instabilidade no lado externo da vida: mudança, aventura, experiência.

Para o canceriano, um pouco de experiência vale muito. Os fogos de artifício existenciais que impulsionam Áries e Gêmeos são como um filme de terror para Câncer. Mas até Câncer precisa de um mínimo de variedade e mudança. Lamentavelmente, seus instintos naturalmente prudentes podem prejudicar isso. Como Touro, ele pode descer a um padrão de tédio e previsibilidade que entorpece o espírito. A atividade profissional pode ser vivida mecanicamente, muito depois que o seu valor para o crescimento individual se tenha esgotado. As relações podem murchar e se tornar um ritual – tudo para evitar os incômodos sinais da mudança. E, a salvo dentro de sua carapaça, a centelha romântica e criativa do canceriano pode cair em décadas de dormência.

LEÃO

Elemento: Fogo
Modo: Fixo
Arquétipos: O Rei/A Rainha
O Executante
A Criança
O Palhaço
Glifo: ♌

Nós somos o que fingimos ser.
Kurt Vonnegut, Jr.

O Símbolo de Leão

Não um leão, mas uma banda de rock de uma cidadezinha perdida no interior do Brasil. Seis garotos, com muita energia, mas com pouca experiência. Um raio os atinge, eles conseguem um contrato de gravação. Em dois meses, têm um álbum no topo da parada de sucesso.

Eles abrem no Maracanã. O estádio está lotado. Milhares de pessoas olhando para o palco. No vestiário, a banda está aterrorizada. Frio na barriga, medo do palco. Eles saem para as luzes, com os joelhos bambos. Todos os olhares estão sobre eles. Eles tocam os acordes com energia. O técnico de som ajusta os controles de volume. O público está de pé, vibrando, batendo palmas.

Com olhos arregalados, a banda capta a mensagem: todos os amam. Eles tocam com mais força e ânimo. O público vai a loucura. A banda pega a essência da coisa e a expande.

O Propósito Evolutivo de Leão

Em Câncer, o signo anterior, o véu é colocado de lado para revelar as profundezas brilhantes e mutantes da mente. A consciência é hipnotizada. Ela não pode se afastar. As miragens do olho interior fascinam a consciência, fazendo com que ela se feche em si mesma. A atenção se afasta da atividade exterior, dissolvendo-se em passividade, observando e sentindo, projetando muito pouco.

Leão é uma reação contra a interioridade do canceriano. Fertilizada, enriquecida por seu encontro com as raízes da consciência, a vida agora busca uma expressão mais palpável. O magma incandescente pode ter fluído sob a casca de Câncer. Mas em Leão ela ruge com toda a grandiosidade de um vulcão. E às vezes com muita sutileza.

Expressão – essa é a chave para entender o Leão. O conteúdo da mente torna-se visível. Nada está acorrentado nas masmorras da imaginação. Tudo ganha forma. Tudo é expresso. *Leão deve deixar provas tangíveis de seus processos internos nas mãos do mundo.* Câncer precisa de segredos! Para o Leão, eles são execráveis.

Expressar a mente. Criar símbolos exteriores de nosso estado interior. Tecer uma pista transparente cujo desvelar leva qualquer um ao centro de nossos mistérios mais íntimos – esse é o trabalho do Leão.

E qual é a pista que o Leão deve tecer? É o propósito evolutivo do Leão: o desenvolvimento de um estilo espontâneo, sem pudor, aberto a todos. É o desenvolvimento de uma superfície comportamental que esteja em conformidade com a forma do interior da mente, como um colan se agarra a uma bailarina.

O propósito evolutivo de Leão? O desenvolvimento da *personalidade.*

A Estratégia de Leão

O Leão deve aprender a dizer *sim* à vida. Seu caminho é de afirmação, de positividade. Ele deve banir toda mesquinhez, toda picuinha e estreiteza de sua mente. O medo e a desconfiança não têm lugar em seu vocabulário. Nada que iniba sua autoexpressão pode ser tolerado.

E se – as pessoas rirem? Não importa. O Leão deve ainda assim afirmar quem ele é. Ele ainda deve dizer: "Vida, eu te amo! Eu te celebro! Eu não tenho medo de você!".

A transcendência do ego é uma de nossas principais metáforas para o crescimento espiritual. Muitas vezes imaginamos "seres evoluídos" como pálidas criaturas que se sentam em roda na posição de lótus com a barriga cheia de brotos de feijão, sem medo de nada, sem esperança de nada, sem abrigar opiniões. Qualquer pessoa viciada nesse modelo vai olhar com desconfiança para o leonino.

Leão refere-se ao *desenvolvimento do ego*, não à sua transcendência. E sentar-se na posição de lótus não ajuda. O Leão deve aceitar o absurdo essencial do ego, depois se deleitar, deixar o ego fluir inconscientemente no mundo. Ele deve usar uma camisa xadrez com calças roxas e andar pela rua; assobiando o hino nacional. E se as pessoas ficarem olhando, ele deve assobiar mais alto.

Atuar para o mundo é confiar nele. Essa inquestionável confiança na vida é o Santo Graal de Leão. Toda a criatividade, todo o calor, toda a alegria e drama deste signo são simplesmente métodos usados para atingir esse objetivo. Qualquer coisa interna deve aparecer na parte externa. E se o Leão realmente chegou, ele não está preocupado com avaliações.

Poesia, pintura, decoração – todos os processos criativos tradicionais são valiosos dispositivos de centramento para Leão. Qualquer inclinação nesse sentido deve ser explorada. Tais habilidades fornecem veículos para a expressão de nossa vida interior, e esse tipo de autoexpressão é uma dinamite evolutiva para o leonino.

Leão brilha ainda mais quando a via criativa escolhida é uma via mais direta. Dançar, cantar, contar histórias e, acima de tudo, teatro, são o território natural do Leão. Aí, pouca distância separa o intérprete do público. O *feedback* é instantâneo. A energia sai e imediatamente encontra seu alvo. E para Leão, isso é o paraíso.

A arte não é o único lugar onde a imaginação pode se corporificar visivelmente. Causar impacto sobre a forma de uma organização, ou de um evento ou mesmo de outra pessoa, é certamente autoexpressão. Sempre que deixamos o selo de nossos próprios pensamentos ou valores no mundo, expressamos nosso impulso criativo.

A centelha de Leão também deve se acender de forma mais espontânea. Simplesmente brincar é uma estratégia evolutiva para esse signo. Sem premeditação, a imaginação rompe os limites da "maturidade" e inunda o teatro da vida.

Para os astrólogos antigos, Leão era o símbolo dos reis. Seu carisma e sua presença justificam esse título. Mas a verdade mais profunda é transmitida quando vemos Leão como o signo da Criança. O espírito autodramatizante do momento presente, universal entre as crianças, é a essência de Leão.

A estratégia? Celebrar a si próprio. Criar. Não guardar segredos pessoais. Manter a inocência, a espontaneidade e o frescor de uma criança.

Os Recursos de Leão

Instintivamente, o Leão ruge.

Qualquer pessoa cujo mapa astral contenha muitos componentes leoninos tem a alma de um intérprete. Ofereça o mínimo de incentivo e você é agraciado com uma torrente de bondosa autoexpressão. Pode ser uma anedota. Pode ser uma melodia no piano. Pode ser uma história verdadeira, um pouco embelezada e contada com espírito fervoroso. Qualquer que seja a forma que assuma, cada circuito leonino contém um ato ou dois. Bata palmas e a cortina se levantará.

Muitas vezes é no direcionamento criativo das energias humanas brutas que Leão encontra seu nicho. A personalidade radiante e magnânima do Leão lhe dá um dom natural para a liderança. Frequentemente ele consegue focalizar as caóticas correntes cruzadas num grupo desorganizado de pessoas. A história de Napoleão é o exemplo mais óbvio desse lado de Leão, mas um exemplo semelhante pode ser encontrado em quase todos os escritórios de vendas ou em times de futebol bem-sucedidos.

Criatividade e carisma são recursos leoninos, mas há um muito maior: o leonino sabe como ser feliz. Sua atenção está no momento presente e, nesse momento, ele é rei. Ontem pode ter sido uma teia de falências e fracassos. Amanhã os políticos podem começar a lançar bolas de fogo. Mas hoje, meu corpo funciona, meu espírito está elevado e eu tenho vinte dólares. Vamos dançar.

O recurso de Leão: como nenhum outro signo, ele sabe que está vivo neste momento. O passado se foi. O amanhã pode nunca chegar. Ele sabe que deve agarrar este momento de mudança e torcê-lo para extrair cada átomo de alegria que contenha.

A Sombra de Leão

Com a apresentação no Maracanã no passado, os seis garotos do interior arrumam seus instrumentos e pegam uma BMW para o Aeroporto Internacional Guarulhos. Próxima parada: Pequim.

Eles estão numa turnê beneficente pela República Popular da China, tocando em províncias onde a música ocidental nunca foi ouvida. O vocalista caminha feito um pavão até o microfone. Do lado esquerdo do palco, o guitarrista entra deslizando de joelhos. As máquinas de fumaça lançam punhados de fumaça rosa sobre um público de dez mil; totalmente perplexos, cada um com as mãos pousadas educadamente sobre as pernas. Quem são estes loucos? Por que estão tão entusiasmados?

De repente cai a ficha para a banda. Isto não é o Maracanã. Esta é a China. A energia recebida do público do Brasil não se materializará aqui. E de repente eles são apenas seis meninos do interior, muito longe de casa.

Interpretar, criar, expressar – a energia flui para fora em todas estas estratégias leoninas. Mas se Leão fosse só isso, o signo logo secaria. Deve haver algum influxo correspondente de vitalidade ou o Leão se esgotaria rapidamente. Esse influxo pode ser uma pessoa dizendo: "Eu te amo. Eu estou feliz por você estar vivo". Ou pode ser dez mil chineses batendo palmas. Seja qual for a forma, Leão precisa de aplausos. Sem isso, ele murcha.

Com todo seu calor e presença, Leão certamente merece elogios. Mas, como nossos astros do rock, ele projeta uma imagem de autoconfiança e orgulho. Involuntariamente, o Leão parece estar proclamando sua superioridade. E essa não é uma fórmula para aplauso.

As pessoas podem reagir tentando contrariar a autoimagem aparentemente grandiosa de Leão. Elas podem ignorá-lo ou tentar esvaziá-lo. E isso só leva o Leão a um frenesi de exibição. Ele está dizendo: "Por favor, me amem!" E as pessoas estão ouvindo: "Eu sou o maior".

Os círculos viciosos leoninos têm raízes nesse tipo de falha. O leonino precisa de amor, porém, quanto mais ele tenta assegurar isto impressionando as pessoas, mais ele é capaz de desencorajá-las. Em estágios extremos, o Leão pode até começar a exibir aqueles traços dos quais os livros de astrologia populares sempre o acusaram: arrogância, altivez, a síndrome do "pequeno Napoleão".

A sombra de Leão? É o orgulho. O orgulho pode impedi-lo de simplesmente pedir amor. Ele deve aprender a compartilhar a vulnerabilidade que ele conhece tão bem, pedir apoio. Na falta disso, ele é como o comediante representando para um público apático. Ou a banda de rock no interior da China.

Ele é digno de pena.

VIRGEM

Elemento: Terra
Modo: Mutável
Arquétipos: O Servo
O Mártir
O Perfeccionista
O Analista
Glifo: ♍

Ninguém pode dar nada sem dar a si mesmo – o que significa, se expor a risco. Se alguém não pode se arriscar, então é simplesmente incapaz de dar.
James Baldwin

O Símbolo de Virgem

Virgem. De todos os símbolos, o mais difícil de se compreender. Pensamos na virgindade como inexperiência, mas este não é um símbolo de inexperiência. Nem de prudência, nem de qualquer fuga da paixão.

Virgem é uma imagem de pureza. Nada a possuiu. Ela não está apegada a nada, nada quer, nada teme. Nada a detém. Ela é livre, sem vinculação a nenhum drama terreno.

Contudo, ela está aqui, na Terra. O que o mundo oferece a quem nada busca senão a perfeição? O que ela pode fazer? Ela espera, indiferente como a Virgem Mãe. Ela trabalha a si mesma. E, para passar o tempo, ela ajuda onde pode.

O Propósito Evolutivo de Virgem

O rugido sai de moda. A consciência, cansada da fanfarronice do Leão, busca um significado mais profundo, um senso de propósito.

Leão se agiganta. Ele nos choca em busca de atenção, mas gradualmente nosso círculo de atenção se amplia. O poderoso Leão é revelado numa nova perspectiva: contra o pano de fundo de galáxias, de eras, de vida e morte, seu orgulho e vaidade são absurdos. O rugido do Leão acaba se revelando vazio.

Em Leão, a personalidade atinge um ponto culminante. Não pode ir além. Nosso próximo passo é nada menos que um salto para um novo nível de experiência. Dessa necessidade, desse desespero, surge Virgem. A percepção sintoniza-se com um novo sentimento: a fome de transformação pessoal. As sementes do descontentamento germinaram; Virgem deve crescer.

Mas *em que direção* ela deve crescer? Pureza. Perfeição. Realização. Significado. Mestres duros, e os objetivos que eles "estabelecem estão impossivelmente distantes".

O propósito evolutivo de Virgem? Chame-o de perfeição.

Mas o seu primeiro passo nesse caminho é amargo. Virgem deve aprender a ser humilde.

A Estratégia de Virgem

Duas visões conduzem Virgem ao longo de seu caminho. Uma acena de cima, a outra a açoita por atrás. Juntas, elas não lhe dão descanso.

A primeira é um senso de ideal, do que poderia ser. Ele concede a Virgem seu perfeccionismo, sua ética e princípios. A segunda visão é um senso meticuloso e escrupulosamente honesto do que realmente está acontecendo. É aí que Virgem obtém seus atributos práticos e ordeiros, sua repulsa à ineficiência.

A astrologia tradicional descreve esses aspectos do signo de forma estática: "Os virginianos são responsáveis e têm mentes analíticas, mas tendem a ser exigentes com relação aos detalhes". Essa abordagem deixa de captar todo o sabor dinâmico de Virgem. Vê fatos rígidos onde uma pessoa orientada ao crescimento veria uma explosiva estratégia evolutiva.

O propósito dessas duas visões é criar uma fome, uma necessidade de avançar em direção ao ideal. O virginiano vê o que ele poderia ser. Vê o seu potencial, como ele seria se destruísse todas as correntes internas que o prendem. Vê o que ele realmente é. Claramente. De forma concisa. Com brutal honestidade.

Nenhum signo consegue dissecar-se de forma tão fria.

Os astrólogos pop muito frequentemente condenam Virgem com elogios débeis: "virginianos são bons bibliotecários e contabilistas. Como nenhum outro signo, eles conseguem lidar com o tédio". O pobre Virgem é visto como um signo entediante, dado a mesquinhez e a idiossincrasias.

Na verdade, não há signo mais excitante. Por quê? Porque não há signo mais ansioso em crescer. Seu perfeccionismo pressiona-o a mudar. E seu realismo pragmático lhe dá os meios para fazê-lo.

Se isso fosse tudo que há na estratégia de Virgem, ele seria o mais egoísta dos signos. Tudo giraria ao "meu" redor, "meu" crescimento, "minhas" manias.

O egoísmo não precisa ser arrogante. A análise pessoal compulsiva confere ao eu uma distorcida posição central no Universo, tanto quanto qualquer complexo de messias.

Virgem não sucumbe a essa armadilha. Há uma segunda dimensão em sua personalidade, que serve para equilibrar sua seriedade e seu ensimesmamento: este é o signo do servo.

Para os antigos astrólogos, Virgem sugeria servidão no sentido subalterno. Isso é muito enganoso. Virgem simboliza nossa capacidade de ser útil a outras pessoas. E esse serviço é um método de autodescoberta, jamais uma forma de autodepreciação. O objetivo não é simplesmente servir. É *expressar o eu por meio do serviço.*

O virginiano deve escolher algum aspecto do seu ser. Deve poli-lo, educá-lo, certificar-se dele, e então deve oferecê-lo ao mundo. Não verdadeiramente, embora frequentemente pareça que sim. Oferecer este presente é parte da estratégia doas virginianos. É parte do seu esforço para se aperfeiçoar.

Virgem não está aqui para servir aos outros tanto quanto para servir ao *princípio do serviço.* Ao fazer isso, se transforma. Pega a parte mais aperfeiçoável de si e *se torna identificada com ela.* Ela se torna seu trabalho.

Se ela é conselheira, deve tentar se tornar amor e compreensão infinitos. Se é artista, deve se tornar uma fonte de beleza irretocável. Se é gari, deve ser um símbolo da imperecibilidade da dignidade humana. E tudo mais, todo outro aspecto mais limitado de sua consciência, deve desvanecer-se. Virgem torna-se o serviço que oferece. E, à medida que esse serviço se aperfeiçoa, também ela se aperfeiçoa.

Aperfeiçoar o eu por meio do idealismo incansável, da autoavaliação humilde e de um desejo inabalável de oferecer um presente ao mundo: essa é a estratégia de Virgem.

Os Recursos de Virgem

A psique virginiana é como um filme de alta resolução. Cada nuance da vida se destaca tão fortemente quanto o brilho na água. Nenhum verniz romântico nubla sua visão. Ela vê apenas o que está realmente lá, e o vê em detalhes minuciosos. Quando essa mente de raio X se volta para si mesma, as imagens que produz são ainda mais precisas. Virgem se vê a si mesma com impiedosa clareza. É como se tivesse feito uma apólice de seguro contra os delírios de grandeza.

Se detecta uma distorção em si mesma, ela não descansa. A distorção deve ser extirpada. O virginiano nunca é complacente. A preguiça não faz parte de seu repertório. A apólice de seguro que ela carrega contra delírios de grandeza também funciona como uma espora impiedosa, conduzindo-a sempre em frente. Não importa que altura alcance, seu objetivo está sempre mais adiante.

Dizer que o virginiano não pode ser preguiçoso é uma meia verdade. Para encontrar a outra metade, basta torcermos as palavras de forma um pouco diferente: Virgem não pode estar satisfeita. Para ela, não há tempo a perder. Ela fixou sua visão em uma estrela. E as estrelas estão muito distantes.

Trabalho relevante é uma questão chave para o sexto signo. Se Winifred, a tia-avó de Virgem morrer e lhe deixar um poço de petróleo, ela pode se aposentar e ir para a Riviera Francesa, mas dê a ela seis meses e a encontramos trabalhando mais do que nunca. Ela pode não estar mais fritando ovos para viver, mas está ocupada. Deixe esses milhões para Leão; Virgem não está aqui para relaxar.

A competência, especialmente em tarefas que exigem paciência e precisão, é algo natural no virginiano. Bem como um senso de responsabilidade. Tipicamente, isto se expressa através da profissão. Mas sua prestatividade é muito mais ampla do que isso. Mesmo depois de uma semana terrível no trabalho, se um amigo distante telefona pedindo ajuda para carregar uma geladeira, o virginiano estará lá em meia hora. E se o amigo pedir conselhos, assim como força física, reduza esse tempo para dez minutos. O conselho de Virgem também será bom, mas pode incluir a história da refrigeração no Ocidente. Com sua mente cuidadosa, Virgem odiaria deixar qualquer detalhe aberto à má interpretação.

A Sombra de Virgem

Pela primeira vez no desenvolvimento da mandala dos signos, nos deparamos com a capacidade de autossacrifício. Novos reinos de consciência nos esperam nesse caminho, mas também alguns bandidos astuciosos.

Virgem pode se sacrificar demais. Pode se rasgar em pedaços nos arrecifes de sua própria honestidade: "Isso é o que eu deveria ser... isso é o que eu realmente sou... oh meu Deus!"

A perfeição é um professor feroz e rigoroso, e muitos virginianos têm cicatrizes para provar isso. O virginiano pode cair em padrões de dúvida e incerteza. Autoimagens negativas e enfraquecedoras podem atormentá-lo, paralisando sua vitalidade natural. Ele pode limitar a si próprio. Pode tocar como segundo violinista para um tolo num casamento malfadado. Ele pode se encontrar preso num trabalho doméstico. Em casos extremos, o virginiano é capaz de autodestruição.

Pureza, perfeição – são abstrações. Servem como metas para os virginianos, mas daquelas que permanecem etéreas para sempre. Se perdê-las de vista, tudo está perdido. Sua vida se dispersa numa torrente de pequenos incômodos. Ele se torna o picuinha maçante, a caricatura pintada pelos astrólogos pop.

Mas, para realmente se mover em direção a essa perfeição, o virginiano deve aprender a se defender contra os perigos da ferramenta que está usando. *A autocrítica do virginiano deve ser temperada com uma absoluta autoaceitação.* Ele deve aprender a se amar incondicionalmente.

E ele deve fazer isso da maneira mais difícil que se possa imaginar: com uma mente honesta.

Mais uma vez, o virginiano deve lutar pela pureza. Mas o processo é delicado; ele não deve ceder à tentação de odiar sua impureza. Deve amar a si mesmo pelo que é, não pelo que poderia ser. Somente então *ele evitará a armadilha de sentir que deve compensar alguma deficiência interna através de um contínuo autossacrifício.*

O foco muito aproximado e preciso da consciência do virginiano pode cegá-lo para desenhos mais amplos. Os detalhes podem confundi-lo. Ele pode ficar tão perdido na catalogação dos pontos de estresse em sua vida que perde a noção de como é bom estar vivo. Impaciência, picuinhas, autoabnegação – estes são os perigos que surgem quando sua clareza não está temperada com perspectiva e autoaceitação.

Se o virginiano cair nessa armadilha sombria, uma segunda nunca está muito distante. Como um chacal perseguindo um leão, os ataques a outras pessoas seguem os ataques a si próprio. Se o virginiano torce o nariz para o que vê no espelho, também o fará para o que vê no mundo.

Com a perfeição como guia, o virginiano pode subir como um míssil ou ser estilhaçado como um pedaço de cristal. A chave é a autoestima. Aconteça o que acontecer, ele deve amar a si mesmo! Precisa parar de julgar a si próprio pelo que realizou. O outro lado dessa moeda é sempre a estrada adiante, e nenhum signo é mais ciente do quão longe ele vai. Apesar de sua tendência a tramar e planejar, ele deve aprender a viver no presente, e viver nele com amor. E se ele precisa julgar a si próprio, que seja apenas pela intensidade de seus processos de vida no infinito agora. Nada mais importa. E nada mais leva tão eficientemente ou tão rapidamente à perfeição.

LIBRA – A BALANÇA

Elemento: Ar
Modo: Cardeal
Arquétipos: O Amante
O Artista
O Pacificador
Glifo: ♎

Somente no silêncio a palavra,
somente no escuro a luz,
somente na morte a vida,
Brilhante o voo do falcão,
No céu vazio.
Ursula K. LeGuin

O Símbolo de Libra

Uma Balança. Não do tipo moderno. Sem molas, sem leitura digital. Apenas um simples gangorra, diretamente dos mercados da Babilônia e do antigo Egito. Coloque cem gramas de chumbo sobre um dos pratos. Despeje pó de ouro sobre o outro. Quando eles se equilibram, você tem cem gramas de ouro.

Libra simboliza a harmonia. O equilíbrio. A reconciliação dos opostos. O chumbo encontra o ouro. O nascimento encontra a morte. O amor contacta o medo. Não há luz sem sombra, não há sombra sem luz.

O Propósito Evolutivo de Libra

Libra ensina a serenidade. Representa a capacidade da mente de obter controle consciente sobre o sistema nervoso. Libra simboliza a parte de nós mesmos que não se ofende, não se choca por nada. Assinou um tratado de paz perpétuo com o caos.

Um grande terminal rodoviário em São Paulo. Nosso carro foi abandonado a três quilômetros de distância na noite chuvosa com o motor queimado. À nossa esquerda, uma tela de TV nos exorta a ver a novela das 8. À direita, um carro com porta-malas aberto está colocando músicas de balada no último volume. Chega um anúncio no sistema de som da rodoviária. Nosso ônibus atrasou por mais duas horas. Nós nos importamos? Não: é apenas a vida. Não há motivo para se aborrecer.

A meta para Libra, como para todos os signos, é uma transformação da consciência. Neste caso, é a obtenção de uma harmonia interior inquebrantável. De agora em diante, nada perturba a harmonia. Nada abala o equilíbrio. As dores vêm, as dores se vão. A alegria e tristeza giram como noite e dia. E no centro do carrossel, consciente, mas imóvel, está Libra.

O propósito evolutivo de Libra? Tão simples de falar, tão difícil de fazer. É se acalmar.

A Estratégia de Libra

Outros signos têm uma espécie de equilíbrio embutido neles. Não importa o quão cacofônica a vida se torne, eles continuam a focar a atenção total nos negócios em questão. A tarefa deles nada tem a ver com se acalmar. É uma outra coisa. E se eles se perturbassem facilmente, seria muito mais difícil para eles.

Não é assim com Libra. Conquistar a tranquilidade é a essência do trabalho deste signo. E essa tranquilidade deve ser alcançada pela da ação da vontade sobre a estrutura da consciência. Entorpecimento e desatenção não contam. O signo de Libra não tem defesas naturais para seu equilíbrio. Sua paz deve ser sustentada por meio de um esforço incansável. Isso nunca acontece automaticamente.

Este é o paradoxo: Libra, o símbolo da calma, retesa os nervos como as cordas esticadas de um violino. E sua arte não é tanto afrouxá-los, mas cuidar para que nunca arrebentem. Para ser totalmente vulnerável. Ser impiedosamente sensível, e ser calmo. Essa é a tarefa.

Como? Libra deve aprender a reconhecer os sintomas iniciais de desequilíbrio emocional. Você se atrasa dez minutos para uma reunião. O telefone tocou muitas vezes. E você vê sua antiga companheira de quarto na faculdade, Madame Depresso, chegando para uma visita surpresa. Hora de respirar fundo. De meditar por cinco segundos. Esse é o âmago da estratégia libriana: nunca deixar a tensão disparar uma reação em cadeia. Pare-a antes dela começar.

Existem outros métodos. Mas esse é o principal.

Leia qualquer um dos livros populares de astrologia e você logo se depara com a ideia de que Libra é o signo dos artistas. Há validade nessa noção, mas devemos levá-la além. Este signo frequentemente eleva a sensibilidade estética. O que é menos entendido é que tanto a apreciação quanto a criação da Beleza servem ao propósito evolutivo de Libra. Ambas promovem a calma.

Faça uma curva numa linha na montanha. Passe de uma sombria floresta de pinheiros para um enorme prado de onde se avistam quilômetros de colinas azul-esverdeadas. Veja os delicados cores-de-rosa, vermelhos e azuis de um pôr do sol perfeito. Sinta a surpresa. Sinta o prazer. E o que acontece? Involuntariamente, nossas bocas se abrem. Nossos músculos relaxam. Suspiramos. As mesmas reações mentais e físicas ocorrem quando observamos uma bailarina fazendo piruetas num palco. Ou vemos uma pintura atraente. Ou olhamos para o nosso quarto quando finalmente nos dispomos a limpá-lo.

A percepção de harmonia no mundo exterior se traduz em calma no mundo interior. E essa é uma das pedras fundamentais da estratégia evolutiva de Libra: ele deve embelezar constantemente seu ambiente. Aprender a pintar pode fazer isso. Assim como viajar para lugares visualmente dramáticos, como montanhas e galerias. E assim como arrumar a cama.

Essa harmonia penetra na consciência de muito mais maneiras do que pelos cinco sentidos. Entra por meio dos sentimentos, também. E nossos sentimentos são tão dependentes da qualidade de nossas relações com outras pessoas. Para nenhum outro signo a questão da amizade e do casamento é tão importante. Libra é a metade de alguma coisa. E a paz que ele busca vem em parte de encontrar sua outra metade.

Os livros populares sugerem que librianos têm sorte no amor. Com frequência, o caso é realmente o oposto. As relações são uma área de crescimento intensivo para este signo. E isso significa trabalho e provavelmente turbulência.

O objetivo de Libra é criar laços profundos e harmoniosos. A estratégia é aprender a ceder nas idiossincrasias sem nunca comprometer a essência. E o perigo é ficar tão nervoso para manter a aparência de harmonia numa relação que toda a verdadeira paz se perde.

Os Recursos de Libra

Um senso de harmonia é o recurso de Libra. Mas essa harmonia vai muito além de cores, formas ou personalidades. É a percepção de que os todos são compostos de metades complementares. O feminino completa o masculino. A luz completa a escuridão. O mal cria o bem. O bem dá sentido ao mal.

Alimente Libra com qualquer opinião rígida e dogmática e o signo rapidamente gera uma visão oposta. Diga-lhe que a esquerda política detém todas as respostas. Libra enaltece a sabedoria da direita. Diga-lhe que os conservadores salvarão o país. E Libra assinala as virtudes do liberalismo. A verdade, para este signo, é sempre um ato de equilíbrio. Intuitivamente, Libra sente que o ouro deve equilibrar o chumbo, que toda verdade é equilibrada por uma verdade igual, mas oposta.

Este é o tesouro de Libra. Não somente amabilidade, não apenas elegância social. Mas algo mais profundo, algo que permeia todas essas virtudes e uma mais. Como nenhum outro signo, Libra admite o paradoxo. Não precisa que o mundo faça sentido. Filosofias opostas, pessoas opostas, alternativas opostas – balança aceita-as todas.

Ana pensa que o Carlos é egoísta. Carlos acha que Ana é manipuladora. Seus amigos estão divididos. Um deles deve estar certo. Mas qual? Somente Libra entende. Ambos estão certos. A verdade está no equilíbrio entre os dois. Para Libra, toda verdade é composta de duas meias-verdades. E nenhum signo fica menos satisfeito com uma meia-verdade.

A Sombra de Libra

A verdade é inerentemente ambígua. Se pudermos aceitar isso, nossas percepções serão menos nebulosas. Mas esse conhecimento é um fardo terrível. Chegamos a uma encruzilhada. Temos que tomar decisões. E ainda assim, toda decisão é um passo definitivo. Ateamos fogo às pontes sem olhar para trás.

Quer ir para a faculdade de medicina? Isso significa que você não pode escrever poesia sobre Creta. Deseja casar? Isso significa que você deve deixar de ser solteiro. A mente é vasta; ela pode conter ambas as possibilidades. Mas a vida é muito mais limitada. Aí devemos escolher.

No reino da mente, tolerância ao paradoxo é sabedoria. Mas na vida cotidiana, isso com frequência significa nada além de indecisão. O libriano pode ficar na encruzilhada, chocado pela constatação de que nenhum caminho é inequivocamente correto. Pegue a estrada de cima; você é assombrado pelo fantasma da estrada de baixo. Pegue a estrada de baixo; você encontra o fantasma da estrada de cima.

Tudo o que Libra pode fazer é jogar cara e coroa e depois agir como se acreditasse apaixonadamente que não havia alternativa. Sem compromisso, a vida não é nada mais que uma longa espera. Não podemos manter nossas opções em aberto para sempre. Mas o libriano pode tentar, e nessa tentativa encontra sua sombra.

Uma vez capturados, os librianos só podem esperar a sua hora. Esquivam-se, sorriem docemente. Não fazem inimigos porque não assumem posição. E embora exteriormente em paz, a tensão está aumentando. Algo está fundamentalmente errado. O que será? Nenhuma ameaça. Nenhuma pressão. Sem problemas. Nada está acontecendo.

E ainda assim, em algum lugar, o antigo relógio está correndo. Com ou sem decisões, a vida continua.

ESCORPIÃO

Elemento: Água
Modo: Fixo
Arquétipos: O Detetive
O Feiticeiro
O Hipnotizador
Glifo: ♏

O aliado que devemos cultivar é a parte do nosso inimigo que conhece a verdade.
Mohandas K. Gandhi

O Símbolo de Escorpião

Você está deitado em seu saco de dormir, rígido como um cadáver. O sol do deserto se levanta no céu, ameaçando derreter as obturações de seus dentes.

Um movimento em falso e você morre: um escorpião está imóvel sobre sua barriga.

Tensão em seu casamento. Momento crítico em sua profissão. Ontem esses pensamentos povoavam sua mente. Eles eram o centro de seu mundo. Hoje, com esse escorpião parado aí, eles parecem tão irrelevantes quanto o brilho fraco de uma estrela vermelha numa galáxia distante.

Com esse escorpião sobre a barriga, apenas a incrível intensidade do momento presente permanece. Todo o resto – toda pretensão, toda vaidade, toda ambição – desaparece. Somente o essencial permanece. E a mente, nua e alerta, precisa e afiada como uma pedra lapidada, está pronta para viver ou morrer.

Essa atitude, esse estado de consciência, é Escorpião.

O Propósito Evolutivo de Escorpião

Você está sentado lendo um livro de astrologia. Sua mente se concentra nele. Presumivelmente, você está calmo, razoavelmente confortável. Você se esquece de seu nascimento. Sua morte é uma abstração. Em algum lugar entre os dois, você está flutuando, aceitando o que vem e tirando o melhor proveito disso.

Mas pense: você vive em um planeta que gira em torno de uma bomba nuclear gigantesca. Pedras de milhões de toneladas explodem aleatoriamente ao seu redor a 160 quilômetros por segundo. Você está protegido apenas por uma tênue nuvem de gás. E, dentro desse escudo de ar, você divide alojamento com loucos empenhados em destruir. Alguns têm revólveres 38. Outros têm bombas de nêutrons. E mesmo que você escape deles, não importa: você está preso a um corpo físico tão condenado e frágil quanto uma orquídea em um estouro de boiada.

Esse conhecimento nos assusta. Preferimos não olhar para ele. Então, fazemos nossos planos, compramos nossas apólices de seguro de vida e evitamos pensar no impensável. Mas, e se ousarmos pensar nisso? E se tivermos a coragem de desfazer o tabu que envolve a morte? O que acontece então?

Como aconteceu com a pessoa compartilhando um saco de dormir com um escorpião, nossas prioridades são esclarecidas. O futuro desaparece. O passado se evapora. Ficamos totalmente concentrados no momento presente. Nada mais importa. E nesse momento presente, toda a nossa pose e polidez, todas as nossas respostas falsas e confortáveis são eliminadas. Somente a verdade permanece. Como nunca antes, sabemos quem somos e o que queremos.

Se o escorpião sair do saco de dormir e for para o deserto, talvez o pesadelo acabe sendo uma bênção. Talvez levemos um pouco dessa honestidade, intensidade e clareza para nossas vidas. Talvez seja menos provável que fiquemos presos a um passado irremediável e a um futuro quimérico.

Esse é o propósito evolutivo de Escorpião. Viver com esse tipo de intensidade. Queimar todo o fingimento. Não deixar que nada fique escondido atrás de muros de medo. Tornar consciente o inconsciente.

O objetivo de Escorpião, em uma palavra, é viver cada minuto como se fosse o último.

A Estratégia de Escorpião

Imagine que seu médico lhe dissesse que você estará morto em seis meses. O que você faria? Vamos acrescentar um milhão de dólares, só para tornar a situação mais interessante. Agora você tem a liberdade de fazer o que quiser, mas é melhor fazê-lo rapidamente.

Alguns de nós podem rapidamente arrumar um cruzeiro pelo mundo. Outros, igualmente frenéticos, podem tentar compensar todos os atos ignóbeis que praticaram no passado. Mas aqueles que se adaptassem com sucesso teriam um comportamento em comum: cada um deles se sentaria em silêncio, se concentraria e tentaria sentir o que queria fazer. Eles não estariam pensando. Eles saberiam instintivamente que a lógica, dedução e racionalidade eram as ferramentas erradas para a tarefa; boas em si, mas inadequadas aqui.

Estariam seguindo à risca a principal estratégia do Escorpião: basear suas ações em sentimentos, e não na razão.

Por quê? Porque a lógica é muito geral, muito impessoal. Nas encruzilhadas da vida, normalmente há muitas alternativas lógicas. Logicamente, por exemplo, cada um de nós poderia ter muitas carreiras diferentes, casar com muitos maridos ou esposas diferentes. A lógica serve apenas a um propósito: eliminar o impossível e o ridículo. Depois disso, o nativo de Escorpião precisa sentir o seu próprio caminho ao longo da vida.

A felicidade vem, em grande parte, do fato de conseguirmos o que queremos. E nós sentimos o que queremos, nunca deduzimos. Escorpião sabe disso. É sempre assim; a morte apenas faz com que esse princípio fique mais evidente. Se Escorpião quiser viver cada minuto como se fosse o último, deve sempre criar um alinhamento perfeito entre seus sentimentos e suas ações. E para conseguir isso, ele deve destruir todas as muralhas que impedem esses sentimentos de penetrar na consciência. Ele deve ter a coragem de sentir qualquer coisa, não importa quão aterrorizantes sejam esses sentimentos ou as implicações que possam ter em sua vida.

Pensar na morte ajuda o nativo de Escorpião a chegar a esse nível de autoconhecimento. Seu poder de choque traz clareza emocional. A morbidez não é o objetivo; é uma distorção do processo. A estratégia é aceitar plenamente na consciência a realidade de sua própria morte inevitável. Deixar que a morte sirva como conselheira. Sentir o medo, deixar que ele desperte emoções e, então, fazer à morte a pergunta crucial: "Considerando que meu tempo aqui é limitado, o que devo fazer a seguir? O que é realmente importante para mim? Quais de meus compromissos e padrões de comportamento são baseados na suposição insana de que sou fisicamente imortal?"

"Os nativos de Escorpião são sensuais". Esse é um chavão comum nos círculos pop de astrologia. Há verdade nessa afirmação, mas ela é frequentemente mal interpretada e exagerada. O importante é lembrar que um vasto reservatório de energia emocional está ligada à nossa sexualidade – e devemos definir "sexualidade" aqui de uma forma emocional, pessoal, e não apenas física. É muito mais uma necessidade de encontros emocionais intensos do que uma necessidade de orgasmos.

Viver cada minuto como se fosse o último, trazer esse tipo de intensidade para o momento presente – isto é impossível se tivermos perdido o controle de nossa sexualidade. Muitas de nossas necessidades emocionais e muito de nossa realidade psicológica presente ficam perdidas atrás de uma muralha de repressão. E a repressão cria desarmonia entre ações e sentimentos, a antítese do objetivo de Escorpião.

Aceitar a própria sexualidade, sentir os próprios sentimentos nessa área é uma estratégia elementar de Escorpião. Superar todas as garotas glamourosas e os homens fortes e másculos que nos dizem "faça isso". Silenciar todos os pregadores e puritanos que nos dizem para não fazermos isso. Deixar a sexualidade ser o que é, com graça e sensibilidade – esse é o jeito de Escorpião.

Mas o sexo não é a questão. A questão são os sentimentos. Sentimentos que são frequentemente distorcidos pelo treinamento alternadamente moralista e hipersexualizado que recebemos. Sentimentos que precisamos descobrir se quisermos viver felizes e decididos em um mundo onde todos morrem.

Os Recursos de Escorpião

Há um guarda na fronteira que separa a mente consciente da inconsciente. Sua função é manter longe da consciência qualquer percepção que nos possa perturbar ou minar nossa autoimagem. Ele é conservador, crítico e prudente. Na linguagem da psicologia, esse guarda é rotulado de mecanismo repressor.

Em Escorpião, o mecanismo repressor é defeituoso. Ele funciona, mas não funciona bem. Emoções avassaladoras, pensamentos perturbadores, interpretações chocantes e dolorosas das circunstâncias irrompem explosivamente na mente.

Por mais estranho que possa parecer, esse mecanismo repressor defeituoso é o principal recurso de Escorpião. Sem ele, a autoanálise brutalmente clara, tão essencial ao trabalho do Escorpião, seria impossível. A percepção desses sentimentos devastadores, que às vezes destroem a vida, simplesmente não poderia surgir.

O fracasso do mecanismo repressor enche a mente de emoções e a faz voltar-se para dentro. A consciência torna-se implacavelmente honesta consigo mesma. Sem parar, ela mapeia seu próprio terreno interior, procurando nuances perdidas de percepção, buscando afastar os véus por trás dos quais escondemos o impensável.

Nenhum signo é tão impiedosamente introspectivo.

Essa intensidade interna também tem efeitos externos. Assim como o Escorpião penetra tão profundamente em sua própria mente, ele volta o mesmo olhar penetrante para o mundo ao seu redor. Instintivamente desconfiado, ele mergulha mentalmente nas mentes daqueles que o cercam, buscando a compreensão, o conhecimento das motivações mais íntimas e dos segredos mais obscuros de cada pessoa. E, geralmente, ele consegue encontrá-los.

O recurso do Escorpião? Uma mente tão afiada e silenciosa quanto um estilete, empenhada em arrancar cada mentira reconfortante, cada meia verdade tranquilizante, cada descrição falsa e idílica de nossas vidas hipócritas. Uma mente totalmente comprometida com conhecer a si mesma.

A Sombra de Escorpião

Escorpião está preso entre duas sombras: muito autoconhecimento e muita falta dele.

Cada uma tem suas próprias armadilhas. Cada uma é tão mortal quanto a outra. Se sucumbir a qualquer uma delas, imediatamente toda aspiração, intensidade e sabedoria do signo se transformam em veneno.

Muito autoconhecimento? Para o escorpiano, esse é um conceito difícil de engolir. Automaticamente, às vezes às cegas, ele mergulha em camadas cada vez mais profundas de consciência, sempre em busca daquele fato decisivo ou realização definitiva que transformará sua vida.

Às vezes, o que Escorpião descobre é demais para ele encarar. Esse mecanismo repressor existe por um motivo. Quando está com defeito, a consciência se depara com um grave perigo: ela pode ficar hipnotizada, encantada por sentimentos complexos demais para serem desvendados.

Se isso ocorrer, Escorpião entra em colapso e vai para um estado sombrio, tristonho e meio mal-humorado. A mente não consegue sair de suas profundezas. Ela se preocupa. Ela grava mentalmente descrições de situações impossíveis e insolúveis – e reproduz essas fitas repetidamente até que a consciência esteja desvitalizada e exaurida num estado de desespero. Muito autoconhecimento é perigoso, pelo menos se vier tão rapidamente que percamos a perspectiva. Mas muito pouco pode ser igualmente corruptor, especialmente se essa falta surgir porque intencionalmente mantemos algo temeroso ou desagradável fora da consciência.

Se Escorpião, por exemplo, optar por evitar pensar na morte, seu conhecimento instintivo de sua própria mortalidade não desaparece simplesmente. Em vez disso, ele é forçado a operar fora da mente consciente, no inconsciente. Os sentimentos permanecem. Eles continuam a pressionar os comportamentos e as atitudes do nativo de Escorpião. Mas ele não mais consegue entender a origem da pressão. O que acontece? A mente é oprimida pela certeza de que "algo terrível está prestes a acontecer". Ansiedades flutuantes assolam a consciência, prendendo-se a qualquer alvo conveniente: meu carro está prestes a quebrar, meu chefe está planejando me demitir, acho que tenho um tumor no cérebro.

A sexualidade reprimida funciona da mesma forma: os sentimentos permanecem, mas perdemos a noção de sua origem. Escorpião, sucumbindo a essa sombra, se vê infinitamente faminto, infinitamente insatisfeito. Mas a mente não sabe o que quer. Ela não consegue entender sua fome. E, mais uma vez, um alvo conveniente é escolhido: dinheiro, poder, uma casa impecavelmente limpa. Obsessivamente, compulsivamente, Escorpião persegue esses objetivos apenas para permanecer insatisfeito.

Sombrio, taciturno e, às vezes, traiçoeiro, o Escorpião que seguiu esse caminho espreita tristemente sua própria sombra, devorado por demônios que nunca consegue ver, até que a morte feche as cortinas de *sua autoabsorção* e desespero.

SAGITÁRIO – O ARQUEIRO

Elemento: Fogo
Modo: Mutável
Arquétipos: A Cigana
O Estudante
O Filósofo
Glifo: ♐

Não é entretenimento que estou buscando. É entendimento.
Entendimento, entendimento, e mais entendimento.
Eu vou me preencher com isso, vou aspirá-lo com todos os meus poros, fazê-lo penetrar em cada orifício.
Algum dia isso vai valer a pena. Tudo irá cair em seu próprio lugar, e eu irei, finalmente, entender.
Laurel Coldman

O Símbolo de Sagitário

Não é o arqueiro, mas a flecha. Com os dedos trêmulos de tensão, o atirador libera a corda esticada. A curva do arco se retrai, enviando a haste emplumada para o espaço.

A flecha. Ela voa mais rápido do que a visão, chicoteando o ar, acelerando em direção às nuvens. Se ela tivesse olhos, veria a forma do arqueiro tornar-se minúscula, desaparecendo numa mancha insignificante na paisagem. E veria essa paisagem estendida como um mapa, simples e esquemático.

Se essa flecha de repente ganhasse uma mente, que pensamentos a ocupariam? Como um homem no pico de uma montanha, ela teria pensamentos de perspectiva e experiência, movidos pela exuberância.

Quem me disparou para este céu luminoso e com que propósito? Qual é o meu lugar aqui? Para onde estou indo? Qual é a razão de minha existência?

O Propósito Evolutivo de Sagitário

Para os astrólogos medievais, Sagitário tinha três destinos. Ele simbolizava o cigano, o estudante, o filósofo. Os três estavam dispostos numa hierarquia bom-melhor-o melhor, com o filósofo no topo.

Quando abandonamos a ideia de que uma expressão das energias sagitarianas é melhor do que as outras, esses três destinos ainda são uma maneira eficaz de entender o significado e o propósito do signo.

Cigano. Estudante. Filósofo. O que eles têm em comum? Se cada um deles é uma corporificação de Sagitário, seus denominadores comuns devem ser a essência do signo.

Em cada um deles a mente se projeta para fora em direção a um novo horizonte, assim como nossa flecha voadora. Em cada um deles, observamos ações que expandem a consciência por meio da coleta de experiências desconhecidas.

Essa expansão é a força vital de Sagitário.

Para o cigano, a expansão resulta de uma atividade física – ele se desloca geograficamente, entrando em ambientes novos e exóticos. O estudante realiza isso intelectualmente, absorvendo novos fatos e pontos de vista. E o filósofo faz isso intuitivamente, tentando expandir a consciência, sempre tentando se tornar consciente das leis básicas do Universo.

O objetivo de Sagitário? Compreender o significado supremo da vida. Encontrar seu destino no esquema cósmico das coisas. Chegar à verdade. Esses são os objetivos da flecha. Objetivos grandiosos, de fato, e, na prática, sua realização é mais difícil do que subir num mastro de bandeira.

O propósito evolutivo de Sagitário talvez seja o mais difícil de definir num nível prático entre os doze signos. Para Sagitário, não há um objetivo claro, apenas um processo sem fim. É um estado de ser fluido e em movimento. Uma imagem da vida como uma busca perpétua. Um reconhecimento de que a tarefa humana elementar é a busca de significado – e a percepção de que, neste mundo de impermanência, sacrificar a segurança é um pequeno preço a ser pago pelo privilégio de continuar essa busca incessante.

A Estratégia de Sagitário

Cigano. Estudante. Filósofo. A formulação medieval contém instruções codificadas para o sagitariano em evolução. As três corporificações do Arqueiro não são descrições rígidas da natureza do signo. Elas são estratégias evolutivas.

Tornar-se um cigano – esse é o primeiro passo. Liberar os laços que o prendem a uma cultura específica com todos os valores e costumes que a acompanham. A questão não é tanto a necessidade de viajar, mas sim a necessidade de permanecer aberto a formas diferentes de pensar. Viajar no sentido literal é simplesmente um método que Sagitário pode empregar para implementar essa abertura.

Um mês na Índia é muito mais do que entretenimento. Somos confrontados com uma sociedade que opera de uma forma fundamentalmente estranha à nossa. Se conseguirmos deixar de lado os julgamentos e as atitudes com os quais fomos criados, viajar para lá pode nos ensinar a considerar a vida de um ponto de vista diferente – e para Sagitário, isso é como ligar o fusível do foguete da evolução.

As viagens ao Oriente são caras e, às vezes, impraticáveis. Não importa. O caminho do cigano é mais amplo do que os folhetos da agência de viagens. Fazer amizade com um indiano que vive neste país – isso funciona da mesma forma. Assim como se aproximar de uma pessoa pobre se você é rico, ou aproximar-se de uma pessoa negra se você é branco.

A estratégia do cigano não é simplesmente coletar muitos carimbos exóticos no passaporte. É a expansão da consciência por meio do contato voluntário e de coração aberto com culturas diferentes da nossa, mesmo que a viagem não seja mais do que um passeio pela cidade.

O caminho do estudante é igualmente enganoso se o considerarmos apenas pelo seu valor aparente. Certamente, a educação formal pode expandir a consciência. Sagitário é alimentado por cursos e palestras. Mas os livros fazem o mesmo, mesmo que sejam lidos fora dos auspícios de uma instituição educacional. O mesmo acontece com qualquer experiência que nos obrigue a considerar a vida de uma maneira nova.

Posicionado sobre uma duna de areia alta, com uma asa delta presa às costas, você se prepara para saltar no espaço. Esse também é o caminho do aluno. A mente se abriu para uma nova experiência, uma nova oportunidade de aprender.

Assim como o cigano se confunde com o estudante, o estudante se confunde com o filósofo. Tudo o que acontece é outra mudança de foco. Agora, afastamos nossa atenção dos olhos e ouvidos e a colocamos na mais profunda das funções perceptivas humanas: a intuição. Tentamos, intuitivamente, assimilar a totalidade da vida e encontrar nosso lugar dentro dela.

O caminho dos filósofos depende das percepções obtidas pelo cigano e pelo estudante. Sem estes, ele não passa de um velho pedante ressecado com a cabeça cheia de hipóteses vazias. O salto intuitivo do filósofo deve ser alimentado pela experiência. Caso contrário, não pode ter raízes na realidade.

Cristianismo, budismo, existencialismo – a estratégia do filósofo é absorver todos eles, mas nunca deixar que nenhum desses sistemas pense por ele. Ele deve procurar constantemente reunir mais experiência, modificando e aprofundando perpetuamente sua visão de vida.

A estratégia do Arqueiro, em uma palavra, é viver a vida como uma aventura. Ele deve renunciar a todas as noções de segurança. Ele deve deixar de lado qualquer ideia ou opinião assim que se perceber escondendo-se atrás dela. Ele deve seguir em frente sem hesitação, esperando milagres, sempre pronto para executar aquele clássico golpe de mestre sagitariano: o salto de fé.

Os Recursos de Sagitário

A liberdade pessoal é essencial para as estratégias do Arqueiro. O cigano definharia sem ela. O estudante ficaria preso a uma rotina que entorpece a mente. O filósofo não conseguiria obter sua grande perspectiva, nem a verificar em relação às realidades de circunstâncias diferentes.

Apropriadamente, o amor pronunciado pela liberdade é um recurso sagitariano básico. Nenhum outro signo tem tanto medo de restrições.

Entusiasmo, ânimo alegre, espírito aventureiro – esses também são recursos sagitarianos. O que quer que a vida lance sobre o Arqueiro, ele está pronto. Ele é adaptável e resiliente, capaz de se recuperar de qualquer adversidade.

Os fortes componentes sagitarianos num indivíduo são como uma robusta apólice de seguro contra as tristezas. A tristeza e a depressão são possíveis. Mas, no Arqueiro, são condições temporárias, prontas para se dissiparem ao sinal de uma aventura ou de uma nova possibilidade.

Sagitário pode não ter nascido com um pronto senso do significado da vida. Mas ele nasce com a certeza de que a vida tem um significado. Para o Arqueiro, essa é uma premissa inquestionável. É como se ele tivesse vindo ao mundo com um altar vazio em sua cabeça – instintivamente, ele se propõe a fornecer um ícone ao altar. Pode ser Jesus. Pode ser a literatura. Pode ser a revolução mundial. Em seu espírito livre, ele escolhe seus próprios deuses, independentemente das pressões sobre ele exercidas. Mas ele escolherá.

O recurso sagitariano? Fé nos seus ideais. Essa fé pode assumir mil formas, mas o Arqueiro vive por ela, qualquer que seja a forma que assuma. Nenhum signo opera de forma tão inquestionável em nível de princípios. Independentemente dos custos ou da falta de praticidade, Sagitário faz o que é certo. Essa "retidão" é definida por ele mesmo e nem todos concordam com ela. Mas quando conhecemos o deus do Arqueiro, seu comportamento é tão previsível quanto a trajetória de um planeta ao redor do Sol.

A Sombra de Sagitário

Há momentos em que a prudência pode ser a nossa salvação. A vida às vezes é sombria e complicada, cheia de armadilhas mortais que usam máscaras de inocência. A hesitação e a suspeita podem nos salvar. Mas a hesitação e a suspeita são tão estranhas para Sagitário quanto um maiô para um esquimó.

Em seu entusiasmo confiante e brilho nos olhos, o Arqueiro já se meteu em muitos pântanos. O excesso de otimismo, a extrapolação e o simples mau julgamento são sua sombra. Como um cachorro golden retriever amigo que pensa que todos os carros que passam pela rodovia são apenas companheiros de brincadeira, ele foi muitas vezes esmagado sob as rodas da vida.

Ele pode confiar demais na força desses frágeis degraus. Ele pode ultrapassar numa curva fechada. Ele pode seguir algum guru autoproclamado para uma sepultura coletiva – tudo em nome da fé.

Em nenhum lugar a sombra precipitada do Arqueiro é tão óbvia quanto nos relacionamentos humanos íntimos. A liberdade é preciosa para o trabalho evolutivo sagitariano, mas poucos signos correm tanto risco de jogá-la fora em troca da promessa de um romance eterno. Mais uma vez, é essa atitude confiante e ingênua que detém a flecha em pleno voo. "Casado às pressas, arrependido no tempo livre" tem sido o epitáfio de muitos túmulos de um sagitariano infeliz.

Fé robusta, senso de humor, disposição para mergulhar – essas características nos ajudam a viver mais plenamente, e o Arqueiro tem todas elas. Mas, a menos que essas características sejam equilibradas por um senso de quão frágeis e passageiras são as nossas vidas e pela percepção da facilidade com que a centelha pode se apagar, o Sagitário de espírito brilhante pode se tornar o signo da tragédia.

CAPRICÓRNIO – O CABRITO DO MAR

Elemento: Terra
Modo: Cardeal
Arquétipos: O Eremita
O Pai
O Primeiro Ministro
Glifo: ♑

Você pensou, como menino, que um mago é aquele que pode fazer qualquer coisa. Assim pensei eu, uma vez. Assim fizemos todos nós. E a verdade é que na medida em que o verdadeiro poder de um homem cresce e seu conhecimento se amplia, o caminho que ele pode seguir se estreita até que ele por fim não escolhe nada, mas faz apenas e integralmente o que deve ser feito.
Ursula K. LeGuin

O Símbolo de Capricórnio

O cabrito do mar. Um cabrito montês com cauda de peixe; uma criatura impossível. Um cão que nada no mar e que cambaleia em terra – exceto no mundo do simbolismo. Lá, o cabrito do mar perde toda a sua falta de jeito e vulnerabilidade. Ele se torna um símbolo de poder máximo e absoluto.

Ele é o mestre de dois mundos: o mar e as alturas pedregosas. O Capricórnio escala os picos mais traiçoeiros, respira o ar mais rarefeito. Ele nada nos oceanos mais largos. Nada pode detê-lo. Quando sua poderosa vontade se fixa num objetivo, ele é invencível.

Ele só precisa escolher. Nada pode se opor a ele.

O Propósito Evolutivo de Capricórnio

Ambicioso, materialista, faminto por poder – o Capricórnio grisalho e sem expressão da literatura popular é, de fato, um demônio astuto. Calculista, manipulador, rápido para explorar qualquer fraqueza, ele é tipicamente representado como o epítome do oportunismo astuto e insidioso.

Essas descrições fazem jus à sombra de Capricórnio. Mas têm pouco a ver com o que ele deve conquistar.

É verdade que o Capricórnio simboliza o poder mundano. Mas isso não significa dinheiro. Não significa ter seu rosto na capa da revista semanal. Muitas pessoas aparentemente poderosas vivem suas vidas como reféns, limitadas pelas restrições de seus papéis públicos. O papel delas tem poder mundano; elas não. E esse não é o caminho do capricorniano.

Para Capricórnio, o poder mundano tem um significado diferente. Não significa glória. Significa liberdade. Na arena do mundo, o capricorniano só deve agir de acordo com os ditames de seu caráter essencial. O casamento de sua natureza com sua identidade pública – este é o propósito evolutivo de Capricórnio. É a unidade entre o interior e o exterior, comprovada e expressa no fórum da sociedade.

Em suma, Capricórnio é o símbolo da integridade. Na expressão mais elevada do signo, não há mentiras e nem fingimentos. Apenas um casamento perfeito entre o comportamento público visível e a essência pessoal invisível. O trabalho e a vida pessoal tornam-se indistinguíveis. Os dois são um só.

Para conseguir isso, o capricorniano deve ser totalmente imune a aplausos. Ele nunca deve se preocupar em agradar o público, embora seu trabalho, sendo público, deva invariavelmente ser realizado diante de uma multidão. Se ele ficar preso à aprovação social, tudo estará perdido. No entanto, ele não pode fugir disso. Aquele aplauso está sempre lá, tentando-o, flertando com ele.

Para evitar a sedução do poder, Capricórnio precisa se tornar um mestre da solitude. O ponto não é que ele deva passar tempo sozinho, embora essa seja uma estratégia legítima. A questão é que ele deve buscar aprovação dentro de si. Para ser bem-sucedido, ele deve se tornar indiferente ao sucesso e ao fracasso, ao enaltecimento e à difamação. Ele precisa ficar sozinho.

O propósito evolutivo de Capricórnio? Integridade e autossuficiência. Ambas devem ser alcançadas, pois se uma falhar, a outra desmorona junto.

Estratégia de Capricórnio

Passar tempo sozinho é uma estratégia evolutiva eficaz para Capricórnio, especialmente nos estágios iniciais de desenvolvimento. O nativo deste signo deve aprender que não precisa da aprovação de ninguém, que se ninguém o aprecia ou o elogia, ele ainda pode se contentar com seus pensamentos e projetos, sejam eles quais forem.

Isso está longe de dizer que Capricórnio é um signo sem amor ou frio. O capricorniano pode amar e ser amado. Isso de forma alguma viola sua estratégia. Ele deve apenas evitar precisar de outra pessoa.

A estratégia de Capricórnio depende de encontrar apoio prático para sua autossuficiência. Caminhadas solitárias. Devaneios particulares. Esquiar ou velejar sozinho: qualquer coisa que possa ser feita sozinho pode ajudá-lo – leitura, meditação, qualquer hábito ou ocupação que transforme a solidão de um fardo em uma oportunidade, algo a ser perseguido com entusiasmo.

Somente quando esse estado de solitude interior é alcançado, é seguro para o capricorniano voltar seus olhos para o mundo. Se ele fizer isso prematuramente, o glamour e o brilho o cegarão tão certamente quanto olhar para o coração do Sol.

Capricórnio é um alpinista. Ele olha para o mundo reluzente, que é tão atraente e desafiador para ele quanto é o Everest para um *sherpa*.

Ele sabe que precisa escalar os picos. A parte horrível é que ele pode escolher o pico errado.

Esse é um momento crítico na senda do Capricórnio. Justamente quando o mundo se abre diante dele em todo o seu colorido e drama, ele precisa voltar à sua solitude. Precisa encontrar forças para desviar o olhar, para tirar os olhos da suíte presidencial e voltá-los para dentro, para suas raízes.

Esse desvio não é uma condição permanente; Capricórnio precisa escalar. Ele precisa enfrentar o mundo. Resistir às suas tentações escondendo-se delas não leva a nada. Ele precisa apenas desviar o olhar tempo suficiente para se lembrar de que não precisa da afirmação pessoal que vem do elogio de outros. Ele já tem seu respeito próprio. Ele já sabe quem é.

Assim tranquilo, Capricórnio olha com frieza para o mundo das celebridades e da fama Ele entra nesse mundo, mas com a mente firmemente implantada em um único objetivo: fazer apenas o que lhe for natural. O capricorniano deve escolher um papel público que expresse seus próprios valores, interesses, e desejos pessoais. Talvez esse papel seja um emprego, um trabalho voluntário, o serviço público. Talvez seja apenas uma predileção pessoal como tocar clarinete numa banda jazz. Seja qual for a forma que assuma, as pessoas podem aplaudi-lo, admirá-lo e chamá-lo de mestre. Ou podem descartá-lo como um fracassado. Não importa. De qualquer forma, o capricorniano deve permanecer tão indiferente quanto uma galáxia. Tudo o que importa é se ele está sendo ele mesmo.

Os Recursos de Capricórnio

Conectar-se à indústria do sucesso não é muito difícil. É preciso aprender algumas habilidades, sorrir para as pessoas certas e continuar assim por alguns anos. Não há vergonha nisso, mas esse não é o caminho de Capricórnio.

Conquistar seu próprio lugar na sociedade, como o capricorniano precisa fazer, é muito mais desafiador. Derrotas, incertezas, longos períodos com recompensas escassas – todos esses obstáculos o atormentam. Mas Capricórnio está preparado. Ele tem dois recursos que lhe permitem suportar a pressão implacável: paciência e autodisciplina.

Como nenhum outro signo, Capricórnio sabe esperar. Mas sua espera não é indecisão. Não é vacilação. É a intensidade e a tranquilidade de um gato sentado imóvel e concentrado, a dois metros de um rato desavisado.

A autodisciplina do capricorniano também é incomparável. Independentemente das pressões, uma vez que tenha decidido, ele se mantém firme em seu curso. Medo, frustração, resistência – nada pode influenciá-lo. Ele pode sentir essas forças, mas o comportamento real de Capricórnio sempre reflete suas intenções, não suas emoções.

Capricórnio tem outro recurso: uma praticidade instintiva. Quando ele soma dois mais dois, obtém quatro, não importa o quanto ele gostaria que fosse cinco. A fantasia tem um lugar em sua vida – mas somente se houver uma possibilidade lógica de que a fantasia possa se tornar real. Se essa chance existir, o capricorniano trabalha com eficiência e com persistência absoluta até que o sonho se torne realidade. E se a chance não existir, ele a joga fora como se fosse um jornal de ontem.

O recurso de Capricórnio? Em poucas palavras, é uma vontade de ferro. Sua autossuficiência, sua determinação, sua paciência, sua lógica infalível – tudo isso permite que ele enfrente as tempestades e os desânimos da vida cotidiana sem nunca perder de vista seus sonhos. Ele pode ser lento. Pode parecer que freou no meio do caminho. Mas, no final, consegue o que quer.

A Sombra de Capricórnio

O caminho do capricorniano exige enorme autocontrole. Aplicado corretamente, permite-lhe escalar qualquer pico. Ele escolhe e age. Se fracassar, ele persiste. Mas se esse autocontrole for mal aplicado, o capricorniano encontrará o desastre.

O autocontrole de Capricórnio deve ser sempre aplicado ao mundo objetivo. Deve refletir-se na natureza de suas ações. Mas se a ele ~~ao~~ falta coragem, se sua determinação vacila, então esse autocontrole fica distorcido. Isto não mais está relacionado ao comportamento. Agora se manifesta subjetivamente como uma supressão das respostas emocionais aos problemas e acontecimentos da vida.

Capricórnio pode se transformar em pedra.

Nenhum signo consegue se mostrar tão gelado e sem emoção. Enquanto sua vida foge do controle, Capricórnio pode parecer tão frio quanto um bloco de obsidiana. Nesse caminho, ele encontra sua sombra mais escura. Ela é uma corrupção de sua solitude natural. É a solidão.

O solitário e inexpressivo Capricórnio ainda é uma criatura formidável, mas agora distorcida. Tendo perdido o rumo, ele procura determinar o norte de todos ao seu redor. Ele se torna ditatorial e tirânico. Desenvolve uma atitude de patrão com relação às pessoas com quem deveria estar compartilhando sua vida como um igual.

E ele busca o poder no mundo como um lobo faminto busca carniça. Em todo lugar que vai, procura estender sua autoridade.

Cegamente, ele busca externamente a aprovação que deveria estar encontrando dentro de si mesmo. E é bem-sucedido. Ele abre caminho até o topo com toda a persistência e determinação de uma doninha no cio. Mas quando chega lá, ainda está insatisfeito. Então, ele se esforça mais. Torna-se um viciado em trabalho, conduzindo-se impiedosamente, perdendo o contato com o lamento de seu corpo físico e a dor de seu coração.

E ele morre como vítima de seu papel e de suas responsabilidades, poderoso, talvez rico e solitário como um grão de areia flutuando no vazio entre as estrelas.

AQUÁRIO – O AGUADEIRO

Elemento: Ar
Modo: Fixo
Arquétipos: O Gênio
O Revolucionário
O Defensor da Verdade
O Cientista
O Exilado
Glifo: ♒

Se você encontrar o Buda na estrada,
Mate-o.
Koan Zen Budista

O Símbolo de Aquário

O glifo de Aquário – um par de linhas onduladas paralelas – é frequentemente confundido com água. Esse não é o caso. Essas linhas são serpentes, símbolos do conhecimento.

No Éden, a serpente tentou Eva a comer o fruto da Árvore do Conhecimento. Ela comeu, e Deus expulsou-a e a Adão do Jardim por causa disso, dando início à história do mundo.

Mas ao adquirir esse conhecimento, Eva fez algo mais. Naquele único ato rebelde de Aquário, ela deu à luz uma qualidade muito mais preciosa do que a segurança, muito mais preciosa até do que a sabedoria.

Ela deu origem à liberdade humana.

O Propósito Evolutivo de Aquário

Liberdade – este é o propósito evolutivo de Aquário. O que é isso? Individualidade. A capacidade de escolher nosso próprio caminho. De fazermos o que quisermos fazer. Não recebermos ordens de ninguém, seja essa pessoa, pai, mãe, presidente, padre, ou qualquer outra figura de autoridade.

É mais fácil falar do que fazer.

Enormes forças estão arregimentando contra a nossa individualidade, forças que podem nos atropelar se deixarmos, nos transformar em marionetes. Pressão dos colegas. Conformidade. Socialização. O desejo de ser aceito. Se deixarmos que elas se instalem, serviremos a dois senhores: à nossa própria natureza e aos caprichos das pessoas que nos cercam. Imediatamente, nossa liberdade fica comprometida.

Para Aquário, esse compromisso é um anátema. O inimigo mortal do Aguadeiro é o instinto tribal. Se ele sucumbir, tudo estará perdido. Ele se torna apenas mais um personagem familiar no seriado interminável de nossa existência diária.

Aquário e conformidade: eles se misturam tão bem quanto paz e ogivas nucleares.

Para vencer esse instinto tribal, o Aguadeiro deve cultivar uma lealdade absoluta à verdade. Deve dizer o que vê, independentemente das consequências. Deve permanecer firme quando sua liberdade for desafiada, seja por coerção direta ou por persuasão insidiosa. E deve aceitar de bom grado seu destino: o do exilado, para sempre ordenado a estar fora de sincronia com os valores e as motivações de sua comunidade.

O propósito evolutivo de Aquário? A expressão impecável e sem concessões do eu. A individualidade aperfeiçoada.

A Estratégia de Aquário

Imagine o Aguadeiro como uma daquelas cidades muradas do Antigo Testamento. Os tempos são violentos. Cada cidade-estado é uma cultura separada, e a tensão entre as cidades vizinhas é constante.

Se as muralhas do Aguadeiro desmoronarem sob a pressão de um cerco, sua cultura será esmagada. Os exércitos vitoriosos matam o rei aquariano e arrancam os deuses do templo dos pedestais, instalando seus próprios deuses.

Não pode haver rendição. Quando o inimigo atravessa os portões, segue-se o holocausto, com o esquecimento em seu encalço. Para o Aguadeiro, há apenas uma estratégia: manter essas defesas intactas a qualquer custo. Nada de acordos. Nada de concessões. Apenas a dura certeza da pedra e do cimento.

A metáfora da cidade-estado é adequada, só que agora não estamos falando da integridade cultural de uma sociedade histórica. Estamos falando da liberdade e da individualidade de um único ser humano.

Os inimigos estão posicionados do lado de fora das muralhas. Eles se reúnem diante dos portões, preparam o aríete.

Para Aquário, esse aríete assume muitas formas, mas, em essência, é a pressão exercida por nossa cultura para nos adequarmos a um padrão estabelecido de comportamento.

Interiormente, temos um conjunto único de predileções e valores. Mas nossa sociedade tem outros planos para nós. Desde que começamos a falar, temos sido programados com descrições do que constitui sucesso, decência e sanidade. Para a maioria de nós, conectar-se a esses padrões é natural e até mesmo útil. Para Aquário, isso é uma sentença de morte.

O aquariano deve resistir ao aríete. Deve resistir às coerções de sua cultura. Sua estratégia é seguir os ditames de sua própria individualidade, fazendo suas próprias escolhas independentemente da raiva ou dos gritos de descrença que essas escolhas produzam nas pessoas ao seu redor. "Eu serei são, mesmo que isso signifique que todos pensem que sou louco" – esse é o lema de Aquário.

Se ele seguir essa estratégia, a sociedade poderá ameaçar tirar sua liberdade à força: prisão ou hospício. Mas esses são os verdadeiros aríetes.

Normalmente, as pressões culturais são mais sutis: "Continue agindo assim e você nunca conseguirá manter um emprego. Nós o mataremos de fome, o deixaremos inseguro e desconfortável". Ou: "Continue agindo assim e todos nós riremos de você. Vamos rotulá-lo de louco. Jamais levaremos a sério nada do que você fizer".

Como se esses aríetes não bastassem, os inimigos do Aguadeiro tem um segundo estratagema. Eles já estabeleceram agentes dentro dos muros da cidade, espiões cuja tarefa é abrir os portões por dentro. Para o aquariano, esses espiões assumem a forma de pessoas que o amam. E elas o amam de fato, profunda e sinceramente. Isso, infelizmente, está longe de significar que eles o entendem.

Esses espiões já romperam as defesas de Aquário. Eles estão dentro das muralhas. Eles podem ser maridos ou esposas. Podem ser amigos. Muitas vezes são os pais. E quando o Aguadeiro faz suas escolhas, eles exercem enorme pressão sobre ele, pressão essa que visa forçá-lo a reconsiderar, forçando-o a se adequar às suas expectativas.

Como? O coração deles pode estar no lugar certo, mas, quer saibam disso ou não, seus métodos são traiçoeiros. Esses espiões levam o aquariano a acreditar que ele tem a responsabilidade de trair a si próprio, que, se ele os amasse de verdade, não os faria passar pelo tormento de vê-lo sofrer a reação da sociedade pelo fato de ser um pino quadrado em uma sociedade cheia de buracos redondos.

Enfrentar esses espiões é o teste definitivo de Aquário, muito mais difícil do que resistir aos aríetes. Ao defender sua liberdade, o aquariano deve se preparar para enfrentar um desafio arrepiante e muitas vezes amargo: ele deve estar preparado para partir o coração das pessoas que o amam. Não importa que a decepção e a dor delas venham apenas do desejo frustrado de encaixá-lo num molde que não tem nada a ver com ele.. A dor deles é real. Com uma concessão, Aquário poderia ameniz-á-la. E, no entanto, ele não pode fazer concessão alguma. Não pode fingir ser outra coisa que não ele mesmo.

O Aguadeiro é insensível? Não, mas muitas vezes ele parece ser. Seu caminho é austero, levando-o à estratosfera clara e final da verdadeira individualidade. E se sua ascensão desaponta os habitantes no solo, ele às vezes precisa conviver com a mágoa, consolando-se com a consciência de que aqueles corações partidos são o inevitável preço da liberdade.

Os Recursos de Aquário

"Todo ano, antes de plantarmos o milho, sacrificamos uma virgem ao deus da chuva. Todo ano ele nos envia chuva em troca. No entanto, você diz que este ano não devemos sacrificar ninguém, que as chuvas virão por conta própria".

Há dez mil anos uma aquariana ouviu essas palavras e se manteve firme mesmo assim. Se ela não foi morta por suas convicções, então sua certeza mudou o curso da história humana.

Por quê? Porque ela viu a verdade e ninguém conseguiu convencê-la do contrário. Ela olhou para o óbvio – e viu algo que ninguém mais conseguia ver.

Há uma palavra para essa radical independência da mente, uma palavra que descreve o recurso aquariano mais importante. Essa palavra é genialidade

Genialidade – somos ensinados a pensar nisso como inteligência extrema, mas isso é enganoso. A inteligência é apenas uma ferramenta da genialidade e pode existir sem ele. Genialidade é a capacidade de pensar de forma nova, de ver problemas antigos de novas maneiras. Genialidade é a capacidade de pensar de maneiras que não nos foram ensinadas. O aquariano tem essa qualidade em abundância.

Não vamos sacrificar uma virgem este ano: a mulher que primeiro teve esse pensamento rebelde de Aquário foi imediatamente submetida a uma pressão implacável. Talvez houvesse mil pessoas na aldeia. Se assim foi, novecentas e noventa e nove delas acharam a ideia uma loucura.

Mas nossa heroína aquariana sabia que era a verdade – e essa certeza a sustentou. E ela sustenta os aquarianos hoje exatamente da mesma forma. Eles sabem que suas escolhas são corretas, mesmo que ninguém mais concorde com elas.

O Aguadeiro tem um segundo recurso. Sem ele, sua genialidade seria de pouca utilidade. O mero conhecimento por si só não prepara ninguém para resistir a mil dedos acusadores. Seu segundo recurso é uma teimosia implacável e inflexível. Quando ele finca os pés no chão, faz com que o Matterhorn[8] pareça poeira na brisa matutina. Nada pode movê-lo.

A Sombra de Aquário

Essa teimosia serve à estratégia do aquariano. Para resistir ao peso esmagador do instinto tribal, ele precisa ter uma certeza inflexível sobre si mesmo. Em algum lugar, bem no fundo de sua psique, deve haver uma convicção inabalável de que suas percepções são válidas, independentemente de quão violenta ou eloquentemente seus adversários argumentem contra elas.

---

8 Uma montanha na fronteira entre Itália e Suíça. (Nota Edição Bras.)

Mas essa mesma teimosia pode destruí-lo.

O Aguadeiro pode inventar uma declaração artificial de sua independência e defendê-la com toda a teimosia. Ele pode se recusar a usar qualquer coisa que não seja calça jeans. Pode insistir em falar palavrões na frente de sua avó. Pode recusar-se categoricamente a ouvir qualquer coisa, exceto música clássica. Essas excentricidades em si são bastante inofensivas. O horror é que elas distraem o aquariano de seu processo muito mais fundamental, o da individuação. Essa teimosia peculiar é a sombra do Aguadeiro.

Se ele continua nesse caminho inútil, em vez de defender seu direito a moldar a própria vida, cede às pressões da sociedade – exceto nessas questões triviais. Apesar de suas peculiaridades, segue um percurso fundamentalmente convencional, evitando todas as verdadeiras questões. E então, toda aquela saudável energia de rebeldia e liberdade aquariana, que é saudável em si, acaba deperdiçada em coisas superficiais e desimportantes.

A genialidade desaparece. Não há rebelião, nem pensamento revolucionário. Tudo o que resta é mais um rosto anônimo na multidão, levando uma vida previsível, colorida apenas por algumas peculiaridades exasperantes, mas, em última análise, inofensivas.

A sombra de Aquário é ainda mais escura.

A convencionalidade não é pecado. A grande maioria de nós é inerentemente uma pessoa convencional. Quando nos adaptamos à sociedade, também nos adaptamos a nós mesmos. Não é assim com o aquariano. Para ele, a convencionalidade é uma máscara. Ele pode optar por usá-la, mas, se o fizer, pagará um preço terrível: a vida que levar não será sua.

Um aquariano que percorre esse caminho sombrio pode ter a aparência externa de sucesso. Ele pode ser equilibrado. Pode ser gracioso. Pode ser rico e espirituoso. Mas se sente como alguém de fora, como um agente estrangeiro que adotou uma identidade falsa de forma impecável.

O Aguadeiro sente-se alienado.

Então, mesmo as pessoas mais próximas a ele nunca o conhecem. Elas passam pelos movimentos do relacionamento, mas sentem que há algo de indiferente nele. Ele parece distante, talvez frio ou insensível. Suas palavras são corretas. Ele cumpre com suas responsabilidades. Ri das piadas certas. Faz suas próprias piadas. Mas ninguém cai nessa. Todos sabem que algo de essencial simplesmente não está sendo revelado.

Por trás daqueles olhos, tão claros e penetrantes quanto um punhal de gelo, não há nada. Apenas uma pessoa desaparecida.

PEIXES

Elemento: Água
Modo: Mutável
Arquétipos: O Místico
O Sonhador
O Poeta
O Camaleão
Glifo: ♓

... nós somos seres luminosos. Nós somos percebedores. Nós somos uma consciência: não somos objetos; não temos nenhuma solidez. Nós somos ilimitados.

Don Juan Matus, citação de Carlos Castaneda

O Símbolo de Peixes

Oceano. Não os peixes, mas o lar dos peixes: Mãe Oceano, o reino das montanhas submarinas, do plâncton luminoso, das cidades perdidas. Oceano: mãe da vida, símbolo inquietante de tudo que é impenetrável, tudo que pode ser sentido, mas nunca conhecido.

Oceano: lavando as praias dos continentes, levando arte e pensamentos entre as nações, levando guerra, doenças e pestes, vinho e comida, poetas e músicos, misturando e combinando incessantemente as culturas da Terra.

O oceano pisciano: símbolo líquido e fluido do mistério indescritível que nos une a todos. O símbolo da vida.

O Propósito Evolutivo de Peixes

Os instrutores budistas do alto Tibete aconselham seus alunos a considerar o mundo como um sonho. Pessoas, eventos, relacionamentos, até mesmo as próprias montanhas – tudo deve ser visto como miragens, apenas um jogo de imagens insubstanciais na mente.

No Ocidente, muitas vezes interpretamos erroneamente o conceito budista. A partir dele assumimos que o mundo não é real, que seus átomos e moléculas são ilusórios: uma noção difícil de engolir, especialmente quando você acaba de dar uma topada num pé de cama "ilusório".

Para esses instrutores budistas, a realidade ou irrealidade do mundo não é o ponto. A questão é mais profunda: é o reconhecimento de que não experienciamos o mundo diretamente – experienciamos uma percepção do mundo.

Uma percepção: algo cerebral, algo em nossas cabeças. O que consideramos ser o mundo é um fenômeno eletroquímico que ocorre nas dobras e pregas de nossos cérebros. Apenas um jogo de imagens. Apenas um sonho.

Para a maioria de nós esse tipo de conhecimento não tem utilidade prática. Quer sejamos mordidos por um cachorro ou pela ilusão de um cachorro, não nos importa: de qualquer forma, nos machucamos.

Para Peixes, esse conhecimento é tudo. Por quê? Porque Peixes é o símbolo da própria consciência. Tradicionalmente associado ao misticismo, o caminho evolutivo de Peixes representa uma alteração fundamental na maneira como a mente opera. Uma mudança de marcha. Em vez de observar o mundo, Peixes observa a mente observando o mundo. O Universo objetivo se evapora. Tudo o que permanece é uma vasta rede de reações subjetivas.

Tudo o que resta é um sonho.

O propósito evolutivo pisciano? Uma nova percepção. Uma reorientação sutil da mente. Uma reorientação que não muda nada e, no entanto, muda tudo. É o conhecimento de que, aonde quer que vamos, o que quer que façamos, o que quer que vejamos, podemos encontrar apenas uma realidade inescapável: a nossa própria consciência.

A Estratégia de Peixes

Incansavelmente, os acontecimentos de nossas vidas nos pressionam a acreditar que o mundo está “lá fora”, que existe uma realidade objetiva independente da mente. O vento frio penetra em nossas roupas, fazendo os nossos ossos doerem. A gordura quente borbulha no fogão, deixando uma cicatriz em nosso antebraço. Nosso amante desaparece e ficamos doentes do estômago por meses.

Ação e reação. Toda a estratégia pisciana gira em torno de subverter essa crença no Universo objetivo. Os nativos de Peixes precisam perder sua certeza. Eles precisam abandonar o mundo.

Como? Uma estratégia é passar alguns minutos todo dia focando na própria mente. Fechar os olhos, desacelerar a respiração, acalmar os pensamentos e simplesmente vivenciar a consciência. Não o conteúdo da consciência – não as preocupações, teorias e ruídos que normalmente enchem a mente – mas a própria consciência. Vazia. Sem forma. Pacífica.

Um nome para esse processo é meditação. Mas essa palavra foi esvaziada de seu sentido original. Ela evoca imagens de incenso e austeridades, de homens hindus com longas barbas brancas e sorrisos enigmáticos. Nada disso é necessário. Para Peixes, a meditação é uma função natural e orgânica. Não implica nenhuma teologia, nenhuma metafísica. Poderíamos muito bem chamar isto de “esvaziar a mente”.

Seja qual for o nome que dermos, a meditação é uma estratégia evolutiva pisciana essencial. Por meio dela, a mente se torna consciente de si mesma. Ela perde parte de sua fixação na enxurrada de informações que a inundam continuamente por meio dos cinco sentidos.

A criatividade funciona da mesma forma. Quando os nativos de Peixes liberam seus poderes criativos, o mundo exterior deixa de ser o centro do palco. O próximo verso do poema, a próxima nota da sonata, a próxima imagem na pintura – todos surgem na mente, não no reino objetivo. Eles direcionam a atenção para longe da realidade física, em direção à própria consciência.

A estratégia evolutiva? Peixes deve colocar em prática suas inspirações criativas, seja sob a forma de arte ou na pura fantasia de devaneios secretos. Por quê? Porque, no livre jogo da imaginação, nós experienciamos o mundo interior como sólido e real. Concedemos às nossas vidas subjetivas, ainda que temporariamente, a mesma realidade que normalmente conferimos ao mundo dos eventos e das circunstâncias. E ,para os nativos de Peixes, isso é como dar visão aos cegos.

Na realidade, não podemos fixar residência permanente na nossa imaginação. Temos nossos relacionamentos e responsabilidades. Temos nossos corpos físicos para manter. Os piscianos, como todos nós, precisam viver no mundo. Mas viver no mundo não precisa atrasar o trabalho deles. Viver no mundo, de forma vivaz e colorida, também pode ser uma estratégia evolutiva pisciana. Eles não precisam se retirar para um mosteiro tibetano. Os nativos de Peixes só precisam mudar a maneira como olham para o mundo. Nada mais precisa ser alterado.

Austeridades? Peixes não precisa delas. Austeridades são apenas mais comportamentos externos, e nenhum signo se beneficia menos da crença de que os comportamentos têm algum significado. Ele deve apenas evitar qualquer mentalidade que conceda aos objetos e eventos uma existência independente da mente. Compaixão, ajuda, não competitividade – se os nativos de Peixes puderem manter essas atitudes, observando com equanimidade o fluxo e o refluxo de suas fortunas terrenas, então até mesmo a mais ativa e estimulante das vidas pode apoiar sua estratégia evolutiva.

A estratégia pisciana? É deixar o mundo de lado. É o reconhecimento de que a consciência em si é a única realidade com a qual podemos entrar em contato e a única realidade que precisa ser ajustada.

Os Recursos de Peixes

Para onde vamos se nos desapegarmos de tudo? Essa pergunta, por si só, é suficiente para manter a maioria de nós desesperadamente agarrados às nossas circunstâncias e ficções, tentando furiosamente fazer o impossível: criar um nicho seguro e estável para nós mesmos nessa montanha-russa da existência.

Mas não os piscianos. Instintivamente, eles estão cientes de que a personalidade é apenas uma rolha boiando num mar muito mais vasto: o mar da consciência. Sempre que sentirem vontade, eles podem respirar fundo e mergulhar nos territórios submersos no interior da mente.

Para os piscianos, a própria mente é um recurso primordial. Ela é o refúgio do signo, sua rota de fuga dos insultos e das pressões da vida. Um mundo de contos de fadas. Um mundo de maravilhas e paz, de fascinação sem fim. Um mundo que está sempre disponível.

E ele os atrai.

As imagens surgem espontaneamente das profundezas, enchendo a consciência de fantasia e inventividade. Como nenhum outro signo, Peixes pode imaginar. Não importa se essa imaginação leva a um trabalho artístico ou a um devaneio; não é importante: de qualquer forma, a atenção é atraída para dentro, para longe de sua preocupação instintiva com as circunstâncias.

Empatia e gentileza também são recursos piscianos. A personalidade é flexível em Peixes. Ela se curva e flui, adaptando-se a situações variáveis. Compreender as outras pessoas, sentir compaixão por elas, é fácil. Os nativos de Peixes simplesmente imaginam que estão no lugar da outra pessoa. Sem esforço, procuram localizar essa subjetividade do outro em sua própria consciência fluida.

É como se a consciência pisciana tivesse a propriedade de conter todos os pontos de vista humanos possíveis simultaneamente.

Por fim, os nativos de Peixes têm uma percepção instintiva de níveis mais elevados de consciência. Desde a infância, eles se ocupam em mapear o território da mente, estendendo-se em direção às fronteiras da psique. Alguns se tornam religiosos. Outros desenvolvem fascínio pela psicologia. Muitos se interessam por clarividência e outros fenômenos paranormais.

Seja qual for a forma que essa exploração assuma, ela representa outro importante recurso pisciano: um senso da possibilidade de autotranscendência. Os nativos de Peixes podem se expressar de inúmeras maneiras diferentes, mas todas elas vêm ao mundo com três *insights* fundamentais: a vida é um mistério, as circunstâncias são seu véu, e a própria consciência é a chave para desvelá-lo.

Esses três recursos são dados. A partir daí, os piscianos estão por conta própria.

A Sombra de Peixes

Peixes deve estar fascinado por sua própria consciência. Sem esse encantamento, todo o trabalho evolutivo estaria obstruído. E, no entanto, esse fascínio por si só é insuficiente. Ele precisa ser dirigido e disciplinado. O fracasso nesse aspecto leva a horrores.

Os piscianos podem ficar em estado de choque.

Suas mentes se inundam de imagens e impressões. Uma maré avassaladora de emoções, uma onda de medo e de sonhos vãos, corre pela consciência, dominando a personalidade. E Peixes fica ali sentado, olhos arregalados, enquanto os porões e calabouços da mente entram em erupção, despedaçando a individualidade.

Se essas explosões do eu profundo não puderem ser canalizadas com segurança para a criatividade e a meditação, elas serão mais fatais do que a guilhotina, e mais brutais por sua lentidão.

Primeiro, os piscianos simplesmente ficam à deriva. Tanto esforço é despendido para manter alguma aparência de uma personalidade normal que sobra pouco para estratégias de vida e compromissos. Um emprego é aceito. Os relacionamentos são estabelecidos. E, a partir daí, Peixes segue o caminho de menor resistência.

Logo, a vida assume uma lógica própria. Ela foge com o pisciano como um garanhão assustado, e ele tenta apenas evitar cair. Cada vez mais, vê sua vida na terceira pessoa, como se fosse apenas um personagem de um filme incompreensível.

Esse vazio, aliado à sensibilidade pisciana, leva à derradeira armadilha: os nativos de Peixes tentam escapar do mundo objetivo para o subjetivo. Não há *insight* envolvido. Não há reconhecimento das qualidades oníricas da vida. Apenas uma busca por entorpecimento.

Os piscianos podem começar a beber. Podem desenvolver dependência de tranquilizantes ou alucinógenos. Essas sombras piscianas estão bem documentadas na literatura astrológica popular.

Mas há outras sombras, menos compreendidas.

Os nativos de Peixes podem se inundar de livros, televisão ou música. Eles podem se tornar obcecados por comida ou sexo. Podem dormir dez horas por dia.

Nenhuma dessas atividades é errada. Não é essa a questão. É apenas o fato de que elas podem ser usadas para estimular a subjetividade a tal ponto que a realidade objetiva é temporariamente apagada. Não há transformação das percepções ou processos cognitivos. Tudo o que acontece é que as questões evolutivas são colocadas em segundo plano, trocadas por substitutos superficiais e sem sentido.

A sombra de Peixes? É o escapismo. A mente, em toda sua imaginação e criatividade, esconde-se do mundo, esperando seu momento, afastando-se de todos os obstáculos e esperando que o destino lhe dê a última mão de cartas ruins.

Capítulo 6

Os Planetas

Áries. Virgem. Aquário. Junte-os e voltaremos ao símbolo principal: o círculo perfeito. E esse círculo é passivo. Ele simplesmente fica ali, eterno como o céu.

Para que os signos nos toquem, uma força ativa deve ser introduzida. Algum mediador deve ficar no meio do caminho entre o céu e a terra, traduzindo a linguagem celestial em termos humanos.

Os planetas fazem isso. Eles "dão a partida" no sistema. Sem eles, não poderia haver astrologia, apenas morte e abstração. São os planetas que nos tocam, não os signos. São os planetas que transportam as energias zodiacais até nós, implantando-as em nossas células e tecidos, moldando nossas vidas.

Mas como? À primeira vista, a ideia é maluca. O poderoso Júpiter está a meio bilhão de quilômetros de distância. Quando um bebê nasce, até mesmo o efeito gravitacional do médico sobre ele é muito maior. Como um planeta pode ter algum efeito sobre nós? Como ele pode simbolizar alguma coisa?

Como a astrologia funciona? Essa é uma questão complicada. Eu poderia apontar a correlação estabelecida entre crimes passionais e a lua cheia. Poderia apontar estudos estatísticos impressionantes que relacionam as escolhas de carreira com o nascer e o pôr de certos planetas. Se estiver interessado, você encontrará referências a esse tipo de material nos apêndices. Mas não estou escrevendo este livro para provar a validade da astrologia. Com sorte você poderá verificar isso por si mesmo depois de ler estas páginas.

Ainda assim, fico incomodado quando as pessoas dizem que os planetas não podem nos afetar. Deixando a ciência de lado, pelo menos de uma maneira o toque de um planeta é real e inegável. Vá para fora em qualquer noite clara. Encontre Vênus ou Saturno no céu. Fique olhando para eles por um tempo. O que está realmente acontecendo? As vibrações eletromagnéticas estão atravessando milhões de quilômetros de vazio, atingindo nossas retinas a 300 mil quilômetros por segundo, criando mudanças bioquímicas em nossos olhos e cérebros. Pelo menos no sentido visual, os planetas nos tocam todos os dias. A maravilha do processo é simplesmente encoberta pela familiaridade.

A luz não é a única forma de energia que chega à Terra proveniente de fontes planetárias. Há ondas de rádio, micro-ondas, raios X, radiação infravermelha e assim por diante. Qualquer uma delas pode vir a ser a portadora das forças astrológicas que moldam a mente. Ou talvez essas forças sejam de natureza totalmente alienígena. Nós simplesmente não sabemos. A esta altura na história, ainda não chegamos a nada parecido com uma teoria coerente da influência celestial. Para os indivíduos, a perda é mínima. Mesmo sem entender a mecânica do processo, uma leitura astrológica sensível pode ser de inestimável ajuda *prática* para alguém que esteja enfrentando mudanças na vida.

Quem se importa se ainda não entendemos exatamente o que está acontecendo? Esse tipo de incerteza é perfeitamente aceitável na ciência. Os físicos, por exemplo, ainda não têm uma teoria sólida de como a gravidade funciona. Tudo o que eles fizeram até agora foi aprender a descrever o fenômeno com muita precisão. A astrologia está exatamente na mesma situação. Não compreendemos como os planetas *funcionam*, mas aprendemos a prever e descrever seus efeitos.

E os efeitos são bem reais. Os planetas são linhas de força que nos ligam de alguma forma a forças que ainda não compreendemos. Cada um deles é como um filtro que transmite a luz, mas também a colore. Marte acrescenta um tom, Mercúrio, outro. Quando um planeta passa por um signo, ele conduz *algo* para a Terra. Mas, ao fazer isso, a natureza desse *algo* é distorcida. O planeta o afeta. Modifica-o. Nenhum planeta, portanto, jamais nos permite ver um signo *diretamente*. Mediação significa distorção. É como se tivéssemos que olhar para os signos através de vidro colorido.

Como isso funciona? Novamente, ainda não sabemos. Mas aqui está uma imagem que provavelmente não está longe da verdade. É apenas o esqueleto de uma ideia. Talvez, antes de ficarmos muito mais velhos, a ciência acrescentará a estes ossos a carne dos fatos e das observações.

O zodíaco é uma enorme roda de luz. Um espectro prismático com doze zonas de cores, ele circunda a Terra como uma auréola. Sob essa auréola, movem-se os planetas. Eles funcionam como lentes coloridas, cada uma com uma tonalidade diferente. Eles atravessam os signos em velocidades variadas, às vezes parando, às vezes retrocedendo. Eles sempre tomam a luz zodiacal e a *focalizam*, direcionando-a para a Terra, como uma criança ateando fogo em folhas caídas com uma lupa.

Mas a luz é corrompida na transmissão; os planetas distorcem-na. Ora, ela é muito mais complexa do que os simples vermelhos e verdes de Áries e Touro. Saturno pode acrescentar um toque de cinza ao vermelho; Júpiter pode tingir o verde com nuances de púrpura.

Há muitos desses fluxos de luz. Desses conhecemos: o Sol, a Lua e os oito planetas. Pode haver mais. Todas as correntes se fundem no impacto com a Terra, como holofotes de tons variados que banham um palco em uma única cor.

E os planetas jamais descansam; os fluxos de luz estão em constante mudança. Eles estão sempre se movendo contra o pano de fundo zodiacal, sempre transmitindo tonalidades diferentes.

O que chega aqui na Terra é um arco-íris mesclado de raios planetários, variando de minuto a minuto. E, de alguma forma, essa tonalidade infinitamente variável e eternamente renovada é cristalizada dentro de nós no momento em que nascemos. Ela é única. É tão inimitável e tão efêmera quanto um momento. E é a nossa identidade e o nosso propósito, a serem desvendados ao longo da vida.

Dois Sistemas Solares

Nada disso tem muito a ver com a maneira como um astrônomo descreveria o Sistema Solar. É quase como se houvesse dois sistemas distintos de planetas. Um é para os astrônomos; o outro é para os astrólogos. Ambos são compostos dos mesmos elementos: Mercúrio, Marte, Júpiter e assim por diante. Mas as diferenças de perspectiva fazem com que os dois pareçam bem diferentes.

O ponto de vista do astrônomo não é a Terra; é a plataforma de observação de uma nave estelar a bilhões de quilômetros acima do Sol. De lá, o Sistema Solar parece estar disposto como um diagrama em um texto de ciências da sexta série. Em outras palavras, o astrônomo o vê objetivamente. E o que ele vê é um sistema ordenado. Todos os planetas se movem na mesma direção. Cada um deles segue um determinado caminho, a uma certa distância do Sol, mais ou menos. Cada um deles se move numa velocidade razoavelmente constante. Perto do centro do Sistema, há quatro mundos "terrestres" – planetas pequenos e rochosos que se movem por suas órbitas em velocidades relativamente altas, todos amontoados perto do Sol. Em seguida, há uma grande lacuna preenchida apenas por uma névoa de pedra: o cinturão de asteróides. Além dos asteróides, o astrônomo vê outro quarteto de mundos. São os "gigantes gasosos". Muito maiores do que os planetas terrestres, os gigantes são grandes bolas de metano e amônia. Esses quatro mundos estão espalhados num volume de espaço muito maior do que os mundos mais internos, e seu ritmo é muito menos frenético. Finalmente, bem na borda do sistema (até onde sabemos) está Plutão. Esse é o coringa do baralho planetário: um anão entre os gigantes, seguindo uma órbita errática.

O astrólogo vê o Sistema Solar de forma diferente. Ele não vê os planetas como eles são, nem quer ver. Ele os vê apenas como eles *aparentam ser.*

O ponto de vista do astrólogo não é uma nave estelar pairando a meio caminho do cinturão de Órion; é bem aqui na Terra. Ele busca uma verdade diferente. Não a verdade abstrata do astrônomo, mas uma verdade experimental. Não é a maneira como as coisas são, mas a maneira como elas parecem.

O que o astrólogo vê? O caos. Alguns planetas movem-se rapidamente pelo zodíaco. A Lua, de longe a mais rápida, passa por um signo em apenas dois ou três dias. Para muitos planetas, a jornada ao redor da eclíptica consome décadas. Plutão, por exemplo, precisa de 248 anos para completar o circuito.

Essa variedade de velocidades orbitais garante que o Sistema Solar esteja mudando continuamente.

Num determinado momento, podemos encontrar Saturno em Virgem e Plutão em Sagitário. Em vinte e nove anos o planeta dos anéis terá completado outra passagem ao redor do Sol e retornado a Virgem. Mas nesse meio termo Plutão terá se movido apenas até Aquário. Embora Saturno em Virgem tenha um significado específico, o fato de Plutão estar agora num signo diferente torna as duas situações bastante distintas. Se esperarmos dois séculos e meio, encontraremos novamente Plutão e Saturno onde estavam originalmente – mas até lá Urano e Netuno alteraram suas posições e, novamente, temos uma situação única.

Inúmeros milênios devem se passar antes que um determinado padrão de planetas apareça uma segunda vez. Mesmo assim, as mudanças graduais nas órbitas planetárias devido à interação dos campos gravitacionais dentro do Sistema introduzem pequenas variações. Para todos os fins práticos, podemos dizer que, num dado instante, o alinhamento das influências astrológicas dentro do Sistema Solar é um evento novo, sem precedentes e irreproduzível.

Nossa posição estratégica terrestre confunde ainda mais o quadro. A Terra é o terceiro planeta a partir do Sol. Dois planetas estão mais próximos do centro do Sistema; todos os outros estão mais distantes no espaço. A Terra desloca-se entre eles a cerca de cem mil quilômetros por hora. E gira sobre seu eixo como um pião. Observar os planetas de uma plataforma como essa é como assistir a um balé de uma montanha-russa. Toda a suave ordenação do Sistema Solar dos astrônomos é perdida. Ela é substituída por absurdos, confusão e falta de lógica.

Retrogradação

Nossa plataforma móvel produz ilusões ainda mais estranhas: os planetas param e seguem, mudam de curso, retrocedem. Quando um planeta parece estar indo para trás, dizemos que ele está *retrógrado*. Por que isso acontece? O que faz com que um planeta pareça dar meia volta em sua rota?

Imaginemos que estamos dirigindo nosso carro. À frente, correndo ao longo da estrada, vemos um cavalo. Embora ainda estejamos muito atrás dele, nossos olhos nos dizem exatamente o que está acontecendo: o cavalo está indo para frente. No momento em que o ultrapassamos, tudo muda. Por alguns segundos, observamos o cavalo se movendo *para trás* contra a paisagem. É apenas uma peça que nossos olhos nos pregam. Mas é isso o que vemos.

Exatamente a mesma ilusão ocorre no Sistema Solar. Mas, diferentemente da situação com o cavalo, nossos cérebros não são tão rápidos para descobrir o que realmente está acontecendo. A Terra é nosso carro veloz. Apenas dois planetas, Mercúrio e Vênus, movem-se mais rapidamente. Todos os outros são cavalos lentos. Quando passamos por eles em nossa órbita, eles parecem parar e se mover para trás por um tempo.

Até mesmo os dois velozes, Mercúrio e Vênus, apresentam retrogradação, embora por razões diferentes. Tal como nós, eles orbitam o Sol, só que muito mais perto. Mas nossos olhos não nos dizem nada sobre órbitas. Tudo o que vemos são luzes se movendo no céu. Quando os dois planetas interiores giram em torno do Sol, nós os observamos oscilando de um lado para o outro. É como se estivéssemos observando uma criança num carrossel. Ao segui-la, nossa cabeça vira primeiro para a direita e depois para a esquerda. O mesmo acontece com Mercúrio e Vênus. Quando eles passam em frente ao Sol, parecem se mover numa direção. Passando atrás do Sol, do outro lado do carrossel orbital, a direção é invertida. Portanto, embora os motivos sejam diferentes, o resultado final é o mesmo: Mercúrio e Vênus ficam retrógrados da mesma forma que os planetas exteriores.

Somente o Sol e a Lua são imunes a isso.

O Sol nunca fica retrógrado simplesmente porque é o centro do Sistema. Nós (o planeta Terra) sempre o orbitamos na mesma direção. E isso produz a ilusão de que ele nos orbita – novamente na mesma direção.

A Lua é o único corpo importante do Sistema Solar que realmente orbita a Terra. Seu caminho pelo espaço nunca muda e nós a observamos de uma plataforma estável. Portanto, não pode haver retrogradação.

O que significa retrogradação? Veremos isso mais adiante neste capítulo. No momento, a questão é que, para o astrólogo, o Sistema Solar é um lugar imprevisível e desordenado. Os planetas aceleram e desaceleram sem aviso. Eles se aproximam de nós, ficam deslumbrantemente brilhantes e depois desaparecem na distância. Eles param no meio do caminho. Movem-se para trás e para frente. Formam aglomerados e depois se espalham pelo céu. O que vemos é totalmente diferente do Universo ordenado do astrônomo com suas leis imutáveis.

Astrologia e astronomia. Elas são inimigas naturais? Com muita frequência parece que sim. Astrônomos de renome vão à televisão em rede nacional, leem algumas frases de uma dessas colunas astrológicas bobinhas de jornal e afirmam ter desmascarado a astrologia. Os astrólogos revidam, menosprezando a "frieza" da astronomia, insinuando que ela caiu nas mãos de homens e mulheres com microprocessadores no lugar do coração.

É uma pena, pois embora astrólogo e astrônomo sejam muitas vezes considerados rivais, na verdade, eles são parentes. A matéria-prima de seu trabalho é a mesma: o espaço e a mente humana. A verdadeira diferença entre eles é que, para o astrólogo, o espaço – e especificamente os planetas que contém – causam impacto em nossas experiências aqui na Terra. Astrologia é apenas astronomia pelo avesso. Em vez de a mente tentar compreender o Universo, usamos o Universo como uma chave para compreender a mente. E, por mais estranho que isso pareça, funciona. Por quê? Mais uma vez, não sabemos. Mas podemos provar. E você também pode. Basta aprender a linguagem. No início, tenha fé. Absorva as palavras. Forme as frases. Depois, julgue por si mesmo.

Apresentando os Jogadores

Cada planeta tem uma personalidade única. Cada um simboliza um determinado compartimento da consciência humana. Intelecto. Poder pessoal. Ligação emocional. Um senso de autotranscendência.

Nenhum desses compartimentos está completamente ausente em ninguém: todo mapa astral contém todos os dez. Nós variamos apenas em termos de quais compartimentos são enfatizados e como escolhemos expressá-los.

Se pudermos enfrentar aberta e voluntariamente as questões que os planetas representam, eles poderão nos guiar. Eles podem nos ensinar como nos tornar mais felizes. Mas se resistirmos ao aprendizado, eles serão tão duros quanto uma tempestade de granizo sobre a pele humana desprotegida. Depende de nós.

E temos uma vantagem: se optarmos por aprender a linguagem, o plano de aula está à nossa disposição. É o mapa astral.

Até o momento, conhecemos apenas dez planetas em nosso Sistema Solar. Com o advento dos telescópios espaciais, é muito provável que encontremos mais. Mas, por enquanto, dez são suficientes. Vamos conhecê-los.

O SOL

Função:

- O desenvolvimento de uma autoimagem coerente e operacional,
- Concentração da força de vontade e da capacidade para, agir positivamente,
- A criação do ego.

Disfunção:

- Egoísmo, insensibilidade, tirania sobre a vida dos outros, vaidade, pompa, inflexibilidade, imperiosidade.

Perguntas-chave:

- Quem sou eu?
- Que tipos de experiências me ajudam a fortalecer e clarear minha autoimagem? Onde posso encontrar e expandir meu poder pessoal?
- Que preconceitos inconscientes moldam minha visão do mundo?

Uma brisa morna e salgada. Nossas costas na areia depois de uma hora brincando nas ondas. A luz do sol, se derramando como mel, relaxando cada célula de nosso corpo.

O que significa o Sol?

Para responder a essa pergunta, não é preciso ir meditar em uma caverna tibetana. Nem mesmo ler este livro. Tudo o que você precisa fazer é sair e deitar-se na praia num dia claro de fevereiro.

O significado do Sol? Simples: significa *vida*. Instintivamente sabemos disso. Não são necessários argumentos científicos. Essa é uma verdade tão óbvia que podemos *senti-la*. O Sol que dá vida é o centro do Sistema Solar. Tudo orbita em torno dele. A gravidade produzida por sua enorme massa mantém os planetas em suas rotas.

Astrologicamente, o Sol funciona da mesma forma: é o *centro gravitacional da personalidade humana*. Ele é o ponto focal de todas as funções variadas que coexistem em cada um de nós. Nosso senso de identidade. Nosso senso de ser uma pessoa distinta com certos jeitos de sentir e ver, de moldar uma vida.

Sem o Sol, a pessoa estaria perdida, paralisada por caprichos contraditórios, olhando fixamente para o cosmos.

Foco. Organização. Essas são as tarefas do Sol. Mas como o Sol organiza as nove funções planetárias restantes? Como ele reúne qualidades tão hostis entre si, como nossa necessidade de dominar e nossa necessidade de sonhar, e faz com que elas convivam na mesma personalidade? Da mesma forma que faz isso entre os planetas do Sistema Solar: com sua gravidade. Mas a gravidade, nesse caso, assume uma forma psicológica. É aquela faculdade infinitamente fascinante e irresistivelmente atraente no âmago de cada um de nós: o ego. *O ego é o ponto focal da mente, assim como o Sol é o ponto focal do Sistema Solar*. Os mecanismos são rigorosamente paralelos.

O Sol cria o ego ao inserir um conjunto de premissas nas dimensões não ditas da consciência, premissas sobre o propósito da vida, premissas que talvez nunca reconheçamos, mas que são subjacentes a cada respiração nossa.

Todos nós enfrentamos o mesmo quadro em branco: nascimento e morte, com nada além de pontos de interrogação no meio. Uma pessoa preenche o quadro com trabalho e carreira profissional. Outra velejando ao redor do mundo. Uma terceira se torna viciada em heroína. Uma quarta entra para um mosteiro.

Por quê? Cada uma reflete suas premissas inconscientes sobre a vida, premissas que sempre *parecem naturais e óbvias* para ela. Cada uma reflete a forma de seu ego. Cada uma reflete o Sol.

Essas premissas solares que moldam o ego são sempre arbitrárias. Variam de forma impressionante de uma pessoa para a outra. Mas não parecem arbitrárias. Para nós, elas sempre parecem ser a ordem natural das coisas. O homem de negócios não consegue entender o que motiva o viciado; o marinheiro aventureiro coça a cabeça ao pensar em optar por trinta anos na cela monástica. Nossas próprias suposições sempre fazem todo o sentido para nós. Não conseguimos entender por que os outros não conseguem ver isso.

O Sol, ao criar o ego, também cria cegueira e insensibilidade. Ficamos presos em nossa individualidade, isolados da enorme variedade de opções que a vida oferece. *Mas o Sol é o que nos permite agir*. Sem ele, nos transformaríamos em geleia. A consciência em si não pode interagir com o mundo; sua função é apenas observar e reagir subjetivamente. Ela jamais poderia buscar positivamente um tipo específico de experiência ou se proteger de outro tipo. Esse é o domínio do ego. É a parte da psique que *faz escolhas*. E sem escolha, nada acontece.

Mas, para que a escolha ocorra, o ego deve primeiro aglutinar-se. Uma personalidade, com todos os seus anseios, todas as suas visões, deve tomar forma. Um mito deve ser criado e, para nós, ele deve ser totalmente convincente. Esse é o trabalho do Sol.

De algum ponto de vista cósmico, nossa identidade solar pode ser uma vaidade, uma postura absurda. Pode ser um mito. Mas não é um mito totalmente infundado. Esse mito surge do fundo de nós mesmos. Ele tem raízes.

A condição do Sol no mapa astral nos ajuda a ver essas raízes, mas mesmo depois de vê-las elas ainda precisam ser nutridas. Apesar de sua bravata superficial, o ego é tímido, hesitante em tomar forma. O Sol precisa ser cuidadosamente alimentado, para que se sinta seguro. Durante todo o tempo, devemos nos proteger para não permitir que ele cubra sua incerteza com ilusões de grandeza. O processo é delicado; se errarmos, devemos errar na direção de satisfazer ao Sol. A vida acabará corrigindo isso. Mas se o ego não conseguir emergir com confiança e vigor, então tudo estará perdido. Nós nos tornamos nada mais do que um padrão desorganizado de fragmentos psicológicos, desprovidos de unidade, vontade ou propósito. Uma casca vazia.

Como alimentamos o Sol? Mais tarde entraremos em detalhes. Por enquanto, vamos dar uma olhada num exemplo simples. Digamos que o Sol esteja em Sagitário. Como vimos no último capítulo, esse signo se refere à capacidade de romper rotinas, de adquirir experiência fora dos limites de nosso ambiente habitual. Com o mito solar enraizado em Sagitário, essa pessoa perceberia sentimentos mais profundos de bem-estar e integração psicológica como resultado da busca de tipos de experiências sagitarianas – aventuras, atos de fé, viagens e assim por diante. Isso continua sendo verdade mesmo que o restante do mapa astral sugira todo o fogo e o espírito cigano de um bicho-preguiça.

Os outros onze signos funcionam da mesma forma. Cada um prescreve uma "vitamina" experiencial específica que garante a vivificação da psique. Tome a vitamina e o Sol brilhará com mais intensidade.

Conhece alguém que tem um caso perpétuo de tristeza? Que assiste televisão sem parar? Cujo comportamento é tão ritualizado e entediante quanto um elevador automático? Você conhece alguém que está sofrendo de um Sol faminto. Esses são os sintomas; se não alimentarmos o Sol, o espírito morre.

A LUA

Função:

- O desenvolvimento da capacidade de sentir ou reagir emocionalmente
- O desenvolvimento da subjetividade, da impressionabilidade e da sensibilidade
- O desenvolvimento do que poderíamos chamar de alma

Disfunção:

- Autoindulgência emocional, timidez, preguiça, falta de vontade, imaginação hiperativa, indecisão, mau humor.

Perguntas-chave

- Que tipos de experiências são mais essenciais para minha felicidade?
- Quando o mau humor e a irracionalidade me dominam, como eles se expressam?
- Que necessidades emocionais inconscientes motivam meu comportamento?

A garrafa de Bordeaux semi-vazia brilha à luz da lareira, negligenciada. No sofá, diante da lareira de pedra, você se senta com sua nova paquera A conversa parou. Sem jeito, com expectativa, os olhos se encontram, se afastam e retornam. Nesse momento, a Lua sai de trás de uma nuvem e entra pela janela. Ela assusta vocês dois, enchendo seus olhos de luz amarelada. Vocês se aproximam um do outro.

Cinco minutos atrás vocês não achavam que estavam apaixonados, mas agora estão.

A Lua. Rainha dos mistérios. Todos nós sabemos o significado romântico que ela tem. Astrologicamente seu significado é praticamente o mesmo. A Lua simboliza *sentimentos*. Para entender a Lua, começamos onde o fizemos com o Sol: nossos olhos. Depois disso, tudo o que precisamos fazer é juntar dois mais dois. Nós interpretamos o poema universal, assim como fizeram os astrólogos originais. Todas as pistas estão aí. Precisamos apenas encontrá-las e uni-las.

Além de sua luminosidade absoluta, a pista mais marcante que a Lua oferece é sua variabilidade. Ela está sempre mudando, sempre passando por fases. Ao contrário do Sol, nunca sabemos exatamente que forma ela assumirá. Tampouco sabemos onde ou quando a veremos. A Lua nos surpreende. Olhamos para cima e lá está ela, pálida como um fantasma no céu azul brilhante. Ou aparecendo entre os pinheiros às quatro da manhã. Ou simplesmente se escondendo, não visível em lugar algum, em momento algum. A Lua sempre parece estar reagindo a algo fora de si mesma, registrando essas reações em sua aparência. O Sol domina seu ambiente. O modo de a Lua agir não é assim; ela se ajusta e responde, sempre dando e recebendo.

A Lua simboliza a parte da consciência que reage e responde, que é sensível ao seu ambiente, mesclando-se a ele em vez de, moldá-lo ou resistir a ele. Ela representa o *estado de espírito da psique*; o modo como a vida é sentida. Representa a impressionabilidade, o substrato irracional e emocional da mente. Coração: essa é uma palavra-chave para a Lua. Emoção pura. Ela deixa a racionalidade da "cabeça" para outras funções planetárias.

Muito mais fluida do que o Sol, a Lua fertiliza a imaginação, preenchendo a consciência com imagens e fantasia. Para cumprir sua função visivelmente mais dinâmica, o Sol precisa filtrar uma grande quantidade de material inconsciente. Ele precisa proteger o ego. Não é o caso da Lua. Ela irrompe do inconsciente, deleitando-se com a riqueza da psique, sem censurar nada. E, às vezes, a intensidade dos sentimentos que ela cria pode ser demais para nós. Ficamos sobrecarregados. Mal-humorados. Deprimidos.

A realidade dura e linear das manhãs de segunda-feira tem pouco fascínio para a Lua. Sua função é sentir, não agir ou tomar decisões. Como resultado, ela pode parecer preguiçosa como uma pedra. Se deixada sozinha, a Lua não faria mais do que sonhar. Fazer escolhas significa queimar pontes atrás de nós. A Lua prefere viver na imaginação, onde todas as possibilidades podem ser mantidas vivas o tempo todo – simplesmente por nunca escolher viver uma delas.

Ainda assim, a Lua é a alma da vida. Sem ela, toda experiência seria mecânica, uma engrenagem sem sentido. É a Lua que proporciona felicidade e satisfação. O desespero e o tédio também são seus presentes, pois são o outro lado da mesma moeda. A Lua é amor; é medo; é calor humano e depravação humana. O Sol pode construir pirâmides e ônibus espaciais, mas é a Lua que faz brilhar nossos olhos quando os contemplamos.

Para nos sentirmos felizes, precisamos dar vida à nossa Lua. Assim como o Sol, ela precisa ser alimentada. E o mapa astral nos dá a fórmula. Embora a interpretação seja um assunto para capítulos posteriores, olhemos rapidamente um exemplo. Imagine que a Lua esteja em Leão, um signo de autoexpressão e criatividade, como vimos anteriormente. Com a Lua nesse signo, há a necessidade emocional de se apresentar e receber aplausos. Essa configuração promete diversão, uma qualidade divertida e envolvente. Mas o tiro pode sair pela culatra. O vigor e a intrusão da apresentação podem afastar as pessoas. Então, sem aplausos, a timidez da Lua pode assumir o controle. O sentimento de não ser apreciado e não ser amado, por mais infundado que seja, pode prejudicar a pessoa. A vida *parecerá* vazia e sem sentido, independentemente de quão cheia ela possa parecer na superfície.

A Lua não faz sentido. Ela não se importa com isso. É apenas uma emoção, uma necessidade de amar e ser amada. E se a Lua minguar, o coração da vida se tornará o coração da escuridão. Tornamo-nos nada mais do que engrenagens de coração partido num Universo aleatório. A Lua é a mais fugaz e delicada das criaturas. Ela é nossa alegria.

O Significado da Retrogradação

O Sol e a Lua nunca podem se tornar retrógrados. Esse conceito é irrelevante para nossa compreensão deles. Mas, a partir de agora, investigaremos os planetas que têm a capacidade de parar em seu caminho e realmente parecem reverter seu movimento nos céus. Antes de prosseguirmos, vamos entender o significado astrológico desse fenômeno astronômico.

Os planetas são canais para a *expressão* dos signos. Nesse sentido, todos eles são extrovertidos. Mas quando um planeta está retrógrado, ele está indo contra as correntes comuns. Sua polaridade é invertida. Em vez de fluir para fora no padrão extrovertido normal, uma parte de sua vitalidade é direcionada mais profundamente para dentro da mente, em direção ao inconsciente, afastando-se do mundo. Os astrólogos tradicionais costumam afirmar que é "ruim" para um planeta estar retrógrado, que ele tem mais dificuldade para se expressar.

Há um núcleo de verdade nessa afirmação, embora sempre que ouvirmos a palavra *ruim* em relação a qualquer configuração astrológica devamos suspeitar imediatamente. Um planeta retrógrado geralmente deixa esse aspecto da personalidade de um indivíduo tingido de timidez ou inadequação social. Mas essa é apenas metade da história. Essa função planetária geralmente possui profundidade e sensibilidade extraordinárias.

A retrogradação, acima de tudo, leva à independência.

Quando a força planetária é direcionada para longe do mundo, ela não evapora simplesmente; ela continua funcionando tão poderosamente como sempre. Tudo que muda é a arena. Oculto em segurança no fundo da mente, isolado de grande parte da programação social que molda os planetas mais extrovertidos, o planeta retrógrado cresce como uma criança selvagem. Ele é completamente, e talvez perigosamente, autônomo. O problema é como convencer a criança selvagem a sair da floresta. Ela desconfia da civilização e não se sente à vontade nela. Potencialmente, ele tem dons preciosos a oferecer. A questão é: ele escolherá sair da floresta para compartilhá-los? Ele pode fazer essa escolha, mas depende dele.

Um planeta retrógrado representa um aspecto do caráter de uma pessoa que não tem confiança em si mesma. Ela se sente desajeitada e insegura – indigna –, embora esses sentimentos possam se revestir de uma capa de bravata e defensiva.

Quando vir Mercúrio ou Netuno ou qualquer um dos outros retrógrado, trate-o como trataria um estrangeiro. Lembre-se de que ele se sente deslocado, com medo de fazer algo errado. Esse planeta é uma mina de ouro de ideias novas, mas elas estão profundamente enterradas. Para desenterrá-las é preciso paciência e diplomacia.

O principal ponto a ser lembrado é não se deixar levar pela importância de um planeta estar retrógrado. Certamente é significativo. Mas o significado fundamental da influência permanece inalterado. Mercúrio continua sendo Mercúrio. Júpiter não se transformará em Saturno só porque está retrogradando. O efeito principal é que o planeta fica mais calmo.

Mais uma observação: quando um planeta está prestes a se tornar retrógrado ou a retomar seu movimento direto normal, dizemos que ele está *estacionário*. O fato de estar estacionário não altera o significado principal de um planeta mais do que o fato de estar retrógrado; ele apenas aumenta o volume da influência. Esse compartimento na mente da pessoa está lidando com voltagem extra-alta. Muitas vezes ele se torna uma característica dominante em seu caráter, e quase sempre teimosa.

Vamos conhecer mais alguns planetas.

MERCÚRIO

Função:

- Inteligência
- Transmissão de informações; falar, ensinar, escrever
- Recepção de informações; ouvir, aprender, ler, observar

Disfunção:

- Nervosismo, racionalização, preocupação, inconstância , intelectualismo, tagarelice, inconsistência, hiperatividade

Perguntas-Chave:

- Quais são meus pontos fortes intelectuais e comunicativos?
- Quais são meus pontos fracos intelectuais e comunicativos?

Quando Retrógrado:

- Mente voltada para dentro, livre para pensar em termos independentes, imaginativos e inovadores
- Possível dificuldade de autoexpressão; as palavras não se formam

Um golpe de sorte: você foi escolhido como participante de um programa de perguntas e respostas da TV. Se sua boa sorte continuar, você sai com um carro novo e elegante e uma semana no Havaí. Caso contrário, você parecerá um idiota na frente de dez milhões de pessoas. Você foi preparado. Foi maquiado. Você sai sob as luzes, sorrindo como a Miss Brasil, sentindo-se tenso como um astronauta em contagem regressiva.

Você percorre as formalidades junto ao mestre de cerimônias. Quem é você? O que você faz? Você cumprimenta seu oponente. Agora, a pressão.

Quem era a protagonista contracenando com Bogart em À Beira do Abismo? Tique, taque, tique...É melhor pensar rápido... *Béééé* ! Seu oponente estará voltando para casa naquele Chevrolet novo se você não agir rapidamente. Onde fica a Tasmânia? O que é uma *amêijoa?* De onde veio o nome *biquíni*? E assim por diante. Gotas de suor. Pense, pense, pense. Quem foi o primeiro homem a pisar na Lua? Qual era o seu nome? O relógio está correndo... É isso aí! Aperte a campainha!

Faça as malas para o Havaí. Mercúrio chegou para você. Esse é o planeta responsável pela biblioteca que mantemos em nossas cabeças. Sua função é pensar. Saber. Deduzir. Raciocinar.

E quando ela está no centro do palco, nossa mente é clara e rápida. Nossa inteligência está trabalhando no limite. E ficamos tão nervosos quanto um fumante assistindo a um programa sobre câncer de pulmão.

À medida que os planetas se aproximam do Sol, seus raios orbitais encurtam. Eles se movem cada vez mais rapidamente. Até mesmo o distante Plutão, o mais lento, percorre quase seis quilômetros por segundo. A maioria dos departamentos de trânsito terrestres chamaria isso de uma violação flagrante de velocidade, mas, em se tratando de planetas, isso é quase que estar parado. A Terra, em comparação, tem uma média de um pouco menos de vinte e nove quilômetros por segundo – seis vezes a velocidade de Plutão. Mas o raio orbital de Plutão é quarenta vezes mais longo.

Nenhum planeta está mais próximo do Sol do que Mercúrio. E nenhum planeta se move com mais agilidade, gritando pelo espaço a quarenta e oito quilômetros por segundo. Ele completa uma órbita em apenas 88 dias, em comparação com os 248 anos de Plutão. Isso é mais de mil vezes mais rápido.

Se sua cabeça está começando a girar, isso é bom. Você está entrando no comprimento de onda de Mercúrio. Este é o planeta da mente, das funções lineares e lógicas. Assim como ele se move mais rapidamente do que qualquer outro planeta, ele se refere à parte de nossa consciência que detém todos os recordes de velocidade psíquica: os pensamentos, o disparo segundo a segundo de nossos circuitos mentais.

Nos mitos antigos, Mercúrio é o mensageiro dos deuses. Tradicionalmente, ele está associado à fala e à comunicação escrita. Essas conexões são válidas, mas a energia mercurial pura é mais primordial. Ela é o jogo desorganizado e de livre associação de imagens na mente, a resposta da consciência ao estímulo dos sentidos. As palavras vêm depois. Elas são um artefato cultural, apenas uma maneira de impor ordem à confusão de nossas percepções.

A linguagem é apenas o *playground* de Mercúrio. Ainda assim, uma forte influência mercurial geralmente indica um tagarela. E sempre indica um pensador. Esses pensamentos podem ser elevados e abstratos. Ou podem não passar de recitações impacientes de listas de compras mentais. De qualquer forma, eles passam em cascata pela mente em velocidade vertiginosa. Quarenta e oito quilômetros por segundo. Mas frequentemente andando em círculos.

Ao observar as pessoas mercuriais, muitas vezes nos sentimos como se elas estivessem girando a 78 rpm em um mundo onde o resto de nós está girando a 33.

Essa velocidade é tanto o ponto forte de Mercúrio quanto sua principal desvantagem. Ele absorve impressões mais rapidamente do que qualquer outro planeta, tão profundo é o seu fascínio pelas formas, sons e ideias do mundo. E ele pode processar essas impressões com tanta clareza e sem julgamentos quanto um espelho.

Mas essas percepções também podem passar pela mente sem serem digeridas. Como uma coleção de livros pertencente a um barão medieval analfabeto, elas podem se acumular nas prateleiras mentais como tantos objetos coloridos e sem sentido.

Você tem um conhecido que sabe dizer os anos em que Beethoven escreveu cada uma de suas sinfonias, mas que nunca sorri ou marca o compasso com os pés quando as ouve? Ele tem um Mercúrio desgovernado.

Esse planeta pode chegar em um nível de aceleração máximo e ainda assim não ter muito a mostrar. Apenas um monte de palavras. Muitas frases de efeito. Ele pode transformar uma pessoa em um viciado em trivialidades.

Outro risco de Mercúrio: nossas funções de pensamento e percepção podem ser facilmente distorcidas pelos medos e preconceitos personificados em nossos próprios egos.

A própria astronomia nos alerta sobre essa armadilha de Mercúrio. Como? Visualmente, Mercúrio está ligado ao Sol. Os dois nunca estão distantes no céu. Os astrônomos sabem disso há milênios, mas somente no século XVI eles entenderam o motivo: a minúscula órbita de Mercúrio está tão mais próxima do Sol do que a nossa que eles nunca podem estar separados por mais de 28 graus. Estamos tão distantes dos dois que eles sempre parecem estar bem próximos um do outro.

A mente orbita o ego assim como Mercúrio orbita o Sol.

Sem cuidado e humildade, podemos ver apenas o que queremos ver. Podemos reunir nossas percepções de forma seletiva, sempre num esforço para apoiar o modelo de realidade com o qual nosso ego se sente mais confortável.

Esse tipo de racionalização e defesa é outra das armadilhas de Mercúrio. Esse planeta pode provar qualquer coisa com os fatos e, mesmo que não possa, ainda pode falar tão rápido e furiosamente que não percebemos as falhas no argumento. E o único comportamento que desmente a certeza de Mercúrio é o nervosismo. Ele pode se contorcer como nenhum outro planeta.

Precisamos ter percepções. Elas estão para a mente como a comida está para o corpo. A posição de Mercúrio no mapa astral nos ajuda a ver a melhor maneira de aprimorá-las e refiná-las. Mas também nos alerta sobre preconceitos e pontos cegos. A tarefa com Mercúrio é fazer com que ele deixe de ser o "que diz amém" ao Sol e passe a ser o seu primeiro ministro. Mercúrio não precisa saber o significado da vida. Suas preocupações são mais imediatas. Ele deve apenas reunir informações brutas e alimentar o Sol com elas. Observação. Transferência de informações. Essas são as funções de Mercúrio. Nada mais é necessário.

VÊNUS

Função:

- A restauração do equilíbrio da sensibilidade abalada
- A estabilização de uma rede de vínculos emocionais de apoio
- O desenvolvimento da capacidade de dar uma resposta estética

Disfunção:

- Indolência, manipulação, vaidade, falta de firmeza, abandono crônico ~~da~~ à sensualidade

Perguntas-chave:

- Como posso me acalmar?
- O que eu preciso em um parceiro?
- O que posso trazer para um relacionamento?

Quando Retrógrado:

- Pode produzir timidez ou inadequação social
- Sentir-se bobo e sem jeito perto de pessoas do sexo oposto
- Dúvidas e inseguranças sobre seu valor como parceiro
- A mente criativa pode ser livre e inventiva

O Sol se põe em um campo coberto de neve. O ar está livre da névoa úmida e o céu está claro como vidro. Galhos e ramos ao longe se destacam como filigranas a distância. Nossos olhos agora descansam.

O brilho deslumbrante da luz do Sol sobre a neve branca como ossos está diminuindo. As sombras se formam. Linhas e arestas nítidas aparecem. Sutilmente, os cinzas e pretos começam a dominar a paisagem. A luz azul brilhante do céu ganha profundidade. O cobalto se desvanece no azul, o azul para os índigos e violetas da noite incipiente.

De repente, lá está ele. Na aurora azul do Sol poente, brilha um diamante. Luminoso. Resplandecente. Logo ele estará radiante o suficiente para lançar sombras tênues. Adorado há milênios, é a estrela vespertina. E ainda nos tira o fôlego. Se o Sol é rei e a Lua é rainha, então a princesa dos céus certamente deve ser Vênus. Sua luz é fraca se comparada a deles, mas ofusca tudo o mais no céu. Imagine uma pérola aquecida até a incandescência: essa é Vênus. Branca como um raio, mas com um toque de algo mais suave. Dourada. Ela é a joia mais requintada do tesouro celestial.

Se você se sentir tocado pela poesia dessas palavras, então também estará tocando a parte de si que os astrólogos chamam de Vênus. Esta é a deusa da beleza. Elegância, harmonia, equilíbrio – essas são as chaves para a vibração venusiana. Ela pode nos levar a criar harmonia entre cores, formas e sons, ou a responder a uma harmonia já existente. Vênus dá origem às nossas percepções estéticas. É ela que enche nossos olhos de lágrimas ao vermos o sol se pôr sobre aquele campo nevado.

Quando Vênus desempenha um papel proeminente no mapa astral, o indivíduo nem sempre é um Michelangelo ou um Claude Monet. Mas quase sempre tem quadros na parede da sala de estar ou um interessante acervo de músicas. Quando questionados sobre seu próprio trabalho criativo pessoal, os venusianos podem alegar não ser bons de ouvido ou ser inábeis com as mãos, mas em algum lugar no sótão há uma coleção de poesias ou um velho violão. E, se você conseguir convencê-los a tocar, prepare-se para o choque: você se sentirá como se estivesse vendo quem eles realmente são pela primeira vez.

Não basta dizer que Vênus dá inclinações artísticas. Isso ainda é adivinhação. É muito mais útil sugerir que as pessoas nascidas sob sua influência desenvolvem mais ativamente suas habilidades criativas. Quanto mais elas aceitam uma imagem de si mesmas como "artistas", mais se sentem em harmonia consigo mesmas e com seu mundo. São os pintores, músicos, atores e poetas que encantam a todos nós. Se negarem isso, estarão se afastando de suas raízes psíquicas mais profundas.

Vênus é mais do que a artista cósmica. Ela também pode harmonizar todas as facções em conflito que existem dentro da psique individual. Sua dádiva é a serenidade interior. Nas antigas tradições, ela é a deusa da paz – paz de espírito, tanto quanto qualquer trégua entre nações. Sua posição no mapa astral sempre sugere um tipo de contribuição experiencial que pode nos acalmar. Ela é a resposta do céu às medicações para ansiedade.

Para ir mais longe, precisamos voltar a um pouco de astronomia. Vênus é o planeta mais próximo da Terra. Nosso outro vizinho, Marte, nunca se aproxima mais do que o dobro da distância que Vênus está de nós. Todos os outros planetas estão muito mais distantes. A proximidade de Vênus com a Terra se estende a outras áreas: em termos de massa e diâmetro ela é a gêmea do nosso planeta. Se não fosse pela densa atmosfera de ácido sulfúrico e as temperaturas de 900 graus que produz, Vênus seria muito provavelmente uma versão tropical do nosso próprio lar planetário.

O que tudo isso pode significar? Vamos recapitular nossas pistas: Vênus está fisicamente próximo de nós. Ele dá a impressão de "simpatizar" conosco. Ele é talvez o planeta mais belo do céu. Poderia ele ser outra coisa senão o símbolo de nossa capacidade de estabelecer relacionamentos? Poderia ser outra coisa senão a deusa do amor?

Relacionamentos: todos nós nascemos nos sentindo metade de alguma coisa. Grande parte da vida é passada procurando a outra metade, ou lidando com ela depois de encontrá-la. Para praticamente todos nós, os relacionamentos são questões fundamentais da vida. Assim como Vênus é o mais brilhante dos planetas, as questões que representa talvez sejam as mais compulsivas que enfrentamos – e as mais confusas.

Não podemos progredir muito no aprendizado sobre o amor sem alguma contribuição de fora de nós. Precisamos ter parceiros. Vênus sabe disso e, por isso, faz propaganda para nós. Muitas vezes, ela nos concede beleza física, anunciando o fato de que estamos trabalhando os relacionamentos.

Ou, se ela não nos concede beleza no sentido de artista de cinema, Vênus nos dá uma espécie de graça animal irresistível. E ela também oferece atratividade à personalidade. Postura. Cortesia. Elegância na fala e nos movimentos. Um venusiano nunca é insistente. Em vez disso, ele ou ela simplesmente nos leva como a maré. Antes que percebamos, somos arrebatados.

Como nossas interações com aqueles a quem amamos são temas de desenvolvimento tão profundos, a situação de Vênus no mapa natal é uma informação essencial. O signo onde se encontra nos dá uma ideia das necessidades da pessoa, do que ela acha atraente. Se ela estiver em Gêmeos, há uma profunda necessidade de estímulo mental por parte do parceiro – não necessariamente deitado na cama discutindo Nietzsche, mas uma conversa nova e estimulante e uma disposição para tentar novas experiências. Há também a necessidade de uma variedade de parceiros – se não amantes, então amigos. Com Vênus em Câncer, a situação é totalmente diferente. Aqui as necessidades são mais calmas, mais puramente emocionais. A monogamia é mais fácil e mais prontamente aceitável.

Assim como Mercúrio, Vênus é um planeta interno, mais próximo do centro do sistema do que a Terra. Isto significa que, do nosso ponto de vista, ele também nunca se afasta muito do Sol. A separação máxima possível entre eles é de 48 graus. E, novamente, como Mercúrio, isso o prende ao ego. Vênus pode cair na vaidade e na presunção, transformando o amor humano numa série de cenas de novela. Seu charme pode se transformar em poder de persuasão; seu poder de atração, em manipulação. Pode ser o "bonitão" ou a *femme fatale* colecionando conquistas. Ela pode se encher de lascívia e sensualidade passiva e indulgente.

No pior de si, podemos imaginar Vênus como uma decadente rainha do cinema, recostada em seu divã, cercada de fotos publicitárias antigas e amareladas, gorda e vaidosa, comendo chocolate. Todos nós nascemos com fome, embora a cura para o desejo não seja facilmente conhecida, muito menos encontrada. Saciar esse apetite, mesmo que apenas temporariamente, é a arte venusiana. Seus métodos são diversos, mas seu objetivo é sempre o mesmo: ajudar-nos a encontrar um momento de paz, que pode vir nos braços de um amante, ou no adágio de um quarteto de cordas, ou num instante transcendente no pico de uma montanha elevada. Onde quer que ela esteja, Vênus nos guiará se apenas a ouvirmos. Podemos seguir seus conselhos ou ignorá-los. A escolha, como sempre, é nossa.

MARTE

Função:

- O desenvolvimento da determinação
- A expansão da coragem
- "Treinamento de assertividade"

Disfunção:

- Reatividade, raiva, egoísmo, insensibilidade, crueldade, sadismo, explosividade, irritabilidade, estar "sempre armado"

Perguntas-chave:

- Que batalhas devo enfrentar?
- Onde devo ser mais assertivo se não quiser sofrer por conflitos e brigas inúteis?
- Como posso fortalecer minha determinação?
- Como posso expressar minha agressividade?

Quando Retrógrado:

- Grande capacidade de suportar as coisas
- Hesitação em se afirmar ou fazer exigências
- Comportamento passivo
- Raiva controlada, mas internalizada

Aí está você sentado, extasiado, com este livro em suas mãos. Que otário! Posso lhe dizer isso, agora que você já pagou por ele. Meu editor e eu vamos gostar de gastar seu dinheiro. Bem, você sabe o que diz o ditado: "um tolo e seu dinheiro logo se separam".

Está sentindo raiva? Meio surpreso? Uma realidade nova e ameaçadora à qual se ajustar? Espero que sim pois, se isso acontecer, você também estará no caminho certo para entender Marte.

Mais uma vez, encontramos um símbolo que não deveria ser novo para nenhum de nós. O rótulo é estranho, nada mais. O sentimento, o aspecto da consciência ao qual ele se refere, é tão familiar quanto a gravidade. É a agressividade.

Marte é o primeiro planeta acima da órbita da Terra. Mercúrio e Vênus estão mais próximos do centro. Em um sentido, giramos em torno deles. Visualmente, isso os liga ao Sol; eles nunca podem parecer muito distantes dele. O mesmo não acontece com o planeta vermelho. Ele pode ir para onde quiser, independentemente de qualquer outra influência.

Essa simples observação astronômica nos diz muito sobre Marte. Ele é o planeta da liberdade. Da independência, da autodeterminação. Um olho vermelho-sangue no céu noturno – os antigos entenderam seu significado imediatamente. Eles conheciam Marte como o deus da guerra e o temiam. Arrogante e reativo, quando ele se movia, eles estremeciam.

Eras se passaram, dando-nos novos modelos da realidade. Agora, conhecemos Marte como um mundo minúsculo de terceira categoria, um planeta desértico e frio protegido por um fiapo de atmosfera empoeirada. Nada a temer. As evidências para essa visão são irrefutáveis. Sondas aterrissaram lá. Fotografias foram transmitidas de volta. Não foi encontrada qualquer evidência que apoie a noção de que Marte é o lar do deus da guerra. Não há soldados hercúleos com bíceps hipertrofiados. Nenhuma amazona. Não há rios de testosterona correndo nos canais. Na verdade, nenhum canal foi avistado.

No entanto, para os astrólogos, Marte continua sendo o símbolo da assertividade e da agressividade. Um "deus da guerra". Por quê?

Simplesmente porque esse é o efeito que observamos nele. Até mesmo um estudo casual de alguns mapas astrais revela que, quando Marte desempenha um papel importante, a personalidade é agressiva e direta.

A visão tradicional dos astrólogos sobre Marte remonta aos dias em que os sacerdotes caldeus se esforçavam para sacrificar um cordeiro sempre que o planeta vermelho se mexia. Uma influência totalmente "maléfica" a seus olhos, por eles associada estritamente a coisas desagradáveis. Conflito. Discórdia. Hostilidade. Terror. Essas realidades são marcianas; não há discussão sobre isso. Mas colocá-las em primeiro lugar é não entender a questão. Acima de tudo, Marte simboliza o poder da vontade humana. Esse é o planeta que nos dá o poder de fazer o que quisermos. Para moldar nossas próprias vidas, e para esmagar qualquer coisa que se interponha em nosso caminho.

Claramente, essa é uma energia arriscada de se brincar. Quando Marte vai mal, não há planeta mais horrível. Ele pode ser indescritivelmente cruel, imperdoavelmente egoísta, insensível além da compreensão. Se existe um "instinto assassino", este planeta é seu símbolo.

Por que não há um botão "vamos explodir Marte" junto com este livro? Porque sem o planeta vermelho nós estaríamos mortos. Se Marte fosse destruído, todos nós simplesmente dormiríamos. Este é o planeta do entusiasmo. É o planeta que põe o brilho nos olhos dos homens idosos e o tempero no espírito das mulheres idosas. É Marte que permite que o corredor de maratona dê tudo de si nos últimos 800 metros, Marte que explode na violinista quando ela toca aqueles trechos rápidos de Paganini, Marte que sustenta a vontade humana no campo de concentração de Dachau, nos massacres aos indígenas, nas ruas de Calcutá.

Instinto assassino? Às vezes. Instinto de sobrevivência? A vontade de viver? Com certeza.

Marte não tolera um covarde. A maneira mais segura de azedar o humor desse planeta é deixar que o medo tome as decisões por nós. Marte precisa de aventura. Ele precisa de estresse. Ele precisa da oportunidade para atingir seus limites. Um guerreiro feroz e ignorante, ele é um bom amigo para se ter por perto quando o bandido nos parar no meio da rua e pedir dinheiro. Mas não devemos levá-lo para uma tarde tranquila na biblioteca – ele pode começar a arremessar longe todos os volumes da enciclopédia só pra sentir o sangue correndo nas veias.

Como podemos garantir que Marte será o sobrevivente e não o assassino? Alimentando-o com o que ele quer. E a receita está lá no mapa natal disponível para nossa leitura.

Imaginemos que uma mulher tenha Marte em Capricórnio, um signo de autodisciplina e ambição. Ela tem um sonho secreto: gostaria de atravessar uma península gelada no Canadá dirigindo sozinha um trenó puxado por cães e escrever um livro sobre suas aventuras. Essa seria uma experiência marciana por ser colorida, assustadora e requerer uma enorme concentração de vontade. Também é capricorniana, pois exige um esforço organizacional contínuo, é solitária e tem implicações na carreira – o livro que ela escreveria.

Será que ela deve abandonar o emprego e começar a procurar cachorros para puxar o trenó? Nenhum astrólogo pode dizer. Mas sabemos que é seu destino vivenciar uma aventura como a de Marte em Capricórnio. Talvez não seja no Canadá. Poderia ser. Se ela sabe com toda certeza que precisa ir para lá, mas não age de acordo com esse sentimento, então seu Marte não tem uma **expressão** saudável. Ele está encurralado. Então vemos o assassino. Ela se torna cada vez mais irritadiça, reativa, argumentativa, dada à competitividade por coisas bobas. E é claro que as pessoas ao seu redor não toleram isso por muito tempo. Elas também ficam com raiva. Ela recebe de volta exatamente o mesmo veneno que está destilando. Em outras palavras, ela recebe estresse de qualquer maneira, mas não do tipo que ela precisa ou quer. Teria sido melhor se tivesse enfrentado os ursos polares.

Enfrentar os ursos: isso é tudo o que alguém precisa saber sobre Marte.

JÚPITER

Função:

- A manutenção da fé
- O desenvolvimento da vitalidade e da confiança
- A elevação do espírito

Disfunção:

- Extrapolação, otimismo exagerado, ostentação, pretensão, negação de realidades negativas

Perguntas-chave:

- Que tipos de experiência me ajudarão a ter mais fé em mim mesmo e na vida?
- Onde posso estar me sentindo garantido

Quando Retrógrado:

- Fé interior profundamente enraizada
- Pode produzir um exterior muito sério
- Pode inibir a abertura emocional

Chuva. Fria, enevoada e úmida, impulsionada por um forte vento norte. Dez dias de chuva. Lama por toda parte. Um frio que atravessa as meias e suéteres de lã como se fossem redes de pesca. Um nariz escorrendo, ruim o suficiente para ser irritante, mas não o suficiente para justificar ficar em casa na cama. Todas as manhãs, olhos abertos, caçando através das cortinas nubladas. Todas as manhãs, eles se deparam com o mesmo cinza sombrio que desvitaliza. Três dias, cinco dias, oito dias. Ninguém mais fala. Não há risadas. Nenhuma piada. Apenas uma espera interminável.

Então, de repente, acontece. O sol nasce em um céu azul perfeito. O vento sul sopra um ar quente pela janela do quarto. Os pássaros cantam. As crianças brincam. As árvores brilham como se as folhas fossem esmeraldas. E é sábado! O que estamos sentindo? Felicidade. Gratidão. Libertação. Contentamento. Triunfo. O rótulo astrológico para todas essas sensações é Júpiter.

Júpiter – o rei dos deuses. O planeta mais colossal do Sistema Solar. Se juntássemos todos os outros planetas, todas as luas, asteroides, meteoros, cometas, tudo menos o Sol, e os enrolássemos em uma bola, eles ainda não se igualariam ao peso desse único planeta.

Os astrofísicos nos dizem que, quando um planeta está se formando, tudo o que ele precisa para se tornar uma estrela é mais massa. Se um corpo ficar suficientemente pesado, os processos nucleares começam e um sol nasce. Isso quase aconteceu com Júpiter. Nosso Sistema Solar chegou perto de ter dois sóis.

Os veículos espaciais preencheram ainda mais esse panorama. Quando as sondas *Voyager* passaram por Júpiter, elas transmitiram alguns dados que ainda mantêm os cientistas intrigados. O planeta irradia uma grande quantidade de energia, muito mais do que qualquer um esperava. É quase como se Júpiter não admitisse a derrota em sua tentativa de se tornar uma estrela – mesmo agora, cinco bilhões de anos depois, ele ainda está tentando brilhar com sua própria luz.

Um planeta com pretensões estelares: esse é Júpiter. Como um rei exilado, ele estabeleceu um império menor a uma distância segura do verdadeiro centro de poder. De lá, ele domina os confins do Sistema Solar e reina sobre um enorme séquito de luas – quatro delas do tamanho de Mercúrio. Mas Júpiter não é um tirano. Esse não é o seu espírito. Ele é mais como o bom rei Venceslau celestial. Expansivo, generoso, alegre, ele é considerado o mais afortunado dos planetas pelos astrólogos tradicionais.

Uma palavra capta a essência de Júpiter: fé. Acima de tudo, esse é o planeta da fé. Não é fé no sentido de "eu acredito no Pai, no Filho e no Espírito Santo". Não é algo tão formal, mas sim algo muito mais primordial. Uma fé na vida. Uma certeza inabalável de que vale a pena viver. Dez dias de chuva, e então o Sol surge – nossos circuitos jupterianos estão agitados.

Quando Júpiter desempenha um papel importante na estrutura psíquica de um homem ou de uma mulher, normalmente vemos uma pessoa de alto astral, um indivíduo que se move com a elegância natural de um verdadeiro aristocrata. Há magnanimidade, expansividade, desprezo pela mesquinhez e pela picuinha. Sempre há um elemento indefinível na pessoa de Júpiter, algo maior que a vida. Estamos na presença de uma estrela. Infelizmente, a pessoa pode saber disso.

Júpiter é o planeta da pretensão e da pompa. Ele pode não ser nada além de uma concha glamourosa, inchada com ilusões de sua própria glória. Exigente e autocrático, ele pode reinar sobre uma corte de fantasmas como um czar deposto. E quando os fantasmas não quiserem entrar na brincadeira, ele pode emburrar-se como uma criança insultada. Ele não ficará emburrado por muito tempo. O espírito de Júpiter é resiliente – ele sempre se recupera. O palhaço cósmico; sua fé na vida é inesgotável. Nada pode quebrá-lo. Derrota simplesmente não faz parte de seu vocabulário.

Mas a derrota faz parte do vocabulário da vida. Para todos nós, mais cedo ou mais tarde, haverá uma montanha alta demais, uma doença avassaladora demais, um relacionamento impossível demais. Esses são os demônios contra os quais Júpiter não pode se defender. Ele não consegue elegantemente recuar. Isso não acontece por conta de algum tipo de bravura meio suicida. Esse estado de espírito é mais parecido com Marte. É simplesmente porque Júpiter não consegue se imaginar perdendo.

O tolo de olhos vendados que pula alegremente da borda do precipício – essa é uma imagem clássica de Júpiter. Onde quer que esse planeta esteja no mapa astral, encontramos uma área da vida na qual somos inegavelmente afortunados – e na qual devemos nos vigiar para não considerarmos nossa sorte como garantida. Excesso de otimismo, extrapolação e expectativas irreais são as armadilhas de todo monarca. E Júpiter pode mergulhar de peito aberto nelas.

Os astrólogos tradicionais chamam Júpiter de "Grande Benéfico". Eles o adoram. Mas não o veem com muita clareza. Eles estão certos quando dizem que Júpiter nos faz sentir bem. O que eles muitas vezes não conseguem ver é que ele pode nos passar a perna. Reis e tolos – uma linha tão tênue separa os dois. E Júpiter se equilibra entre eles, incerto como uma moeda lançada num cara ou coroa.

SATURNO

Função:

- O desenvolvimento da autodisciplina
- O desenvolvimento do respeito próprio
- O desenvolvimento da fé em seu destino
- Fazer as pazes com a solidão

Disfunção:

- Depressão, melancolia, cinismo, frieza, apatia, oportunismo, trabalho pesado, falta de imaginação, supressão da emoção, materialismo

Perguntas-chave:

- Em que área da vida devo aprender a agir sozinho?
- Onde a falta de autodisciplina levará mais rapidamente à tristeza?
- Onde minha capacidade de sonhar e ter fé será mais severamente testada?

Quando Retrógrado:

- Autossuficiência profundamente enraizada
- Pode indicar um "solitário"
- Enormes reservas de força interior
- Autodisciplina emocional
- Pode ter dificuldade em dizer "não"

Imagine uma jovem mulher. Uma sonhadora. Ela tem um mestrado em Inglês, mas não faz muito uso dele. Nos últimos cinco anos, ela tem trabalhado como garçonete. Esperando por qualquer coisa. Sua ambição é ser escritora, mas até agora isso tem sido pura fantasia. Ela não escreveu nada.

Um dia isso vai mudar. Ela está ficando mais velha, um pouco assustada. Ela percebe que é agora ou nunca. Ela começa um romance. O livro reflete sua natureza. É sonhador, romântico. Um gótico. *Paixão nos Pântanos*. E um raio cai. Ela vende o manuscrito, e quatro cópias ficam na seção de livros de bolso em todos os supermercados dos Estados Unidos.

Trinta anos se passam. Trinta anos e mais quinze versões de *Paixão nos Pântanos*, cada uma com um título diferente. Ela é rica e famosa. Você vê o rosto dela na revista *Caras*. Os anos a mudaram. Ela não é mais a garota ingênua e aérea, agora é uma mulher madura com visão e confiança. Mas seus livros não refletem isso. E ela sabe. Ela tem inspiração para um novo romance, um bem diferente. Mais profundo. Mais sério. Um trabalho do qual ela poderia se orgulhar. Seu editor fica horrorizado, mas ela persiste. Na metade do processo de escrever o livro, ela vai ao médico. Câncer. Restam-lhe três meses de vida. O livro levará o dobro desse tempo para ser concluído. Impossível. Ela chora. Faz seu testamento. Planeja um cruzeiro pelo mundo. Uma semana se passa. Ela tem uma longa conversa consigo mesma, dá de ombros e volta a se sentar à máquina de escrever. Ela viveu como escritora. Morrerá como escritora. Sua obra-prima nunca será concluída. Quem se importa? De qualquer modo, essa não era a questão. O que importava era o processo.

Naquele momento, a mulher passou no mais feroz de todos os testes planetários. Ela se tornou mestra em Saturno.

Saturno – os astrólogos antigos às vezes o chamavam de Satã. O Grande Maléfico. Mesmo agora, o planeta dos anéis é frequentemente visto como o Frankenstein cósmico. Ele é associado à depressão e à melancolia, à derrota, à solidão e à frustração. Tudo isso é verdade. É uma descrição precisa da maneira como Saturno se manifesta quando o desagradamos. Mas esse não é seu objetivo. Nenhum planeta está lá apenas para nos prejudicar.

Saturno ensina uma virtude acima de todas as outras: autodisciplina. Esta é a chave para se entender o símbolo. Tal como Marte, o outro planeta chamado de maléfico, Saturno busca focar a vontade para nos ensinar a mais ardilosa das artes: como fazer exatamente o que quisermos. Como fazer com que nossas *intenções* prevaleçam sobre nossos medos, nossa preguiça, nossas emoções. Júpiter é o planeta da fé. Mas, de certa forma, é Saturno que realmente merece esse título. Júpiter nos dá a sensação de fé, mas muitas vezes apoiando-nos com mil muletas.

"Claro, eu tenho fé. A vida é ótima. Veja minha conta bancária, meu companheiro sexy, meu Mercedes novinho em folha..."

Não é esta a abordagem de Saturno à fé. Ele tira as muletas. Ele nos mostra a escuridão, impossibilidade, derrota certa. E então ele pergunta: "Você ainda tem fé?".

Novamente, essa fé não tem nada a ver com religião. É a fé na vida, em nós mesmos, em nossos sonhos e visões, em nossos ideais. É a fé na ideia de que temos um destino. E somente se aquelas visões puderem se sustentar sem ajuda diante da impossibilidade absoluta, podemos dizer que realmente temos fé. Até lá, ainda estamos andando de bicicleta com rodinhas. A mulher de nossa história sabia que era escritora. Esse era o seu destino. Fugir disso teria sido escapar de seu próprio eu mais profundo. Ela não conseguiria terminar seu livro, mas isso não faria diferença. O que contava era o ato de escrever, e não o sucesso ou o fracasso.

Saturno é frequentemente simbolizado pelo eremita, o que é uma imagem muito apropriada. Esse é o planeta da solidão. Onde quer que ele esteja no mapa astral, encontramos uma área da vida na qual devemos agir sozinhos. Uma área onde a autossuficiência é tudo. Uma área na qual não podemos contar com ninguém além de nós mesmos. Até mesmo nossas recompensas devem ser supridas somente por nós.

A morte impediria nossa autora de receber qualquer elogio ou dinheiro por seu livro. Ninguém jamais o veria. No que diz respeito ao mundo, seria como se ela nunca tivesse escrito uma palavra sequer. No entanto, ela escrevia mesmo assim, puramente pela satisfação que vem de fazer o trabalho impecável de ser ela mesma. E, mais uma vez, ela era uma mestra em Saturno. Sua solitude era perfeita. De agora em diante, ela se apresentaria para um público de uma pessoa só: ela mesma. Ela poderia amar, mas nunca mais precisaria da aprovação de outra pessoa.

Se não aprendermos a lição que Saturno escreveu em nosso mapa astral, ficamos à deriva. Perdemo-nos de nós mesmos. A vida se torna vazia, sem sentido. Caímos no cinismo e no desespero. Se aprendermos a lição, ainda assim talvez não fiquemos felizes da vida. Esse não é o jeito de Saturno. Mas ganharemos a profunda satisfação que somente o planeta dos anéis pode nos oferecer, a satisfação que surge do autoconhecimento e do respeito próprio. Sem eles, ainda pode haver alegria. Mas a alegria é como papéis ao vento – sem raízes.

Os Planetas Invisíveis

Há dois séculos, um cataclismo abalou a astrologia. Um novo planeta foi descoberto. Duzentos anos depois, o sistema ainda está tremendo com os abalos. Somente agora ele está começando a se recuperar, a se reorientar. Inglaterra, final do inverno de 1781. Olhando através do telescópio, estudando mapas de estrelas conhecidas, Sir William Herschel fez algo que nenhum ser humano antes havia feito: ele detectou um novo mundo. Sendo politicamente correto, mas poeticamente ruim, ele batizou o tênue ponto de luz de Georgium Sidus, ou Estrela de Jorge, em homenagem ao rei. Felizmente não pegou. Os ingleses às vezes ainda a chamam de Herschel. Mas, no final, foram os deuses e não os homens que triunfaram. A maioria de nós conhece o novo planeta como Urano, em homenagem ao deus grego dos céus.

Por que a descoberta de Urano foi um choque tão grande?

Durante milhares de anos, a astrologia foi um sistema fechado. Havia sete planetas, contando o Sol e a Lua. Sete era considerado um número mágico. O arco-íris tinha sete cores. As oitavas tinham sete notas. As semanas tinham sete dias. O sete continuava aparecendo em tradições místicas: os sete *chakras* ou centros de energia do corpo físico, as sete igrejas no Livro das Revelações. Havia algo certo e reconfortante no fato de haver sete planetas no céu. Durante milênios, essa simples observação serviu como uma rápida "prova da validade" da astrologia.

Esse sistema organizado e rígido desmoronou no instante em que Herschel anunciou sua descoberta. De repente, havia oito planetas. E se havia oito, por que não poderia haver mais? Quando a poeira baixou, a astrologia parecia estar morta. A Era da Ciência havia começado.

Os astrólogos perderam prestígio, mas ganharam uma oportunidade sem precedentes: a chance de desvendar um novo símbolo. Urano estava lá fora, inegavelmente. Ele tinha de significar alguma coisa. Mas o quê? A resposta ainda era difícil seis décadas depois, quando Netuno foi observado pela primeira vez. E ainda estava confusa em 1930, quando Plutão foi encontrado. O que esses novos planetas poderiam significar? O sistema sétuplo parecia ser um modelo perfeito da mente humana. Tudo estava lá: identidade, emoções, lógica, amor, medo. Nada ficou de fora. Começava com o Sol, o símbolo básico da vitalidade, e culminava com Saturno, o planeta da morte e da finitude. Saturno era um ponto final natural. Com o planeta dos anéis, o círculo da vida se fechava. Não havia mais possibilidades.

No entanto, nas profundezas do espaço, tentador como uma segunda chance, pairava o globo azul-esverdeado de outro mundo.

Os astrólogos levaram algum tempo para abordar Urano do ângulo correto. Quando conseguiram, a teoria astrológica deu um salto quântico. O que poderia estar além da função representada por Saturno? Ou seja, o que poderia estar além dos triunfos mundanos finais da personalidade humana? Ou, mais simplesmente, o que poderia estar além da morte?

As estruturas *dentro* da personalidade são o domínio dos planetas visíveis. Eles mapeiam esse território sem falhas. Com os novos planetas, rompemos as fronteiras da natureza, do ego e da normalidade. Viajamos *além* da personalidade. Seu significado? Temos uma dica: não podemos vê-los. Somente quando os telescópios ampliam nossos sentidos é que tomamos consciência deles. E essa observação é simbólica. Ela é a chave.

Urano, Netuno e Plutão representam apenas possibilidades. Eles significam qualidades transcendentes e não naturais que só podem ser alcançadas por meio de trabalho intencional sobre o ser. Ao contrário dos planetas clássicos, nenhuma manifestação positiva de suas funções jamais poderá ser acionada automaticamente. Até nos movermos propositalmente para transformar nosso ser, vemos apenas suas sombras. Sem esforço, esses três símbolos misteriosos permanecem para o espírito exatamente como são para os olhos: invisíveis. Vamos dar uma olhada mais de perto no primeiro desses recém-chegados cósmicos.

URANO

Função:

- O desenvolvimento da individualidade
- O desenvolvimento da capacidade de questionar a autoridade
- A transcendência da programação cultural e social

Disfunção:

- Contrariedade, teimosia, inflexibilidade, reatividade intelectual, excentricidade, falta de confiabilidade, irresponsabilidade, egoísmo, insensibilidade aos sentimentos alheios, incapacidade de aprender com os outros, esquisitice pura

Perguntas-chave:

- Em que área da vida devo estar mais disposto a funcionar sem aprovação social?
- Onde devo aprender a quebrar as regras e seguir meu próprio caminho?
- Onde receberei consistentemente os conselhos mais enganosos?
- Que autoridades estou destinado a desafiar e ofender?

Quando Retrógrado:

- A individualidade pode ser dissipada na vida de fantasia, enquanto o comportamento externo permanece seguro e não controverso
- Pode simbolizar genialidade – não no sentido de elevada inteligência, mas no da mente liberta da "verdade óbvia" ditada culturalmente.

Quando Patrick McMurphy e seu atraente grupo de esquizofrênicos no filme *Um Estranho no Ninho* escapam do manicômio e se apossam de um barco de pesca, todos nós aplaudimos. Todo mundo ama o oprimido, especialmente quando ele desafia a vontade do opressor, não importa o quanto a causa esteja perdida. "Eu não vou mais aguentar isso" é um grito de guerra que desperta a simpatia de todos.

Hierarquias, autoridades, regras e regulamentos – essas são as bases de toda civilização. Sem elas, ainda seríamos um bando de neandertais atirando pedras uns nos outros. Mas algo dentro de cada um de nós odeia essas restrições, não suporta que nos digam o que fazer. Algo em nós sempre se identifica com o fora da lei, com o rebelde, com aquele que quebra as regras.

O rótulo astrológico para essa qualidade indomável é Urano. Esse é o planeta *da individualidade*, da liberdade. Nada é mais agradável para ele do que a perspectiva de um motim. Ele é independente, rebelde, teimoso e vivo. Se existe um símbolo astrológico que os físicos chamam de princípio da incerteza, é ele. Nenhum planeta é mais imprevisível.

As observações astronômicas confirmam o significado astrológico de Urano. A maioria dos equadores dos planetas está numa posição bem parecida com a do Sistema Solar. Em outras palavras, o que é norte para a Terra também é norte para Júpiter. Não é assim com Urano. Esse planeta não gira em sua órbita. Ele rola. Seu norte é quase perpendicular ao nosso. Mesmo no espaço, o planeta da individualidade dança conforme sua própria música.

O que é individualidade? Linguagem, filosofia, humor, estilo – essas características não são individualidade. São apenas máscaras que surgem da cultura e da experiência. Se nascemos nos Estados Unidos, assistimos a alguns filmes de Clint Eastwood, vestimos algumas bonecas Barbie, lemos um pouco de Agatha Christie, um pouco de psicologia pop e *voilà*! A personalidade está formada. É um acréscimo, pouco mais do que um acidente de nascimento.

A individualidade é algo mais profundo, algo selvagem e espontâneo, algo *inerente à estrutura da mente*. É a parte de nós que teria permanecido a mesma se nascêssemos no Brasil ou em Botswana. É a parte de nós que não acredita no mito da tribo na qual nascemos. Ela não obedece a essas regras. Ela não respeita nenhuma autoridade, não demonstra reverência pelos ancestrais, sacerdotes, presidentes. Não honra pretensão alguma.

Quando manifestamos nossa individualidade e a desenvolvemos, criamos um problema para nós mesmos. Por quê? *Porque a cultura e a individualidade, a sociedade e Urano, têm sido inimigos mortais desde que Deus criou o céu e as estrelas.*

Nessa batalha, não há heróis nem vilões. O melhor que se pode dizer é que cada lado corrige os excessos do outro. Se a cultura ganhasse, todos nós nos tornaríamos robôs vivendo eternamente as mesmas duas ou três histórias básicas. Se Urano levasse a melhor, cairíamos na mais completa barbárie.

Urano nos desafia a sermos livres. É onde ele se encontra no mapa natal, que crepita o drama máximo da rebelião em nosso circuito mental. Ele simboliza uma área em que nossa essência entra em guerra contra as restrições impostas a nós por nossa cultura. Para sermos fiéis a nós mesmos, precisamos quebrar as regras. E, ao quebrá-las, nos metemos em problemas. *Somos forçados a desenvolver e defender nossa individualidade.*

Mais tarde, aprenderemos a desvendar as pistas uranianas presentes no mapa astral. Há um plano de batalha ali – e uma descrição horrível dos termos de rendição caso optemos por não lutar. Mas, por enquanto, devemos apenas entender o princípio: Urano é a parte de nós que se recusa a ser atropelada pelas boas maneiras.

Para um "planeta invisível", Urano faz um barulho e tanto. O que há de tão transcendente na rebeldia?

O primeiro passo além dos limites de Saturno não é um passo "espiritual" no sentido normal da palavra. É um passo além da conformidade, da impessoalidade, do automatismo. A personalidade deve ser aperfeiçoada antes de poder ser transcendida. Devemos manifestar exteriormente o que somos interiormente, sem ligar para o aplauso ou o menosprezo que recebemos. Devemos aceitar com um pouco de humildade o fardo solitário do revolucionário, do gênio. Temos de deixar a tribo.

Poucas perspectivas são mais aterrorizantes. Podemos reclamar de nossos empregos, de nossos casamentos, de nossas vidas entediantes, mas ficar nu, despojado desses suportes diante desse Universo incrível e brutal e ainda assim *fazer escolhas de vida conscientes e coerentes* é o tipo mais elevado de coragem. Essa transformação espiritual é a essência do salto uraniano.

E se preferirmos não dar esse salto? Essa é a nossa escolha. Como acontece com todos os invisíveis, este planeta não faz nenhuma contribuição útil para o nosso caráter se não houver esforço. Mas ele também não vai simplesmente evaporar.

Uma resposta fraca a uma configuração uraniana normalmente envolve batalhas vazias e simbólicas. Imagine um homem com tons uranianos na parte de seu mapa astral relacionada à carreira. Em seu coração, ele quer ser um catador de moluscos. Mas ele é um advogado, vindo de uma família de advogados, afundados no mito da escalada para o sucesso. Por mais que ele queira atender ao chamado de Urano, jogar seu diploma de direito pela janela e comprar um samburá para coletar os moluscos, ele não consegue reunir coragem para isso.

O que acontece? Todo aquele potencial explosivo uraniano é investido com segurança em alguma excentricidade. Ele insiste em seu direito de usar jeans no escritório. Recusa-se terminantemente a usar gravata. E defende essas excentricidades sem sentido com toda a paixão com que *poderia estar mais proveitosamente defendendo seu direito de viver sua própria vida*. Esse é o chicote com o qual Urano nos conduz: se falharmos em seus testes, nos sentiremos como um coadjuvante no filme de outra pessoa. E o papel que nos pedem para desempenhar é o de uma marionete inofensiva, mas um tanto ridícula.

Uma nota de rodapé fascinante sobre Urano e os outros invisíveis: nós os descobrimos astronomicamente na mesma época em que os descobrimos psicologicamente. Urano foi descoberto em 1781 – uma época de agitação na consciência global. A Revolução Americana havia acabado de ocorrer. A Revolução Francesa estava no horizonte. A era científica, a "Era do Iluminismo", estava começando. Em todo o planeta, a *dignidade do indivíduo* e seu direito de *questionar a autoridade* foram inseridos na consciência coletiva.

Coincidência? Talvez. Mas considere o seguinte: Urano é extremamente sutil, mas na verdade é visível a olho nu em determinados momentos. Meus olhos não são excepcionalmente aguçados e eu moro na Carolina do Norte, um estado úmido e nublado. Mesmo assim, já vi Urano. Estava tão fraco quanto um olho de gato a um quilômetro de distância. Mas eu o vi. Por quê ele não foi visto pelos caldeus, egípcios e chineses? Houve séculos de observação meticulosa em céus cristalinos antes que a iluminação elétrica e a poluição atmosférica obscurecessem nossos olhos – e ainda assim, nenhum registro desse planeta. Será que simplesmente não estávamos prontos para vê-lo?

NETUNO

Função:

- A descentralização do ego na autoimagem
- A criação de um ponto de auto-observação externo ao ego
- O enfraquecimento da barreira que separa o consciente do inconsciente, o ego da alma
- O desenvolvimento de uma percepção do que podemos chamar de Deus

Disfunção:

- Confusão, preguiça, devaneio, distanciamento, escapismo, sentir-se perdido, dependência de drogas e álcool, desconexão da realidade, ilusões glamorosas.

Perguntas-Chave:

- Onde devo aprender a não enfatizar a lógica e a funcionar intuitivamente?
- Onde o interesse próprio limitante é mais inadequado e destrutivo para mim?
- Onde estou mais vulnerável a confundir desejos e medos com a realidade?

Quando Retrógrado:

- A sensibilidade psíquica está distanciada da realidade externa; é facilmente distorcida por fatores subjetivos, mas relativamente livre de interferência da função lógica

Um homem acredita que é Napoleão Bonaparte. Ele imagina que o hospício em que vive é a Ilha de Santa Helena. Ele se veste como Napoleão. Come como ele, fala como ele. Ele chama por Josefina. Ele lamenta pela batalha de Waterloo. Não há nenhuma brecha nesse delírio. Ele acredita nisso piamente, interpreta o personagem de forma impecável.

Outro homem acredita que é o presidente dos Estados Unidos. Todos os dias ele se reúne com seus assessores. Todos os dias ele toma decisões importantes. Em todo lugar que vai, é cercado por guardas. Também não há nenhuma brecha em seu delírio. De fato, ela é tão perfeita que todos nós acreditamos nela tanto quanto ele. Ele realmente é o presidente.

A linha entre loucura e sanidade é tão insubstancial quanto um fio de cabelo. Ela existe. É real. Mas há muito mais sobreposição entre os dois estados do que muitos de nós vemos.

"Napoleão" cria uma imagem mental de quem ele é, acredita nela e toma decisões com base nela. O mesmo acontece com o presidente. Em ambos os casos, uma psique infinitamente profunda e inimaginavelmente complexa se identifica como uma espécie de boneco de papel. A identidade é uma máscara tridimensional usada por um ser multidimensional. A máscara do louco não funciona tão bem quanto a usada pela pessoa sã. Ela está em desarmonia com relação às oportunidades reais que o cercam. Mas os paralelos entre os dois processos são inconfundíveis. Em ambos, a mente se organiza em torno de um mito. Em ambos, a consciência entra no teatro do mundo. E o preço do ingresso é a simplificação radical. Devemos desempenhar um papel.

Algo em cada um de nós entende tudo isso perfeitamente. Algo em nós nunca é pego pelo mito, jamais esquece que este mundo é um teatro. Algo em nós *não se identifica com a "identidade"*. Fica à parte. Apenas observa. Os astrólogos chamam essa parte da mente de Netuno.

Esse é o planeta da *própria consciência*. Não do conteúdo da consciência. Não da identidade. Não da filosofia e nem mesmo da sabedoria.

Nada da tralha que guardamos na cabeça. Apenas consciência. Apenas a tela em branco. Nada mais.

Os astrólogos tradicionais estão divididos em dois campos com relação a esse planeta. Alguns gostam dele, outros não. Aqueles que gostam geralmente se autodenominam "astrólogos esotéricos". Eles veem Netuno como uma influência mística, cheia de compaixão e visões. Os que têm uma visão mais sombria consideram-no uma força enfraquecedora, inclinada ao alcoolismo e a delírios.

Ambos os campos têm uma parte da verdade. Ambos se referem a comportamentos que surgem quando a consciência se livra da armadura do ego. A sensibilidade é aumentada. Um sentimento de unidade com o mundo é despertado. Penetramos nas ficções de status e identidade. Nossas pretensões e preocupações, nossas ambições e medos, nosso estilo, nossa autoimportância, tudo se torna engraçado.

O que podemos fazer com essa percepção? Alguns de nós podem simplesmente ficar sentados diante dela, chocados e passivos. Nós nos tornamos sonhadores. Toda a vontade e todo o senso de direção desaparecem. Ficamos olhando para o espaço. Perdemos a capacidade de nos levar a sério. O ego se recusa a se aglutinar, então, não fazemos nada. E, mais cedo ou mais tarde, procuramos maneiras de nos entorpecer.

Outros reagem de forma mais criativa. Eles exploram intencionalmente esse novo território, fazendo incursões além dos limites normais da identidade. Eles retornam cheios de percepções, cheios de um senso de unidade da vida, cheios de suspeita com relação às máscaras da separação e da individualidade. E sua mensagem é sempre a mesma: todas as identidades são equivocadas.

Alguns chamam essas incursões netunianas de meditação. Outros as chamam de oração ou contemplação. A linguagem religiosa é natural para Netuno, mas não é necessária. Um psicólogo pode tocar essa parte da consciência e chamar o processo de auto-hipnose. Um caubói pode chamá-lo de 'olhar fixamente para a fogueira'. O processo é universal e orgânico. Onde quer que Netuno esteja no mapa astral, encontramos um nervo exposto, um local extraordinariamente sensível e vulnerável. Aqui está uma parte da mente que se recusa a aceitar as limitações do "mundo real". Frequentemente é uma área inspirada, visionária. Mas também é uma área na qual a pessoa deve se vigiar contra a desorganização, a ilusão e o escapismo.

A questão é sempre a mesma: Netuno nos pede para ir além do Universo do ego, da fome e da agressão *sem sacrificar nossa capacidade de funcionar como uma personalidade*. A primeira parte é relativamente simples. A segunda é outra estória.

Miragens, sonhos, ilusões – esses são os domínios de Netuno e se refletem na história científica do planeta. Ele foi descoberto por um homem chamado Lalande em 1795, mas ele pensou que estava olhando para uma estrela e, por isso, não deu importância especial ao fato. Netuno roubou dele a imortalidade. Mais tarde, os astrônomos notaram que o recém-descoberto Urano estava agindo de forma estranha. Algo estava perturbando sua órbita. Eles suspeitaram de interferência gravitacional de um planeta mais distante. Em Paris, um matemático chamado Leverrier calculou a provável posição da influência perturbadora, e Netuno foi finalmente descoberto em 1846 por um alemão chamado Galle.

Assim como Netuno foi descoberto por meio de sua influência perturbadora sobre Urano, *as experiências que Netuno representam chegam ao nosso conhecimento somente por meio de rachaduras no ego e em sua armadura*. Elas chegam até nós somente por meio de perturbações psíquicas. Temos sonhos. Temos experiências extrassensoriais. Somos inspirados artística ou poeticamente. Somos invadidos por delírios de esquizofrenia. Eventos mentais netunianos como esses apontam *indiretamente* para a existência de uma estrutura maior de consciência, assim como as perturbações na órbita de Urano apontaram indiretamente para a existência de Netuno. Eles apontam para uma vasta dimensão da mente, uma dimensão na qual nossa consciência flutua como uma rolha.

Nas décadas imediatamente após a descoberta de Netuno, os valores e as preocupações netunianos varreram a humanidade como uma tempestade. O movimento romântico nas artes. A ascensão do espiritismo – as sessões e o mesmerismo. O surgimento de organizações místicas como a Sociedade Teosófica. A chegada da primeira leva de grandes instrutores hindus e budistas ao Ocidente, à medida que o Império Britânico ligava a Europa à Índia. A fundação da Cruz Vermelha e do Exército da Salvação. O aumento radical da consciência social com relação à pobreza, aos direitos das mulheres, ao trabalho infantil e à escravidão. Como nunca antes, as filosofias místicas, as filosofias netunianas e o idealismo compassivo *tomaram conta da mente popular*. Como espécie, a humanidade estava pronta para descobrir Netuno.

Mais uma vez, vemos evidências de que a descoberta de um planeta é mais do que uma curiosidade científica. É um evento profundamente simbólico. No Universo dos astrólogos, assim como no de Netuno, nenhuma percepção está desvinculada dos eventos mais profundos na consciência que a vivencia.

PLUTÃO

Função:

- A realização do próprio destino
- O reconhecimento do absurdo de todas as buscas limitadas
- O desenvolvimento da capacidade de discernir a verdade

Disfunção:

- Megalomania, grandiosidade, violência, pregação, dogmatismo, rigidez, comportamento ditatorial, fome de poder, senso de falta de sentido ou de absurdo, pensamento de que o fim justifica os meios

Perguntas-Chave:

- Onde posso encontrar significado duradouro em minha vida?
- Onde posso encontrar em mim mesmo a sabedoria da qual o mundo ao meu redor tem tanta necessidade?
- Onde devo me proteger contra comportamentos dogmáticos, inescrupulosos ou tirânicos?

Quando Retrógrado:

- Pode produzir medo de "desempoderamento" pessoal
- Pode levar à hesitação em falar as verdades que se vê
- Pode proporcionar humildade no exercício de grandes poderes

Adolph Hitler e Mohandas Gandhi. Monólitos. Símbolos do bem e do mal. Esses dois aparecem como colossos na mente coletiva, lançando sombras fortes sobre as vidas muito mais ambivalentes que a maioria de nós leva. Baal, Ra, Apolo – seus templos estão caídos. Nenhum cordeiro ou pardal queima e sangra mais por eles. Nós veneramos homens e mulheres, prestando-lhes homenagem em noticiários e editoriais.

Gandhi e Hitler. O que eles têm em comum? Olhos? Orelhas? Dores de cabeça? Por mais que resistamos a ver, esses dois são irmãos num sentido muito mais profundo do que apenas o da carne. Os dois homens moldaram a história. Cada um deles tocou a consciência de uma geração, tecendo nela seu próprio sonho, sua própria visão. Cada homem tornou-se um símbolo de poder pessoal. E cada um deles exerceu esse poder de uma forma que o mundo jamais esquecerá.

Todos nós sonhamos. O que é que pega o sonho de uma pessoa e o amplia a ponto de distorcer a história? O que leva um homem ou uma mulher a sair da segurança e do anonimato para se tornar um formador de opinião? Girando nas bordas negras e geladas do Sistema Solar, minúsculo e ameaçador como um vírus da peste, o pequeno Plutão tem a resposta.

Nas gélidas planícies de metano desse posto avançado celestial, o Sol está tão distante que só brilha com a luz de uma estrela brilhante. Essa observação é simbólica: de Plutão, nós realmente experimentamos o fato de que o Sol não é nada de especial, que a Terra é um cisco e que nós somos micróbios que estão em vão tentando sobreviver a uma existência momentânea. Como podemos aceitar isso? Como essa percepção pode ser absorvida sem nos destruir? Somente por meio de uma transformação fundamental do ser. Se isso não acontecer, Plutão nos força a encarar a falta de sentido final de nossa existência. Nada importa. Como poderia alguma coisa importar? Somos apenas parasitas aguardando a extinção em um Universo indiferente.

Encarar Plutão é encarar a futilidade elementar da vida. O planeta foi descoberto em 1930. Não é por acaso que estávamos descobrindo o existencialismo na mesma época. Plutão nos leva ao teatro do absurdo. Ele nos confronta com galáxias e supernovas, com eras intermináveis de tempo. E ele nos olha diretamente nos olhos, pronunciando o veredicto final: "Você não é nada. Sua vida é uma piada".

Para viver com essa verdade brutal, precisamos ir além dos melodramas da personalidade. Precisamos nos identificar com algo maior, mais atemporal. Nessa fuga desesperada do absurdo, só há um caminho: devemos deixar nossa marca na eternidade. Precisamos mudar o mundo.

Plutão é o planeta dos grandes sonhos, das visões, da conquista e da transformação. Impulsionado pelo vazio, assombrado pelo anonimato, ele rompe nossas rotinas seguras, trazendo à consciência um senso de missão, um senso de destino. A mera sobrevivência é insuficiente. O simples fato de viver não é nada. Nós morremos e logo somos esquecidos. Como Gandhi, como Hitler, precisamos gravar nossas iniciais na árvore da história.

A independência da Índia e a rebelião não violenta não foram ideias exclusivas de Gandhi. Hitler não inventou o nazismo. Se esses mitos não tivessem raízes muito mais profundas, os dois homens teriam sido meros teóricos, apenas acadêmicos inofensivos. E quando um teórico fala, a terra não treme.

Como Plutão deu a esses homens o poder de deuses? Deixando-os expressar o grito que já estava lá na alma de seu povo.

Plutão é uma raiz primária que penetra no coração de uma nação. Ele transmite para a psique individual a força inquietante e fervilhante da humanidade como um todo. Todos os sonhos. Todos os pesadelos. Todos os anjos e demônios de uma raça.

Mas Plutão faz mais do que encher nossas mentes de fantasmagoria. Ele é um planeta ativo. Ao contrário de Netuno, ele prospera com movimento e mudança. Por meio dele, *personificamos* as visões e os terrores da humanidade. Nós os representamos. Servimos como *um símbolo vivo* de alguma necessidade ou medo da comunidade. E, quando isso acontece, o poder é investido em nós pela cultura como um todo. Nossas vidas recebem um significado *transpessoal*. Não perdemos a individualidade, mas assumimos um segundo nível de identidade: não como uma personalidade, mas como um ícone.

Esse é o segredo dos modeladores do mundo. A autoridade que eles exercem não é deles, é a nossa. Eles tocam o acorde, mas nós somos a catedral na qual ele ecoa e ressoa. Seu poder não é pessoal; ele é coletivo. Hitler e Gandhi são catalisadores, nada mais. O poder deles é o nosso poder refletido de volta para nós.

A história não dá espaço para muitos Hitlers ou Gandhis.

Como Plutão se manifesta nas vidas mais próximas da nossa? De forma não tão diferente. Ele ainda nos oferece uma missão. Ele ainda nos desafia a moldar o mundo. Ainda somos ridicularizados em nossa autoimportância, ainda somos tentados com os abusos de poder. As questões fundamentais permanecem inalteradas, quer estejamos na capa da *Veja* ou mal apareçamos na fotografia da formatura do ensino médio.

Plutão representa uma sabedoria especial em cada um de nós. Um dom precioso, que deve ser encontrado e cultivado, persuadido a sair de seu esconderijo. Talvez nos vejamos expressando percepções que não sabíamos que tínhamos. Talvez elas estejam relacionadas à morte e ao morrer. Talvez se relacionem com o que acontece em um casamento. Talvez elas possam inspirar amigos que se sentem perdidos e sem rumo. A natureza da sabedoria depende da posição de Plutão no mapa natal. Mas, seja qual for a forma, quando falamos a partir de nossa consciência de Plutão as pessoas ouvem como se fosse a voz da sarça ardente.

Poucas experiências são mais agradáveis do que ser a pessoa que faz parar a multidão. Esse é o pavor de Plutão. Seu poder hipnótico pode ser corrompido e colocado a serviço de um mestre grosseiramente inferior: nossa vaidade. Podemos nos tornar bombásticos e ditatoriais. Podemos nos comportar como se tivéssemos recebido ordens divinas para pregar uma mensagem ao mundo ou personificá-la. Mas a mensagem não tem divindade. Ela é apenas a nossa própria opinião, apoiada no esqueleto de nossas inseguranças e história pessoal. De forma assustadora, uma vez acelerada e intensificada pela postura feroz de Plutão, ela ainda pode influenciar as pessoas.

Adolph Hitler é o santo padroeiro desse caminho.

E Gandhi rege o outro caminho. Seu caminho representa uma resposta muito mais pura a Plutão. Não porque ele era "bom" e Hitler era "mau". Esses conceitos não têm significado para esse planeta gelado. O caminho de Gandhi é melhor apenas porque funcionou. Ele realmente transcendeu a si mesmo. A libertação da Índia foi apenas seu veículo. Nada restou de sua vaidade pessoal, de seus sonhos particulares. Não sobrou nada de absurdo. Ao *se tornar sua missão*, ele não deixou espaço para a zombaria existencial de Plutão. Ele não era mais um alvo.

Plutão, o frio senhor do vazio, o impiedoso vigarista, olha para Mohandas Gandhi com indiferença e sem expressão. E, assim como as galáxias, como os átomos de um bilhão de anos, Gandhi retribui o olhar. De alguma forma fria, incompreensível, ele e Plutão se entendem perfeitamente. E quando Plutão volta seu olhar reprovador para Adolph Hitler, ele não vê os seis milhões, não vê a incrível Wehrmacht. Ele vê apenas o orgulho ridículo, o discurso e a ostentação, o pequeno fantoche vaidoso tentando e falhando em fugir de sua própria insignifi- cância desesperada. E a risada de Plutão ressoa e se espalha pelo labirinto das eras. Para Plutão, Hitler não era um Lúcifer moderno. Nem um demônio. Nada tão glorioso. Para Plutão, ele era um tolo.

Além de Plutão

As perspectivas para a descoberta de um planeta além da órbita de Plutão são boas. Talvez encontrem algum antes que este livro se torne muito velho. Não há discordância entre astrônomos e astrólogos sobre essa questão. Alguns astrólogos se precipitaram. Eles estão tão certos da existência de planetas transplutonianos que os nomearam e até publicaram efemérides que alegam ter localizado esses corpos. Normalmente, as fontes citadas para essas informações "não são deste mundo".

Pessoalmente, eu ficaria surpreso se esses anúncios fossem comprovados. Urano, Netuno e Plutão foram encontrados somente quando a consciência global chegou a um ponto em que estava pronta para compreendê-los. Suas descobertas foram eventos *simbólicos*. Não há razão para que seja diferente com as futuras descobertas no espaço profundo. Planetas além de Plutão? Nós os encontraremos quando estivermos prontos. E até lá não poderíamos entendê-los, de qualquer forma.

Capítulo 7

As Casas

Dias e anos: essas são as páginas em branco de nossas vidas. Durante eras, nosso planeta girou em seu eixo e em torno do Sol. Esses ritmos terrestres moldaram as amebas e as samambaias primitivas. E eles continuam a pulsar dentro de cada um de nós. Como o ruído interminável do tráfego em uma cidade, nós os consideramos naturais. São apenas sons de fundo. No entanto, eles estão sempre presentes, definindo as fronteiras de nossa experiência. Esses dois ritmos da Terra são as pedras fundamentais da astrologia. Já estudamos o ano. Pontuada pelas estações do ano, nossa órbita solar é a fonte dos doze signos.

Agora estamos prontos para investigar o segundo grande batimento cardíaco planetário: o dia. Ao fazer isso introduzimos a terceira e última camada do simbolismo astrológico. Tomando seu lugar ao lado dos planetas e dos signos, encontramos as casas. Com exceção de alguns ajustes finos, ~~isso~~ elas completam o sistema.

As casas. Assim como os signos, elas são outro ciclo de doze símbolos. Doze processos humanos mais fundamentais. Mas agora, o foco é diferente. Mais imediato, mais óbvio, mais concreto.

Fisicamente, as casas são divisões do espaço acima e abaixo de nosso horizonte local. Como aprendemos no capítulo 2, elas localizam os planetas em uma base minuto a minuto. Esqueça o grande pano de fundo galáctico dos signos. Agora estamos preocupados apenas com o local onde um planeta *parece* estar. Ele está acima da cabeça? Está baixo no Oeste? Essas são as perguntas que as casas respondem.

Simbolicamente, as casas representam campos específicos de atividade. Elas são os palcos e as arenas da vida, os teatros tangíveis nos quais *a identidade se torna visível por meio da ação.* Uma se refere à carreira, outra às habilidades verbais, uma terceira a casamentos e amizades profundas. Mesmo sem casas, os planetas e signos fornecem um bom mapa da mente. Mas esse mapa é uma peça de museu. Inerte, abstrato, isolado da realidade cotidiana. As casas acrescentam a dimensão da *experiência.* Inclua-as na síntese, e a astrologia se tornará mais do que um modelo da mente. Ela se torna um modelo da vida.

O Ciclo Diário

Sabemos que a Terra é uma esfera úmida de pedra que gira sobre seu eixo, circundando uma estrela obscura, cercada por uma fina camada de gás e pairando alguns graus acima do zero absoluto. Mas não parece ser assim. Do nosso ponto de vista, a Terra é uma imensa planície chata, aparentemente circular, com uma tigela azul luminosa emborcada sobre ela. Todos os dias, as estrelas e os planetas se elevam sobre o extremo leste da planície, passam por cima dela e desaparecem sobre o extremo oeste do mundo. Para nós, parece que estamos parados e eles estão se movendo. Isso, é claro, não é verdade. Todos esses efeitos decorrem do fato de que nosso planeta está girando. Mas isso é o que vemos.

E *o que vemos* é sempre o coração da astrologia. Verdade ocular, não verdade mental. Mas, e quanto à ciência? E quanto à verdade objetiva? Os últimos cinco séculos de progresso na astronomia não contam para nada? É a Terra que está girando, não os planetas.

Com certeza. A astrologia não contradiz a astronomia. Apenas as perguntas que ela faz são diferentes. A astronomia estuda *os fatos em si.*

O mesmo não acontece com a astrologia. A astrologia estuda *o espaço entre os fatos e o observador*. Reações, sentimentos, aparência.

Tudo na astrologia é relativo. Tudo é individual. Não a verdade, mas sim o bilhão de pequenas verdades que surgem quando um bilhão de seres finitos fazem as pazes com a vida. É por isso que a astrologia deve permanecer centrada na Terra. Estamos interessados em como o céu parece, não em como ele "realmente" é. Tornar a astrologia objetiva como a astronomia é torná-la absoluta. Desumanizá-la. Nós, astrólogos, não estamos preocupados diretamente com o Sistema Solar. Buscamos apenas conhecer *sua relação conosco*. E esse relacionamento é algo que *vemos*. Não há necessidade de especulação abstrata.

Em nenhum lugar essa premissa é tão claramente visível quanto nas casas. Elas são simplesmente seções do espaço acima e abaixo do local onde estamos. Dizer que um planeta está na primeira casa é dizer que ele está logo abaixo de nosso horizonte Leste. Dizer que ele está na sétima casa é localizá-lo em um ponto baixo no céu a oeste. Essas observações dependem totalmente de nosso ponto de vista.

Se nos movermos alguns quilômetros, a posição da casa de um planeta muda. Quando Mercúrio está bem acima no céu aqui na América do Norte, ele pode estar se pondo em Londres e estar bem abaixo do horizonte em Nova Délhi. Sua posição de signo não muda. Mas em cada caso ele cai em uma casa diferente. Um novo ponto de vista, uma nova casa. E uma nova casa significa um novo conjunto de experiências. Um novo mapa astral.

Horizonte

Doze casas. Juntas, elas formam um anel ao redor da Terra, assim como os signos. Mais uma vez voltamos ao alicerce astrológico. Retornamos ao símbolo principal: o círculo. Símbolo do infinito. Totalidade. O Absoluto. Mas agora vemos o símbolo principal de um novo ângulo.

Não dividido pelo padrão anual das estações, mas cortado de uma forma mais imediata: dividido em dois a partir do chão em que estamos. O infinito dividido por dois.

Metade do céu pode ser vista, metade é invisível. Acima: seis casas representando uma realidade óbvia compartilhada comunitariamente, visível para todos. Abaixo: seis casas que simbolizam uma realidade conhecida apenas por inferência. Uma realidade encontrada apenas na imaginação.

Subjetividade: esse é o tema das casas ocultas – as que estão abaixo do horizonte. Elas representam sentimentos, segredos, a vida interior. As reações são formadas aqui. Mas sempre na escuridão, sempre escondidas da vista.

Quando a maioria dos planetas se encontra nas casas abaixo da Terra, não necessariamente vemos um caráter introvertido. Um sagitariano com Lua em Aquário e Júpiter proeminente não será tímido, mesmo que todos os seus planetas estejam abaixo do horizonte.

O que vemos é mais sutil. A emoção e a intuição dão sabor a todas as suas percepções. Sua conversa tende a enfatizar mais os sentimentos sobre os fatos do que os fatos em si. Sua vida é uma *busca por um estado interior*, e ele dá passos evolutivos importantes sem provocar a menor ondulação em seu padrão externo de circunstâncias.

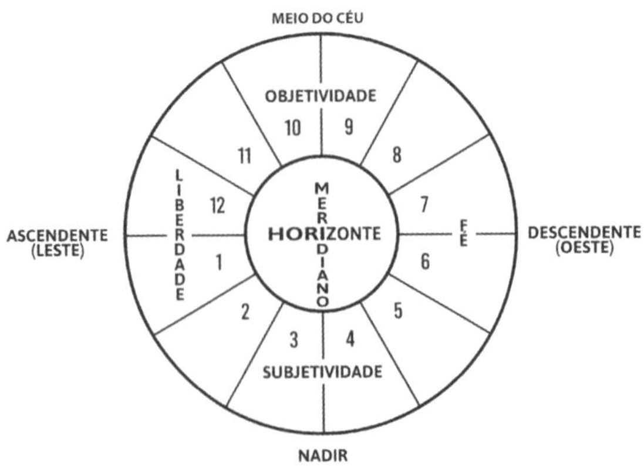

A obra-prima do trabalho abaixo do horizonte não é a ambição realizada ou o sonho tornado realidade. Nada tão concreto. É a *realização*. E as realizações acontecem de forma invisível.

Uma preponderância de planetas no hemisfério superior tem exatamente a conotação oposta. As experiências concretas e palpáveis são enfatizadas nas casas acima do horizonte. O céu acima da cabeça é visto por todos, compartilhado por todos. Ele não esconde segredos. As estruturas objetivas e a consciência comunitária se agrupam, equilibrando a privacidade, o misticismo e a incoerência do hemisfério inferior.

Uma pessoa nascida com a maioria dos planetas acima da cabeça nem sempre é extrovertida. Novamente, a questão é mais sutil. Os signos e planetas destacados em seu mapa astral, e não as casas, determinam o tom de seu caráter. Mas, seja ela uma leitora inveterada ou uma dançarina exótica, sua vida é agitada. Um *evento visível* assinala cada marco importante de desenvolvimento em seu caminho. O evento pode ser uma mudança para outra cidade. Um casamento, uma viagem para o Oriente. Não há como saber. Mas ele estará lá. Para essa pessoa, há *um ritual da vida perceptível sinalizando cada passo evolutivo importante*. Nenhuma mudança significativa ocorre sem um rito de passagem que a acompanhe, visível como o céu. As percepções interiores são insuficientes. Ela precisa criar um evento por meio do qual possa projetar e cristalizar sua individualidade em transformação.

Nossa primeira divisão da esfera celestial é óbvia. A própria Terra é a linha divisória, partindo o espaço em um par de Universos paralelos: os mundos objetivo e subjetivo. Nossa segunda divisão é mais ilusória.

Meridiano

O nascer e o pôr do Sol. Esses são marcos claros. Mas há pelo menos mais um marco pelo qual o Sol passa a cada dia. Ele atinge o pico de seu arco diário: o meio-dia. O Sol para de subir e começa sua descida em direção ao horizonte oeste. Se pensarmos com cuidado, perceberemos que o Sol ainda tem outro marco a ultrapassar: em algum lugar abaixo do horizonte, ele deve parar de descer e começar a subir. Chamamos esse ponto de meia noite.

O horizonte é uma linha física. É imaginária a linha que liga o meio-dia e a meia noite, mas seus efeitos são reais. Esse divisor vertical, *o meridiano*, separa o mapa de nascimento em uma seção leste e outra oeste, cada uma contendo metade do céu visível e metade do céu invisível. E cada uma tem um significado distinto. Seis casas ficam a leste do meridiano. E, no coração do Leste, encontramos um único evento simbólico que revela o significado de todas elas. O evento é o *nascer do Sol*. O amanhecer.

Mesmo sem dormir, sem café e de ressaca, quem poderia olhar para o amanhecer sem algum sentimento de esperança? Essa palavra capta o espírito do nascer do sol e das casas orientais: *esperança*. O novo dia é uma tela em branco. Nada foi escrito nele ainda. Podemos continuar a destruí-lo, enchê-lo de neuroses, medo e preguiça. Mas ainda não o fizemos, e talvez não o façamos.

É claro que poderíamos dizer o mesmo para qualquer momento. A mudança de vida não precisa ocorrer ao amanhecer, qualquer hora serve. Mas voltando para o tempo antes dos relógios, dos turnos de vigia no cemitério e da iluminação elétrica, o amanhecer marcava o início das atividades do dia. Era claramente o início de uma nova rodada de escolhas, um novo capítulo. Astrologicamente, o amanhecer mantém esse significado.

Esperança, possibilidade, outra chance – qual é o denominador comum aqui? Liberdade, talvez. Isso certamente faz parte. Mas o que determina como essa liberdade se manifesta? Qual é o ingrediente ativo? A resposta é a força mais frágil do Universo e a menos confiável. É uma força cujo desenvolvimento está no centro de qualquer uso construtivo do simbolismo astrológico. Etérea, incerta, dada a dormir bastante, essa força é a *vontade humana*.

O amanhecer *simboliza* a vontade. Nossa capacidade de fazer escolhas. Buscar intencionalmente certos tipos de experiência. Na metade do céu que ele domina, encontramos nossa liberdade. Nessas seis casas, tomamos as decisões que moldam nossas vidas.

Com a maioria dos planetas situados no lado leste de um mapa astral, a autodeterminação é tudo. Essa pessoa pode não ser um mago do treinamento de assertividade. Mas a ação ou inação pessoal é fundamental para dar o tom de sua vida. Pouco de uma natureza puramente circunstancial dá um golpe decisivo ou oferece uma oportunidade importante de reformatar a vida. Boa sorte e má sorte não têm lugar em seu vocabulário. Tudo gira em torno de seguir intencionalmente as escolhas. Ela deve depender totalmente do poder de sua vontade. Ela deve criar seu próprio destino. Sua vida, para o bem ou para o mal, está em suas próprias mãos.

E quanto à outra metade do céu? E o crepúsculo e o anoitecer? Fotograficamente, o pôr do sol é indistinguível do amanhecer. Mas seu espírito é totalmente diferente. Agora o dia está terminando. Para nossos antepassados primitivos, um ciclo de atividade estava se encerrando. Era um momento de sono, silêncio e espera. Mesmo agora, temos uma sensação de finalização com o pôr do sol. Uma sensação de conclusão. O que está feito, está feito, fixo para sempre. A vida pode ter nos dado outra carta da liberdade, mas agora ela já foi jogada. Talvez amanhã recebamos outra.

As casas ocidentais têm um tom mais restritivo do que as orientais. Elas representam forças estabelecidas, poderes imutáveis, fatos consumados. Podemos negociar com elas, mas elas não podem nunca ser rejeitadas.

No Ocidente, a liberdade encontra seu par. Encontra limites. Destino, *karma*, o acaso, atos de Deus – chame-os como quiser. Eles estão lá, e precisamos aprender a conviver com eles. Uma pessoa com ênfase no hemisfério ocidental em seu mapa astral não deve ser desencorajada a tomar decisões e assumir compromissos. Mas, ao analisar sua biografia, vemos mais evidências de forças aparentemente aleatórias que se manifestam de forma crítica – grandes heranças, encontros fortuitos com pessoas poderosas, pais alcoólatras, reviravoltas do destino.

Um indivíduo que opera dentro dessa estrutura deve cultivar a atenção e a adaptabilidade. Ele deve aprender a ler os sinais, a separar os fios de seu destino de um emaranhado de sonhos e circunstâncias. Diferentemente de sua contraparte do hemisfério leste, sua vida está se desenvolvendo dentro de um padrão maior. Seu caminho pode ser resumido em um dito moderno: "Siga o fluxo". Não é preguiça, não é ao léu, mas em uma relação cooperativa e flexível entre sua vontade e as realidades que o cercam.

A Grande Cruz

Horizonte e meridiano. Duas incisões naturais, cada uma dividindo o símbolo principal. Cada uma corta o céu em hemisférios. Cada uma pega uma unidade incompreensível e a divide em uma dualidade compreensível. O horizonte nos dá a subjetividade e a objetividade: o mundo interior e o mundo exterior. O meridiano nos dá liberdade e destino: o poder absoluto da vontade e sua inevitável colisão com outras vontades, igualmente livres e poderosas.

Juntos, o horizonte e o meridiano formam uma cruz. A cruz da vida. Os esotéricos chamam-na de cruz na qual o espírito está crucificado. A metáfora é melodramática, mas adequada. As polaridades criadas pela cruz dilaceram nosso coração com as *armadilhas* da vida: liberdade *versus* amor, sonhos *versus* realidade, prazer *versus* responsabilidade e assim por diante.

Nessa cruz estão penduradas as doze casas. Cada uma delas é um campo de batalha. Em cada uma delas, a individualidade sai do esconderijo e se posiciona. Em cada uma delas, o milagre e o horror da experiência cotidiana interagem com os mecanismos psicológicos brutos simbolizados pelos signos e planetas. Até encontrarem as casas, esses mecanismos são destemperados e não experimentados, escondidos em segurança no crânio. Eles são apenas coisas dos sonhos. Depois desse encontro, são transformados. Marcados pela experiência, ensinados na coragem e no amor, treinados em esperança, resistência e compaixão, eles finalmente emergem do útero da teoria. Tornam-se símbolos vivos da identidade. Símbolos de pessoas. Eles se tornam humanos.

Casas e Signos

Doze casas, doze signos. Os dois sistemas de símbolos são paralelos. Áries é o primeiro signo. Seus dramas são também os dramas da primeira casa. O mesmo vale para Touro e a segunda casa. E para Gêmeos e a terceira. A correspondência é verdadeira até o final em Peixes e na décima segunda casa. Aprenda um sistema e você estará no caminho certo para entender o outro. Cada um é um ciclo de simbolismo de doze vezes, e as fases de um correspondem às fases do outro.

A diferença entre signos e casas é apenas de foco. Os signos são processos psicológicos. Eles se referem a eventos que acontecem em sua cabeça. As casas são *experienciais*. Elas falam do que acontece quando sua cabeça é obrigada a atuar no palco da vida. Nós *somos* nossos signos e *fazemos* nossas casas.

Aquário, por exemplo, pode dar a uma pessoa uma disposição rebelde. Coloque-o na casa da carreira, e essa rebeldia provavelmente se cristalizará como trabalho autônomo. Chefes não podem ser tolerados. Coloque-o na casa dos relacionamentos e o tema aquariano não mais se resolverá na frente de trabalho. O centro da atividade agora é o medo de ser engolido por um marido ou esposa dominante.

Conhecer alguém, sentir como a pessoa é. O introvertido, o extrovertido. O estilo expansivo, que não está nem aí para nada. O tipo meticuloso e autocontrolado. Você está se sintonizando com as estruturas do signo dela.

Observe as ações de alguém. Veja quais são os problemas que continuam a atrapalhá-lo. São sempre as tensões no relacionamento, é a preocupação interminável com dinheiro? Não se preocupe com o caráter dele, concentre-se apenas no comportamento. Que parte da vida exige atenção constante? É a carreira? A criatividade, a vida doméstica? Sua próxima viagem à Europa? Isto é você sentindo as estruturas da casa desta pessoa.

PRIMEIRA CASA (O ASCENDENTE)

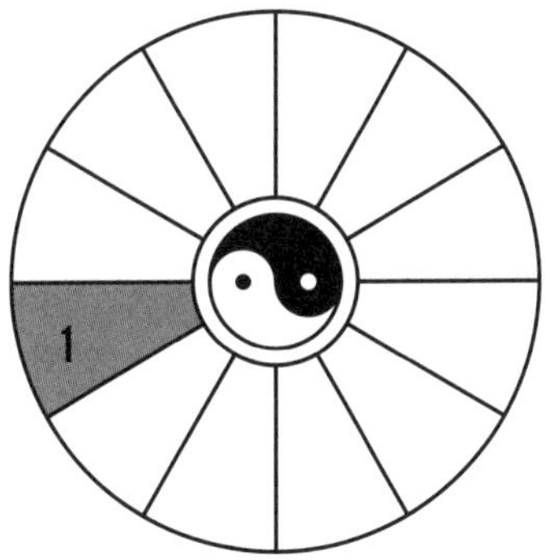

Nome Tradicional: Casa da Personalidade

Signo Correspondente: Áries

Planeta Associado: Marte

Terreno:

O estabelecimento da identidade pessoal

Navegação bem-sucedida:

Clareza e determinação nas ações.

Senso de controle sobre a direção da vida.

Senso de identidade bem focado.

Navegação malsucedida:

Medo e falta de autoconfiança que levam à inflexibilidade e à tirania sobre as vontades dos outros ou à autoanulação, indefinição de propósito e aceitação da derrota.

Cada um de nós é uma teia de sentimentos contraditórios. Somos assombrados por lembranças e premonições. Somos atormentados por sonhos. Nós amamos. Temos medo. Criamos. Conhecemos a tragédia da vida. Quando o guarda de trânsito nos para por estarmos indo a cem na área de oitenta por hora, não há como expressar tudo isso a ele. Para funcionarmos de forma eficaz no mundo, precisamos nos simplificar. Precisamos traduzir toda a riqueza da psique numa forma simplificada. Essa tradução pode ser um pálido reflexo do que realmente somos. Mas não há escolha. Por mais bidimensional que pareça em comparação com nosso verdadeiro eu, a vida exige que tenhamos uma personalidade

– e uma personalidade é sempre um papel que desempenhamos, sempre menor do que aquilo que realmente somos. A personalidade é sempre uma máscara.

A primeira casa simboliza nossa máscara ideal, *a expressão externa que melhor atende às nossas necessidades internas*. Quanto mais sensivelmente respondermos a ela, mais fortes e centrados nos sentiremos. Ela dá uma sensação de autonomia, de autoconhecimento, de autoridade sobre a própria vida.

O ascendente não cria a personalidade externa. As forças que se unem para produzi-la são muito mais complexas. Em vez disso, *ele canaliza a totalidade do mapa astral para o mundo da ação*, expressando e dando sabor ao material mais profundo. Digamos que uma mulher tenha um mapa astral tímido e introvertido – ela é de Câncer com uma influência proeminente de Saturno. Seu ascendente Sagitário, por si só, não faz dela a alma da festa. Mas a profundidade de sua introversão não é aparente no primeiro encontro. Aromatizada pelas qualidades inicialmente distantes do resto do mapa, sua primeira casa produz uma atitude distante, mas alegre. Coloque esse mesmo ascendente Sagitário numa personalidade leonina supervitaminada e ela estará contando piadas em um funeral.

Se definirmos sanidade como a capacidade de gerar um padrão de ação razoável e determinado, então *o ascendente* é o *antídoto para a loucura*. Uma resposta fraca a ele invariavelmente faz com que a pessoa se sinta louca e desconectada. Ela se perde em conflitos entre papéis, tentando ser muitos tipos de pessoa ao mesmo tempo. A incerteza e o sentimento de ilegitimidade a atormentam. Nada se encaixa. Para esse indivíduo, só pode haver confusão e desorientação, como um ator que esqueceu suas falas.

Por quê? *Porque ele não tem máscara*. E no palco do mundo, uma pessoa sem máscara é muda, estranha e invisível. Quando, por não conseguirmos criar uma máscara eficaz na primeira casa, não temos clareza sobre quem somos, a vida parece estar fora de controle. E quando a vida parece fora de controle, ficamos com medo. Uma pessoa com problemas não resolvidos na primeira casa – alguém cuja identidade e direção não têm foco – frequentemente expressa seu medo como uma tirania sobre outras pessoas. Um egocentrismo. Ela não consegue controlar sua própria vida, então tenta controlar tudo o mais.

Uma primeira casa navegada sem sucesso produzirá o tirano ou produzirá o sonhador sem coragem? Para responder a essa pergunta, precisamos entender o mapa astral do indivíduo como um todo. E não estamos prontos para fazer isso ainda. Por enquanto, basta lembrar que todos nós usamos máscaras. Todos nós temos identidades sociais, "personalidades". E precisamos delas. Sem elas, só conseguimos ficar olhando pasmadamente para o espaço. Essas máscaras, independentemente da forma que assumam, são criadas no ascendente. E quando vemos um homem ou uma mulher em paz com o mundo, irradiando segurança e equilíbrio, sem falsos começos e sem movimentos desnecessários, estamos testemunhando sua maestria.

A SEGUNDA CASA

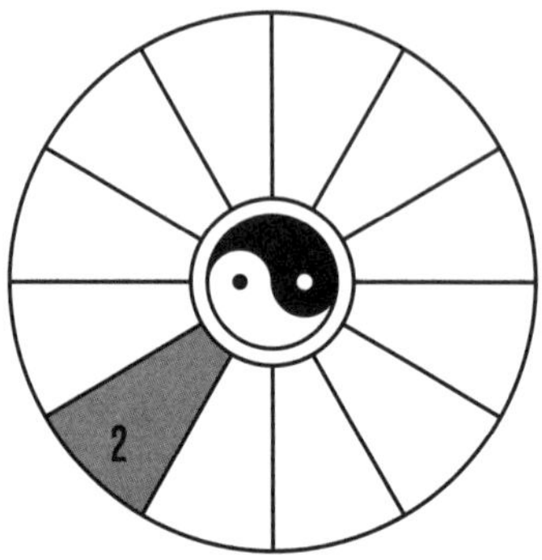

Nome Tradicional: Casa do Dinheiro

Signo Correspondente: Touro ♉

Planeta Associado: Vênus ♀

Terreno:

Desafios à autoestima

Dinheiro e posses

Navegação bem-sucedida:

Confiança e autoestima baseadas em autoajuste e autodesenvolvimento concretos.

Gerenciamento eficaz e sem preocupações dos recursos.

Navegação malsucedida:

Materialismo e equiparação da autoestima com o valor de suas posses.

Falta de respeito próprio.

Medo de riscos.

Colapso da força de vontade que leva ao fracasso no mundo.

Preocupação com a segurança material que limita a vida.

Um jovem desce a rua em seu carro turbinado, com labaredas berrantes pintadas nas laterais e nada além de ar onde o silenciador deveria estar. Retiremos todas as nossas reações julgadoras, e sua mensagem é simples e triste. Ele está implorando para que reconheçamos que ele existe. Algo nele o leva a nos impor o simples fato de sua presença. E qualquer reação serve. Ódio, inveja, medo, raiva – se reagirmos de alguma forma, ele ficará satisfeito. Sentada na esquina enquanto ele passa, qualquer pessoa com um pouco de compreensão psicológica poderia perceber uma falta de autoestima no rapaz. E há grandes chances de que essa observação seja válida. Esse tipo de comportamento barulhento e intrusivo geralmente tem a dúvida sobre si mesmo em sua raiz.

Mas como o nosso piloto tentou resolver sua falta de confiança? Ele procurou eliminar sua insegurança ao *se igualar a um objeto impressionante*. "Eu *sou* esse carrão. Você não tem escolha a não ser me notar". Esse é um jogo antigo. O empresário que sempre consegue mencionar sua grande receita está jogando com isso, assim como a dona de casa suburbana com suas bolsas de grife.

As influências da segunda casa criam uma crise de autoestima. De acordo com os signos e planetas envolvidos, podemos nos sentir burros, desajeitados ou pouco atraentes. E a maneira como decidimos resolver essa insegurança torna-se um tema fundamental da vida. Se respondermos negativamente, um tipo compulsivo de materialismo distorce a nossa consciência. Procuramos aliviar as dúvidas a respeito de nós mesmos por meio da manipulação de circunstâncias físicas, em vez de trabalhar diretamente o problema. Às vezes, o dinheiro se torna o símbolo da confiança de que precisamos. Nós o buscamos incessantemente. Fazemos propaganda da quantidade de dinheiro que acumulamos. Mas a dor permanece.

Os problemas da segunda casa não precisam girar em torno da conta bancária ou dos carros e roupas que o dinheiro compra. Podemos colecionar amigos de prestígio ou amantes decorativos com a mesma facilidade. Podemos até mesmo objetificar nosso próprio corpo – o bronzeamento excessivo ou o fisiculturismo geralmente refletem tensões nessa parte do mapa astral. Assim como olhar para o espelho sem parar.

Uma navegação bem-sucedida no terreno da segunda casa sempre envolve *provar-se para si mesmo*. Nós compensamos as dúvidas internas por meio de esforço disciplinado e realizações concretas. Devidamente aproveitada, a insegurança pessoal pode levar a pessoa a alcançar os limites do crescimento. Uma segunda casa movimentada pode ser a estrutura astrológica mais fraca possível ou a mais resiliente. Tudo depende de como o indivíduo lida com as pressões que ela gera.

Uma resposta vigorosa aos problemas da segunda casa sempre envolve *a alteração intencional de algum traço pessoal embaraçoso*, enquanto uma resposta fraca tenta *esconder essa característica por trás de um véu de dinheiro, glamour ou segurança*. O modo como avaliamos nosso próprio valor é a verdadeira questão. O dinheiro é apenas uma pista falsa.

A TERCEIRA CASA

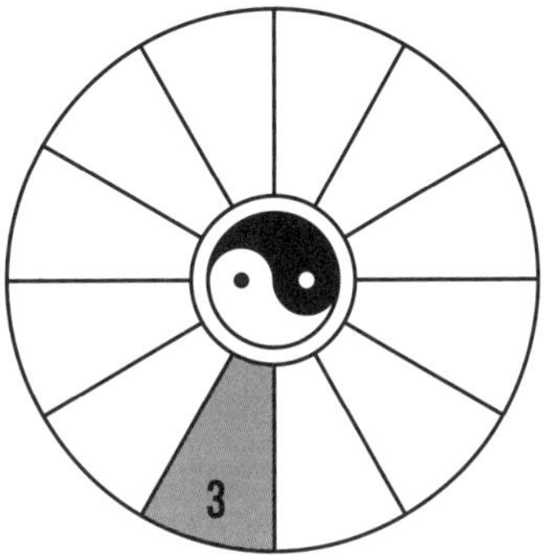

Nome Tradicional: Casa da Comunicação.

Signo Correspondente: Gêmeos ♊

Planeta Associado: Mercúrio ☿

Terreno:

Coleta de informações.

Compartilhamento de informações.

Percepções claras, precisas e imparciais.

Navegação bem-sucedida:

Disposição para tolerar ambiguidade de percepções e incerteza.

Capacidade de explorar o mundo para obter mais informações, seja verbal ou intelectualmente.

Navegação malsucedida:

O desejo de proteger um determinado conceito de mundo, levando à defensiva, intelectualismo e exagero verbal.

Curiosidade dispersa e sem foco, levando à perda crônica de tempo e à desorganização.

Falar, ensinar, escrever – essas são as atividades tradicionalmente associadas à terceira casa. Bastante precisas, mas o terreno aqui é muito maior. Toda vez que expressamos um pensamento ou um sentimento de tal maneira que possa ser decodificado e compreendido por outra pessoa, ativamos nossos circuitos da terceira casa. Gestos, olhares significativos, linguagem corporal – estas expressões marcam esse terreno tanto quanto tudo o que fazemos com as palavras. E mesmo isso cobre apenas metade do território.

A comunicação é uma via de mão dupla. A terceira casa também se refere à audição, e à leitura e ao aprendizado. Mas as palavras também não são sempre necessárias nisso. O céu nos comunica a cor azul. A noite nos comunica a escuridão. O mundo inunda nossos sentidos com uma enxurrada interminável de informações. E nós "ouvimos" tudo isso.

Casa da Comunicação? Sim, mas o título pode nos induzir ao erro. Ele é muito restrito. Vamos chamar a terceira casa de *Casa da Percepção*, lembrando sempre que a percepção flui em dois sentidos: coletamos informações do mundo e depois as reproduzimos novamente. Dois processos: nós percebemos e tornamos nossas percepções *perceptíveis para os outros*. Ambos são essenciais para essa terceira fase do simbolismo da casa. Ambos devem ser desenvolvidos, se quisermos navegar em seu terreno com sucesso.

Uma pessoa vê conflito em toda parte. Suas palavras são bombásticas e confrontativas, sempre apresentadas como argumentos, mesmo quando ninguém discorda. Por quê? Talvez ela tenha Marte na terceira casa. Ou talvez alguns planetas em Áries. Outra pessoa pode ser furiosa como uma vespa, mas se a gentil Vênus estiver nessa parte do mapa astral, até mesmo essas energias explosivas serão suavizadas. Palavras educadas, equilibradas, são escolhidas. Talvez até mesmo palavras manipuladoras e insinuantes. Expressar afeto e apoio é fácil para ela. Suas escolhas críticas giram em torno de aprender a ser mais direta quando tem uma queixa.

Da mesma forma, cada planeta e cada signo podem colorir as marés de informações que fluem entre nós e o mundo. Sagitário acrescenta uma qualidade expansiva e filosófica. Saturno traz disciplina, estrutura e praticidade. Aquário sugere originalidade. E cada um deles cria um preconceito ou ponto cego que distorce esse fluxo, isolando-nos parcialmente de nosso ambiente total. Compreender, ver com clareza inabalável. Esse é o principal objetivo da terceira casa. Há um mundo físico ao nosso redor. E dentro dos neurônios e sinapses do cérebro, criamos um segundo mundo inspirado no primeiro. Esse segundo mundo é o que realmente habitamos.

Para percebermos isso com clareza, os dois mundos precisam estar alinhados. Como podemos corrigir as distorções? *Somente comparando impressões com outros observadores*. Outras pessoas. Elas podem estar igualmente distorcidas, mas suas distorções são diferentes. Devemos nos expressar a elas da forma mais clara possível, compartilhando todas as predisposições indefensáveis e opiniões malucas que carregamos dentro de nós. E então devemos realmente absorver o que elas têm a dizer, por mais incompreensível, ofensivo ou ameaçador que possa parecer dentro da estrutura de nosso próprio mundo interior.

Aqueles que dominaram essa delicada arte são mestres no território da terceira casa. Sua navegação tem sido um sucesso. Mais do que a maioria de nós, eles veem a verdade. A real verdade; a verdade que nunca está em nós, mas sempre está entre nós.

Aqueles cuja passagem pela terceira casa tem sido um fracasso devem viver em num Universo no qual sonhos, pesadelos e realidade estão sempre mudando de um para o outro. Suas decisões podem ser baseadas em fatos, ou em medos, ou em propaganda. Eles nunca sabem qual. E suas vidas refletem essa incerteza. Eles tagarelam. Passam de tarefa em tarefa, de opinião em opinião, de um fato para outro sem sentido, inútil e desconexo. E, no final, pouco mais fizeram do que andar cegamente em círculos.

A QUARTA CASA (O NADIR OU FUNDO DO CÉU)

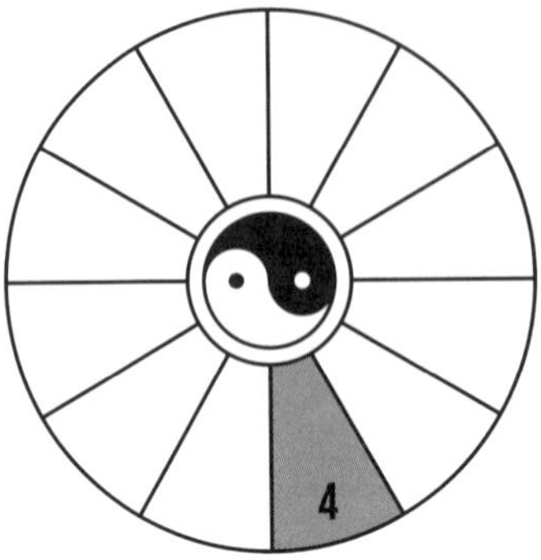

Nome Tradicional: Casa do Lar

Signo Correspondente: Câncer ♋

Planeta Associado: Lua ☾

Terreno:

Fundamentos inconscientes, emocionais e intuitivos da personalidade.

O "herói" e a "sombra".

Vida doméstica; o lar.

Navegação bem-sucedida:

Compreensão completa de suas próprias motivações, necessidades e medos.

Estabelecimento de raízes na forma de lar, família e sintonia com o eu interior.

Navegação malsucedida:

Falta de autoconhecimento psicológico básico, levando a comportamentos neuróticos, insatisfatórios e obsessivos.

Autoabsorção e autoanálise a ponto de se retirar do mundo; timidez.

O nadir. O ponto mais baixo que um planeta pode atingir. Quando o Sol está lá, os relógios marcam aproximadamente meia noite. Um momento de escuridão, mistério, talvez de medo. Formas vagas surgem na escuridão. Nós nos esforçamos para identificá-las. Amigo? Inimigo? Ou apenas móveis? Nossos olhos são inúteis. Nós nos esforçamos para "ver" com nossos ouvidos, nossos dedos estendidos, nossa intuição –

ou será que isso é apenas imaginação? À meia noite, é difícil discernir a diferença. Nossas esperanças e terrores tomam formas tão palpáveis quanto os objetos físicos.

A quarta casa é a mais subjetiva das doze. A arena que ela representa é secreta. Ninguém fora de nós consegue vê-la. E quando entramos em seu terreno nebuloso e incerto, sumimos de vista. Toda a nossa atenção, toda a nossa energia é retirada do mundo, voltada para dentro de nós. A casa dos sentimentos? Sim, mas a palavra é muito pálida, muito rasa. A casa da mente inconsciente? Sim, novamente. Mas o material aqui encerrado *deve se tornar consciente* se quisermos nos sentir completos e inteiros.

Para captar o significado do nadir, precisamos absorver completamente um ponto fundamental: *o conteúdo da quarta casa é totalmente isolado do mundo exterior.* Ele existe apenas na mente. A "realidade", no sentido em que normalmente usamos a palavra, é irrelevante para ele. Ele cresce e se desenvolve com uma lógica própria. Você tem uma fantasia secreta? Quando está sonhando acordado no escritório, está pilotando silenciosamente uma nave espacial? Será que você está alimentando os famintos? Apresentando-se em Las Vegas? Você está encontrando o *Herói* – um dos dois polos do nadir.

O herói. Um conjunto de autoimagens grandiosas e imaginárias, talhado pelos signos e planetas da quarta casa. Embora sejam sempre embaraçosamente irrealistas, essas imagens têm uma função muito real na ecologia da mente. Elas nos inspiram. Elas nos ajudam a entender o que realmente queremos. Quer estrear em Las Vegas? Talvez sua quarta casa esteja lhe dizendo que você precisa de um pouco mais de aplausos em casa. Ou talvez seja hora de tirar o pó daquele violão antigo. – O Herói, sempre sob a forma de nossas fantasias recorrentes, nos diz o que precisamos para *criar equilíbrio entre nossa verdadeira natureza e a máscara que usamos no mundo.*

Equilibrando o Herói, encontramos o polo oposto da quarta casa: a *Sombra*. Aqui armazenamos todas as imagens horríveis, pouco lisonjeiras e aterrorizantes que temos de nós mesmos. Os pesadelos são encontros com a Sombra. Mas também o são as preocupações crônicas e ilógicas: um medo obsessivo de câncer, de assassinos psicóticos, da loucura.

Tal como o Herói, a Sombra está tentando nos transmitir uma mensagem, mas a decodificação raramente é fácil. Sempre tem medo desses assassinos psicóticos? Talvez você também tenha alguma raiva acumulada. Talvez tenha medo de liberá-la. A Sombra nos diz o que tememos. Mas ela faz muito mais: *a Sombra desenha uma imagem do medo que temos de sentir*. Decodifiquemo-lo, enfrentemo-lo e, mais uma vez, estabeleceremos o equilíbrio entre o eu interior e a personalidade que apresentamos às pessoas ao nosso redor.

Absorver o Herói e a Sombra leva tempo. Também requer paz e liberdade de excesso de estímulos externos. Embora seu significado principal seja emocional e intuitivo, os antigos astrólogos enfatizavam as qualidades de recolhimento da quarta casa e a chamavam de Casa do Lar. E eles estavam certos até esse ponto. A quarta casa de fato descreve nossas atitudes em relação ao refúgio que criamos do barulho do mundo. Esse refúgio precisa ser criado se quisermos atingir o nadir.

Mas a vida doméstica é o meio, não o fim. Simplesmente se esconder em casa é tanto uma navegação malsucedida nessa casa astrológica quanto aceitar o Herói e a Sombra pelo valor nominal, sem fazer nenhum esforço para decifrar suas mensagens. De qualquer forma, a vida interior e a vida exterior ficam dissociadas uma da outra. E, então, ambas parecem tão tênues e falsas quanto a primeira mentira de uma criança de quatro anos.

A QUINTA CASA

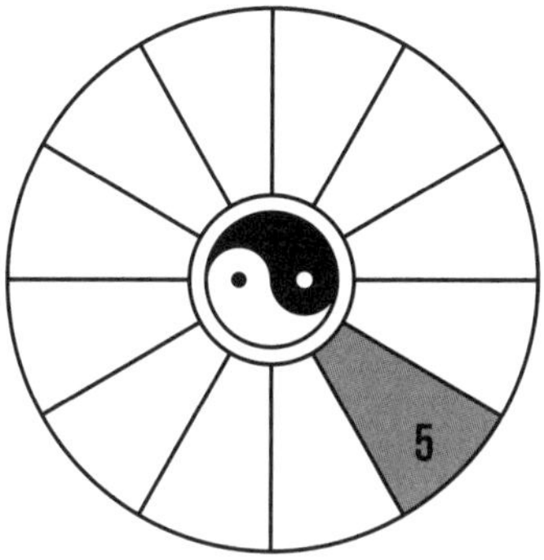

Nome Tradicional: Casa das Crianças

Signo Correspondente: Leão ♌

Planeta Associado: Sol ☉

Terreno:

Prazer.

Autoexpressão criativa.

Apaixonar-se.

Brincadeiras.

Antecipação alegre de cada dia.

Navegação bem-sucedida:

O desenvolvimento de uma saída criativa por meio da qual a evidência tangível dos processos internos de uma pessoa podem ser expressos

Capacidade de estabelecer uma conexão inicial com estranhos interessantes.

Navegação malsucedida:

Relacionamentos abusivos, autodestrutivos e incontroláveis com prazeres peculiares.

Bloqueios criativos.

Incapacidade de relaxar e se divertir.

Alegria – como precisamos dela! Sua ausência é tão fatal quanto um jejum de dez anos ou um mês sem oxigênio. Sem essa centelha, nós apagamos. Perdemos o interesse pela vida. Tornamo-nos tão frios e mecânicos quanto um mundo sem ar orbitando uma estrela morta.

Mas como essa alegria pode ser alimentada? Como podemos sustentá-la? Na maioria das vezes, a vida não oferece muita ajuda. Nosso corpo dói. Nossas contas se acumulam. Os dramas bobos azedam nossos relacionamentos. E chefes de estado ávidos por poder nos cercam, planejando uma guerra nuclear como se fosse um novo jogo de videogame.

Diante de todo esse inferno, há apenas uma força entre nós e o desespero. Essa força é o prazer. Em um nível inegável e imediato, o prazer é o que nos mantém no mundo. E o prazer é o objetivo da quinta casa.

As descrições tradicionais dessa casa parecem uma lista de compras hedonista: festas, devassidão, casos amorosos, corridas de cavalos, apostas, jogos, luxos. Esses certamente são prazeres. E eles certamente podem nos proporcionar alegria, desde que naveguemos em seu terreno com uma certa dose de elegância. Mas imagine como Michelangelo se sentiu quando olhou para trás e admirou sua Capela Sistina. Ou como Buda se sentiu quando sua mente foi finalmente silenciada sob a árvore *bodhi*. Esses também são prazeres, mas de um tipo mais sutil. Eles surgem a partir da visão de uma pessoa, de sua individualidade.

A quinta casa é a casa do prazer. Mas, para navegar nela com sucesso, devemos nos lembrar de que nem todos os prazeres são da carne. A criatividade é uma alegria. A meditação é uma alegria. "Apaixonar-se" por um capitão do mar grisalho de noventa anos é uma alegria. Todas essas atividades – criar arte, sentar-se em paz, estabelecer uma nova conexão humana – fazem parte do terreno da quinta casa.

Uma passagem malsucedida pela quinta casa invariavelmente envolve ficar preso a um único prazer, esquecendo-se de que há muitos outros. Fique muito bêbado toda véspera de Ano Novo e sua vida não ficará pior por isso. Pode até ficar mais rica, se suas inclinações forem nesse sentido. Fique bêbado todas as noites e a situação é bem diferente. Sua vida desmorona diante de seus olhos, *e você nem sequer está se divertindo.*

Os signos e planetas que formam nossa quinta casa dão uma receita para a manutenção da alegria. Eles simbolizam uma *gama específica de prazeres*, alguns centrados no corpo, outros no intelecto, outros focados no nível do espírito puro. Aprenda a desfrutar de *todos* eles. Desenvolva as habilidades e os hábitos que eles exigem. Evite exigir demais de qualquer um deles. Faça tudo isso e, mesmo quando você morrer, eles não serão capazes de apagar seu sorriso.

Aquelas pequenas rugas de alegria farão parte de seu rosto tanto quanto seu nariz e seus olhos. Fracasse, e até mesmo as coisas boas que vierem para você não servirão para nada. Você fica olhando para elas, sem entender, esperando a pegadinha, ou você, pula nelas, esmagando--as no esforço para torná-las mais do que elas são. De qualquer forma, você fica sem nada. Apenas a dor da vida. A alegria escapou por entre seus dedos, escorregadia como um peixe.

A SEXTA CASA

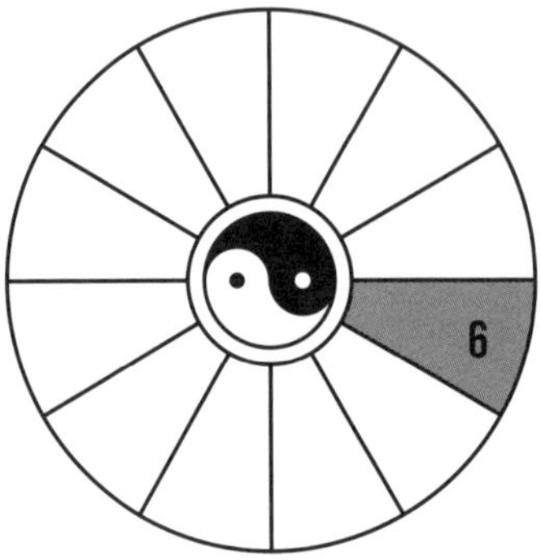

Nome Tradicional: Casa do Serviço.
Signo Correspondente: Virgem ♍
Planeta Associado: Mercúrio ♀

Terreno:

Responsabilidades.

Competência e habilidade.

Devoção e autossacrifício.

Navegação Bem-Sucedida

Realização por meio do desenvolvimento de uma habilidade pessoalmente significativa que seja de valor para os outros.

Navegação Malsucedida

Ocupação interminável em tarefas que não têm significado pessoal; trabalho pesado, escravidão ao salário.

Papéis subordinados humilhantes em relacionamentos importantes.

Uma amiga nos telefona, perturbada. Ela tem uma entrevista de emprego a duzentos quilômetros de distância. Precisa pegar a estrada em uma hora, e o carro não dá partida. Vamos até lá e damos uma olhada. Os terminais da bateria velha estão corroídos. Pegamos o alicate e o canivete. Retiramos os cabos, raspamos os conectores. Em três minutos, o motor está roncando.

Como nos sentimos? Felizes. Orgulhosos. Não conseguimos parar de sorrir. Ganhamos algo para nós mesmos? Na verdade, não. Pelo menos não de uma forma óbvia. De um ponto de vista puramente egoísta, tudo o que fizemos foi gastar meia hora de nosso tempo. Mas não é assim que vivenciamos o fato. O que conseguimos foi uma navegação bem-sucedida na sexta casa. *Demonstramos uma habilidade pessoal de tal forma que ela ajudou outra pessoa.* E, sempre que fazemos isso, sentimos uma satisfação peculiar.

Na astrologia medieval, a sexta casa é a Casa dos Criados. Qualquer coisa que queira saber sobre os problemas que possa enfrentar com seus empregados do estábulo e da copa, você pode obter a resposta aqui. É evidente que o século XX exigiu uma reformulação fundamental dessa casa. A Casa do Serviço não mais nos fala sobre *nossos* criados. Agora, *nós mesmos somos os criados.* Mas não num sentido degradante ou servil. Nessa casa, reconhecemos uma necessidade humana elementar: *o desejo de exercer a competência e ser reconhecido por isso.* Consertar um carro. Tocar violino. Fazer uma interpretação astrológica. A forma que a competência assume pode variar muito. Mas se não conseguirmos descobrir essa habilidade especial dentro de nós, ou se não conseguirmos desenvolvê-la até o limite, haverá um vazio em nossa vida. Algo básico está faltando.

Como encontramos essa habilidade? A resposta está na sexta casa. Os signos e planetas ativados nela indicam qual parte de nossa personalidade é mais apropriada para descobri-la. Eles também nos dão algumas dicas sobre como será essa habilidade depois que a tivermos polido, educado e disponibilizado para o mundo.

Se nossa navegação pela sexta casa não for bem-sucedida, a necessidade de responsabilidades significativas permanece. Mas agora não temos nada para dar. Nenhuma habilidade. Nenhuma competência especial. E começamos a trabalhar pelo trabalho, nos escravizando num emaranhado de tarefas que são *irrelevantes para nós.* Tornamo-nos escravos assalariados ou trabalhadores braçais, rezando pela chegada do fim de semana.

Logo nos vemos vivendo em um mundo povoado de patrões. Falta-nos direção interior em nossos trabalhos. A direção externa rapidamente toma conta da situação. Logo, nossa confiança em nossa própria capacidade de decisão entra em colapso.

Além da nossa vida profissional, mais coisas são corrompidas. À medida que nosso respeito por nossa própria competência diminui, nossas amizades, nossos amores, nossos relacionamentos familiares, tudo isso é maculado. Perdemos a fé em nós mesmos. A todos os lugares que vamos, parece que estamos implorando para que alguém nos dê uma tarefa. E eles dão. E nós cumprimos, apenas para nos ressentirmos com a infinidade de aborrecimentos insignificantes aos quais nossa vida foi reduzida.

A SÉTIMA CASA (O DESCENDENTE)

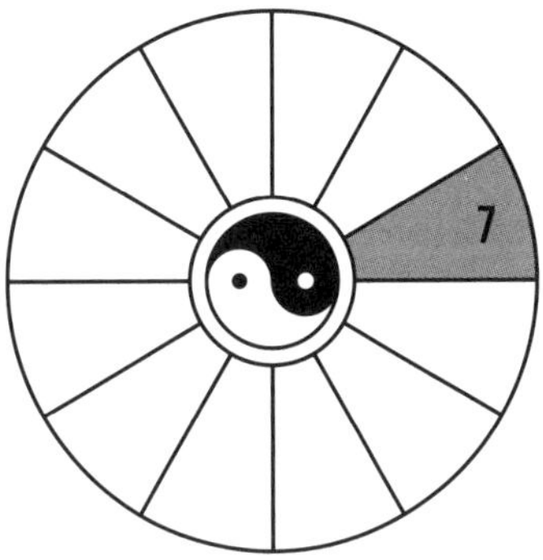

Nome Tradicional: Casa do Casamento

Signo Correspondente: Libra ♎

Planeta Associado: Vênus ♀

Terreno:

Relacionamentos íntimos

Identificação com os outros

Navegação Bem-Sucedida

Relacionamentos caracterizados por:

Igualdade entre os parceiros.

Abertura; espera-se que o relacionamento sobreviva a mudanças nas circunstâncias.

Especialidade; relacionamento único; "magia".

Navegação Malsucedida

Um padrão de submissão ou controle crônicos nos relacionamentos íntimos.

Inabilidade para formar um vínculo emocional estável

Medo da intimidade.

Dependência extrema ou medo extremo de dependência.

O filme está passando há vinte minutos. Você já gostaria de ter economizado seu dinheiro. Os personagens são superficiais. Implausíveis.

Seus valores, motivações e até mesmo suas personalidades parecem dramas que você já tinha deixado para trás quando tinha 14 anos.

Uma hora depois, você ainda está no cinema. O filme não melhorou. Mas, de repente, você percebe que há uma lágrima se formando no canto do seu olho. O que está acontecendo? Em um nível, você sente constrangimento: como você pareceria pouco sofisticado se alguém soubesse que um filme tão idiota o deixou à beira das lágrimas. Em outro nível, tudo o que aconteceu foi que você entrou no terreno da sétima casa. Você pôs de lado todos os seus julgamentos, sua rigidez, seu orgulho. Você ultrapassou esses bloqueios o suficiente para *sentir* a experiência dolorosa dos personagens do filme. Apesar de toda a sua resistência, você *se identificou* com essas pessoas. *E a identificação é o que nos permite navegar com sucesso pela sétima casa.*

Identificação. Colocar-se no lugar da outra pessoa. É a pedra fundamental de toda arte dramática: filmes, romances, peças de teatro e até mesmo canções. E é também a base de qualquer relacionamento íntimo. Se a mente não conseguir estabelecer essa equação elementar eu-igual-você, nenhuma história jamais nos comoverá e nenhum ser humano jamais nos tocará.

Mas estabelecer essa equação pode ser difícil. As outras pessoas não são como nós. São diferentes, alienígenas. Como os personagens de nosso filme, suas motivações e seus valores se chocam com os nossos. Para nos identificarmos com elas – em outras palavras, para amá-las – precisamos *temporariamente deixar de lado nosso próprio ponto de vista*. Temos de deixar de lado nossa personalidade. Temos de ver a vida pelos olhos *deles*. É um processo perigoso. Se não conseguirmos isso, não faremos contatos íntimos duradouros. Podemos ser casados, podemos ter amigos, mas nosso isolamento é perfeito. E em momentos de verdade, admitimos isso: nosso Universo é povoado apenas por estranhos.

Se conseguirmos deixar de lado as limitações de nossa própria personalidade, enfrentaremos outro perigo: talvez não consigamos recuperá-la novamente. Podemos nos perder no relacionamento, tão influenciados pelo poder da visão de mundo da outra pessoa que nos perdemos de nossa própria identidade. Tornamo-nos uma sombra projetada por outra pessoa. E nos aferramos a esse relacionamento como se a nossa identidade dependesse dele, cheios de desespero e ressentimento.

Uma passagem bem-sucedida pelo terreno da sétima casa requer uma qualidade acima de todas as outras: a capacidade de ter um senso de *igualdade* com seu parceiro. Ninguém fica no banco do motorista o tempo todo. Ninguém é o chefe. Existe dependência, mas é uma via de mão dupla. *Igualdade significa interdependência.* Há também um senso de abertura no relacionamento. As cerimônias de casamento à moda antiga comunicam essa ideia com a frase "até que a morte os separe". Não precisamos ir tão longe para navegar com sucesso na sétima casa. Mas precisamos *assumir um compromisso com a outra pessoa.* O relacionamento não pode se basear em conveniência. Deve haver um sentimento de que, mesmo que as circunstâncias mudem radicalmente, o vínculo em si não seria afetado. Por quê? *Porque o relacionamento não se baseia em circunstâncias.* Está enraizado na essência da natureza de cada pessoa.

Por fim, e mais importante, deve haver um senso de relacionamento especial entre os parceiros. Deve haver *magia.* Chame isso de romance. Chame de simetria psicológica. Diga que é *karma*, destino ou vontade de Deus. As palavras não importam. Mas sem esses fogos de artifício místicos, as paredes do ego e do medo nunca poderão ser suficientemente destruídas para quc possamos sequer entrar na Casa do Casamento, quanto mais navegar por seus corredores.

Mesmo com todos os três requisitos preenchidos, essa navegação ainda é complicada. Mas os planetas e signos situados na sétima casa nos guiam. Eles descrevem o *tipo de pessoa* com quem temos maior probabilidade de ter sucesso nessa fase de nossas vidas. E também indicam *as dimensões de nosso próprio caráter* que devem evoluir se quisermos saber o que fazer com essa pessoa após encontrá-la.

A OITAVA CASA

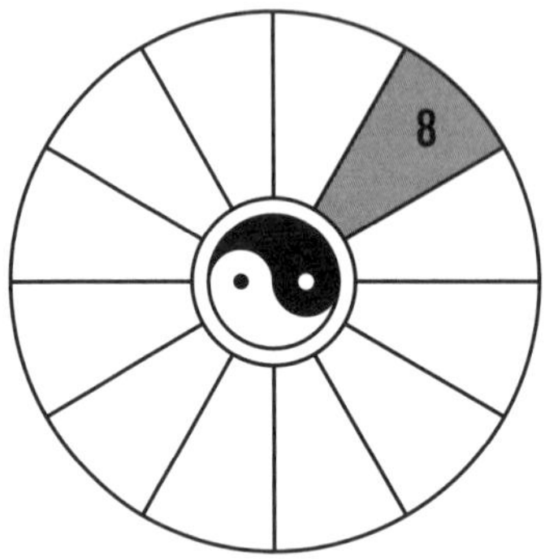

Nome Tradicional: Casa da Morte

Signo Correspondente: Escorpião ♏

Planeta Associado: Marte e Plutão ♂ ♇

Terreno:

Determinantes instintivos do comportamento universalmente presentes na consciência humana:

Desejo instintivo de formar um vínculo sexual vital; o instinto de acasalamento.

Consciência instintiva de sua própria mortalidade física; a maneira como lidamos com a morte.

Senso instintivo de dimensões invisíveis e transcendentes da realidade; vida após a morte, o "oculto".

Navegação Bem-Sucedida

Sexualidade saudável, fluida e espontânea.

Aceitação da morte e integração de sua realidade na vida cotidiana.

Senso de imortalidade da própria consciência.

Navegação Malsucedida

Funcionamento sexual bloqueado ou sexualidade obsessiva.

Medo excessivo da morte; negação da morte.

Negação rígida de sentimentos religiosos, ocultos ou místicos.

Sexo, morte e o oculto. Um caldo e tanto. Por quê esses três terrenos aparentemente díspares estão ligados numa única casa? Que denominadores comuns existem entre eles?

Em cada um deles, confrontamos uma das *certezas básicas* da vida humana. Em cada um deles, confrontamos um conjunto de necessidades e questões que são sentidas universalmente e que *liberam energias emocionais intensas e perturbadoras* na consciência. Em cada um deles, encontramos um *instinto*.

Nossa melhor amiga anuncia que está indo embora para trabalhar na Patagônia. O que sentimos? Tristeza certamente. Mas também encorajamento e uma sensação pungente da preciosidade do relacionamento. Nosso companheiro ou amante faz o mesmo anúncio. Como nos sentimos agora? Perplexos, despedaçados, enfurecidos, rejeitados.

A diferença entre as duas situações é a diferença entre a sétima casa e a oitava. Embora a sétima casa seja fundamental para entendermos as necessidades de nosso relacionamento, a oitava é onde encontramos os sentimentos instintivos que são exclusivos de um vínculo sexual. E esses sentimentos podem nos invadir como uma inundação, rompendo o equilíbrio normal de nosso caráter. Uma vez evocados, eles praticamente não podem ser detidos. Removemos a comporta da barragem que separa o ego do instinto.

O mesmo pode ser dito sobre os encontros com a morte. Mais uma vez, o ego se depara com sentimentos que são *incompreensíveis e incontroláveis*. Mais uma vez, ele fica devastado. Nosso irmão morre inesperadamente. Nosso médico nos diz que temos uma doença incurável. Nosso filho é morto por um motorista bêbado. Em cada caso, *a personalidade se dissolve*. Ela está submersa numa resposta instintiva.

Toquemos no assunto da morte em qualquer ambiente não acadêmico, e logo estaremos confrontando outro instinto. Você logo estará discutindo a vida após a morte. De acordo com a maior parte das pesquisas, a maioria de nós acredita que a consciência continua de alguma forma além do túmulo. Os neandertais da Idade do Gelo enterravam seus mortos com alimentos e armas para o próximo mundo. E, desde então, em todas as culturas, os rituais e a religião giram em torno da noção de que apenas nossos corpos morrem.

Preocupar-se com a validade dessa noção está além do escopo deste livro. O que é importante para nós é saber que *a crença na vida após a morte é um conteúdo universal da mente humana*. Para onde quer que olhemos, em qualquer época ou lugar, nós a encontramos. Isso não quer dizer que todo mundo, em todos os lugares, aceite essa ideia – nem todos escolhem sobreviver, e ainda assim falamos com confiança de um instinto de sobrevivência. O mesmo acontece com a vida após a morte e a maioria dos outros fenômenos "ocultos". A crença neles parece surgir *orgânica e espontaneamente* na mente humana.

Ver um fantasma, lembrar-se de uma vida anterior. Observar a súbita onda de serenidade que atravessa o rosto de uma amiga um minuto antes de seu coração parar. Passar por um cemitério solitário numa noite de vento. Qualquer uma dessas experiências enche a mente de emoção. Qualquer uma delas representa um encontro com algo *fora dos limites normais da personalidade*. Cada uma delas é um encontro com o instinto.

Um terreno assombroso e explosivo. Como podemos navegar por ele com sucesso?

Uma passagem bem-sucedida pela oitava casa depende da *aceitação da realidade dos sentimentos que surgem além da personalidade*. Ou poderíamos dizer aceitação de sentimentos ilógicos. Sentimentos que podem violar nossa descrição costumeira do mundo. Sentimentos que minam nossa autoimagem e *nos ameaçam com a perda de controle*. Isso não quer dizer que devamos agir invariavelmente de acordo com esses sentimentos. Apenas que os reconheçamos e queiramos experienciá-los. *Ao reconhecermos esses sentimentos instintivos, absorvemos um conjunto de percepções que não estão disponíveis para nós apenas por meio do intelecto.* Aprendemos a fluir com um "poder oculto" que normalmente está latente na estrutura da mente.

Assim como a quarta casa, a oitava é uma janela pela qual o ego observa a estrutura maior da consciência. Mas há diferenças entre elas. A quarta casa é muito pessoal. Na oitava, se formos corajosos, abertos e confiantes, teremos a chance de ir além do reino pessoal, e absorver em nós algo universal.

Como? Flua com a força sexual. Sinta a magia do processo de união em todos os níveis – físico, emocional, pessoal, espiritual. Aceitar a morte, integrá-la, absorvê-la. Aprender com ela em vez de se esconder dela. O que a morte lhe ensina? Observe seu trabalho, seus relacionamentos, seus valores. Como você os verá quando tiver 110 anos? Busque dentro de você algo imortal. Tente sentir sua "alma". Ponha de lado a lógica. Suspenda o julgamento sobre a validade de suas percepções. Existe algo antigo e insaciável em você?

Faça tudo isso e você terá navegado com sucesso pela oitava casa. Os signos e planetas dessa casa dão conselhos e avisos, mas a passagem por ela é feita por você.

Fracasse, e esses mesmos instintos o bloqueiam. Eles o deixam mal-humorado e amargo, pesado. Talvez você tenha uma bela companheira ou um milhão de amantes. Ainda assim, você está insatisfeito. Você pode ter um corpo forte e saudável. Ainda assim, você é assombrado pela certeza de que algo indescritivelmente horrível está prestes a acontecer com ele. Você pode realizar milagres de criatividade e autodisciplina. E ainda assim você os vê como vazios e sem sentido, ridicularizados até a insignificância pela inevitabilidade de sua morte.

A NONA CASA

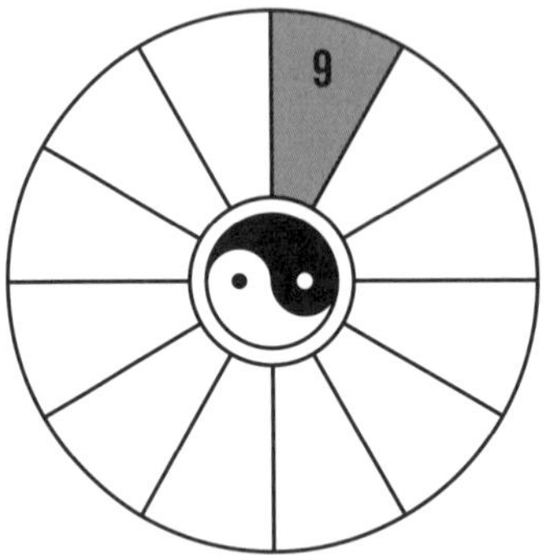

Nome tradicional: Casa das Longas Viagens

Signo Correspondente: Sagitário ♐

Planeta Associado: Júpiter ♃

Terreno:

Confronto com a tendência da vida de se tornar mecânica e rotineira.

Formação de um sistema pessoal de ética ou filosofia; estabelecimento de uma visão pessoal de mundo.

Encontros com o imprevisível e o exótico.

Navegação Bem-Sucedida

Capacidade de romper rotinas e criar novos padrões de comportamento.

Sentido claro e individual do significado e do propósito da vida em evolução.

Capacidade de absorver percepções chocantes e inesperadas.

Navegação Malsucedida

Rotinização da experiência; tédio.

Rigidez de pensamento; dogmatismo.

Comportamento oportunista, de mente estreita ou sem princípios; niilismo.

Quando você saiu do útero de sua mãe, pouco se diferenciou das crianças de Cro-Magnon que emergiram em um mundo de mastodontes e tigres dentes-de-sabre. Culturalmente, você era uma tela em branco, mas isso não durou muito tempo. Quando tinha alguns anos de idade, já sabia tudo de aviões, mexendo nos mostradores dos equipamentos eletrônicos sofisticados e se perguntando o que seria quando crescesse. Em outras palavras, você havia se tornado um membro em bons termos com a civilização industrial do século XX. A você foram ensinados uma maneira de ver a vida, um conjunto de valores, um posicionamento no mundo. Foi-lhe dado *um modelo do Universo*, um que coloriria suas filosofias, fantasias e escolhas de vida pelo resto de seus dias.

Imaginemos que, depois de absorver completamente esse modelo, você entre para o Corpo da Paz[9]. Você é transferido para a bacia amazônica e está vivendo entre os povos nativos que a maioria de nós rapidamente chamaria de primitivos. A princípio, seus costumes o chocam. Falta de higiene, papéis sexuais rígidos. Larvas como café da manhã. Espíritos malignos. Tudo é tão desconcertantemente estranho. Você se sente tão norte-americano quanto um hamburguer de *fast food*. Aos poucos, isso muda. Você passa a conhecer essas pessoas, faz amizades. Você olha em seus olhos e vê inteligência, sensibilidade, compaixão. Humanidade. Você começa a entender seu comportamento, sua cultura. Lentamente, você absorve o *modelo de Universo deles*.

No instante em que isso acontece, você muda para sempre. Algo dá um estalo. De repente, você tem duas maneiras de ver o mundo. Consciência em estéreo. Você pode pensar como um norte-americano, e você pode pensar como um amazonense. Ambos funcionam. Uma realidade, dois modelos. Você compreendeu algo essencial sobre a vida, a cultura e a natureza da percepção. E você compreendeu a chave para o terreno da nona casa: *todas as nossas visões da realidade são condicionadas por um modelo não expresso do mundo – e esse modelo é sempre arbitrário e limitador.*

---

9 Corpo da Paz (*Peace Corps*) é um programa do governo dos Estados Unidos que treina e aloca voluntários para prover assistência ao desenvolvimento em âmbito internacional. (N. T.)

Uma navegação malsucedida pela nona casa invariavelmente envolve confundir um modelo de realidade com a própria realidade. Talvez tenhamos dezoito anos de idade. Montamos uma imagem da vida.

Quando chegamos aos trinta anos, estamos prontos para uma imagem mais fluida e sofisticada, mas talvez nossa mente se tenha tornado rígida demais para mudar. Estamos muito viciados no modelo antigo. Esquecemos que ele nada mais é do que uma imagem que carregamos em nossa cabeça.

Desse ponto em diante, se continuarmos a nos adaptar sem sucesso, viveremos em um mundo que já superamos – o mundo mental que criamos quando tínhamos dezoito anos. E ele é simples demais para nós. *O modelo antigo não mais engaja ou desafia nossa inteligência.* O que antes era uma adaptação criativa agora se torna uma rotina mecânica. E ainda assim nos aferramos a ele, nos tornando autômatos eficientes e gradualmente nos entediando até a morte com histórias e sermões cansativos; que inventamos anos atrás.

Navegação bem-sucedida na nona casa? É uma arte que deve ser constantemente renovada. Em outras palavras, precisamos aprender a correr riscos. Precisamos dar saltos de fé. Intelectualmente, emocionalmente, fisicamente. *Devemos nos movimentar intencionalmente para romper nossas rotinas de comportamento e pensamento.* Devemos abrir espaço em nossa vida para o inexplicável, para o milagroso.

Os planetas e signos que influenciam a nona casa nos dão a fórmula precisa para realizar essa tarefa. Talvez isso envolva estudos, talvez precisemos viajar. Ou pode ser que nossas rotinas precisem ser exorcizadas de nós. Aprender a voar, escalar um paredão de granito. Deixar o emprego e ir morar em um *ashram*. Seja qual for a forma que assuma, a experiência da nona casa expande a estrutura de nosso ser. Navegue em seu terreno graciosamente e sua vida diária estará bem na vanguarda do seu crescimento. Se falhar, você se sentirá como um físico nuclear confinado em um parque de diversões. Aprisionado, entediado e cansado.

A DÉCIMA CASA (O MEIO DO CÉU)

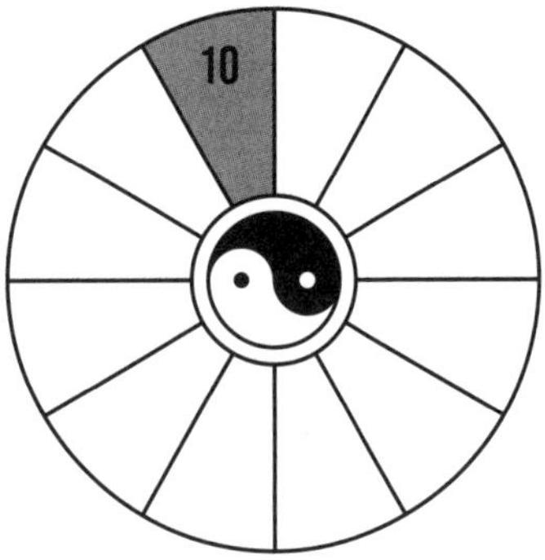

Nome Tradicional: Casa da Carreira

Signo Correspondente: Capricórnio ♑

Planeta Associado: Saturno ♄

Terreno:

Carreira.

Reputação; posição na sociedade.

Destino.

Navegação Bem-Sucedida

Status de autoexpressão e de satisfação pessoal na comunidade.

Sensação de estar cumprindo o seu destino.

Navegação Malsucedida

Aprisionamento em um papel social alienante e sem sentido.

Obsessão com poder, status e aparência.

O meio do céu. Como vimos anteriormente, esse é o ponto mais alto que um planeta pode alcançar no céu. Quando atinge o meio do céu, só há um caminho a seguir: para baixo. Um planeta no meio do céu é o mais óbvio possível. Árvores, prédios, iluminação urbana – se algum dia ele vai romper esses obstáculos e se tornar visível, é agora.

Simbolicamente, o meio do céu representa *o que há de mais óbvio em nós*. É como se alguém estivesse nos observando de uma grande distância. O que essa pessoa vê? A altura, a cor do nosso cabelo. A masculinidade ou feminilidade. O meio do céu funciona exatamente assim. Só que agora a distância é social, não física. Representa como nos vemos a partir de *uma distância social.* Para simplificar, o meio do céu descreve *como somos vistos por pessoas que não nos conhecem.*

O que elas veem? Veem o que *simbolizamos* para elas. Veem-nos não como pessoas, mas como encarnações de várias *funções* na sociedade. Despersonalizados, bidimensionais, representantes de uma classe. Elas veem nosso *status*. "Ele é um agente da CIA." "Ela é uma antropóloga." Médicos, advogados, chefes indígenas.

A Casa da Carreira – esse é o nome tradicional para essa fase do simbolismo da casa. Mas chamar a décima casa de Casa da Carreira é limitá-la. Nossa profissão é apenas um fator determinante de nosso status. Há outros. "Ela é feminista" – essa também é uma afirmação da décima casa. O mesmo acontece com "ele é republicano" e "ela é uma ativista do desarmamento nuclear". É provável que nenhuma dessas posições faça com que uma pessoa ganhe um centavo. Mas elas *estabelecem nossa identidade na esfera pública.* E é disso que trata o terreno da décima casa.

Esse terreno é imposto a nós. Quer gostemos ou não, temos de lidar com ele. Somos seres sociais. Para a maioria de nós, tudo se resume à sobrevivência: como pagaremos o aluguel se não cumprirmos alguma função na sociedade? E, assim que fazemos isso, nos conectamos a uma rede de mitos e pressões que determinam em grande parte o rumo de nossas vidas.

Para navegarmos com sucesso no terreno da décima casa, precisamos encontrar nosso *destino*. Em outras palavras, precisamos encontrar um papel social que esteja em harmonia com nossa natureza interior. Precisamos descobrir uma maneira de sermos pagos por sermos nós mesmos.

É uma tarefa difícil. Mas os planetas e signos da décima casa nos guiam. Eles servem a um propósito duplo: em um nível, servem como *descrições de nosso destino.* E, em outro, representam *aspectos de nossa própria natureza que devem ser desenvolvidos primeiro se quisermos encontrar nosso destino.* Eles indicam a meta e o caminho para a meta.

Navegar pelo meio do céu nunca é fácil. Normalmente, ele é a última das casas a se desenvolver. Antes que ela possa florescer, precisamos primeiro nos conhecer muito bem. Temos de ter definido nosso destino a partir de toda aquela programação de "médico, advogado, chefe indígena" que recebemos enquanto crescíamos. Se tivermos sucesso, vamos nos sentir em casa no mundo. Nosso trabalho, nosso *status*, nossa identidade pública – tudo isso reflete o que está acontecendo dentro de nós. Nós trazemos toda a força de nosso ser para o nosso papel público. E isso nos dá poder, criatividade e liberdade. Isso nos dá autoridade natural. Nós nos tornamos uma das pessoas que dão forma aos mitos e ao destino de nossa cultura.

E se nossa navegação na décima casa não for bem-sucedida, isso significa que estamos vestidos com trapos e sobrevivendo de uma sopa rala? Não, de forma alguma. Podemos nos tornar ricos. Podemos ser glamurosos, podemos ter influência. Mas esses fatos não refletem quem somos. Eles apenas descrevem um papel que nos foi dado para desempenhar. E enquanto desempenhamos esse papel, *sentimo-nos ilegítimos e inseguros.* Sentimo-nos como impostores. E, de certa forma, é exatamente isso que somos. Essa insegurança pode levar a nos agarrarmos ainda mais desesperadamente ao nosso poder e posição. Percebemos quão tênue é nosso domínio sobre eles, e buscamos nos entrincheirar cada vez mais. Vemos rivais em toda parte. Inimigos, concorrentes, trapaceiros. Sentimos que, se desaparecermos, cem outros poderiam preencher o vazio em um segundo. E essa é a verdade. Nós não criamos o papel. Apenas fomos escalados para ele.

Esse nunca é o caso se nossa navegação na décima casa foi bem-sucedida. Ninguém mais poderia desempenhar nosso papel. Esse papel, seja ele qual for, está enraizado em nossa individualidade. É uma expressão de quem somos, inseparável de nossos próprios processos internos únicos.

Sabendo disso, sentimo-nos totalmente seguros em nossa identidade pública. Ninguém pode roubá-la de nós porque ninguém mais poderia desempenhá-la. É nossa. E quando morremos, ela morre conosco.

A DÉCIMA PRIMEIRA CASA

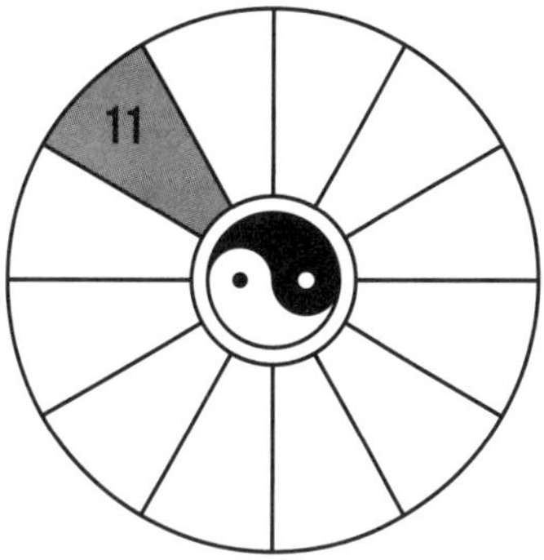

Nome Tradicional: Casa dos Amigos.

Signo Correspondente: Aquário ♒

Planetas Associados: Urano e Saturno ♅♄

Terreno:

O futuro; planos, metas, temas da vida.

Identificação com grupos, organizacional, movimentos, associações, sua própria turma.

Navegação Bem-Sucedida

Sentido concreto e específico de direção na vida.

Metas realistas, porém inspiradoras, baseadas no autoconhecimento.

Rede de relacionamentos que aprimora e apoia a realização de metas pessoais.

Navegação Malsucedida

Propósito vago; falta de rumo.

Incapacidade de assumir um compromisso em qualquer nível.

Metas irrealistas, quixotescas e extravagantes.

Amigos e associados que só contribuem para a confusão e a falta de rumo.

Direção. Essa é a essência do terreno da décima primeira casa. Para onde você está indo? O que você está se tornando? Quais são as esperanças, os sonhos e as aspirações que dão sentido à sua vida diária? A arena é única; não podemos entrar nela. Ela está sempre além do nosso alcance. Mutável, incerta, conjectural, ela é *o futuro*. Ele nos chama, nos guia. Mas sempre que nos aproximamos, ele foge como um cervo assustado.

Vivemos no *agora*. Quem se esquece disso logo toma muitas decisões ruins. E quem quiser fazer uma passagem bem-sucedida pela décima primeira casa precisa se lembrar disso.

Na décima primeira casa, não entramos no futuro. Isso é uma impossibilidade. Permanecemos firmemente enraizados no agora. Em vez disso, experimentamos *a percepção do futuro à medida que ele incide sobre o presente*. Nenhum homem conhece seu destino; nenhuma mulher pode ver o amanhã. Esta casa não tem nada a ver com clarividência. Nela, apenas *nos tornamos conscientes de nosso desenvolvimento ao longo do tempo* e da necessidade de planos e decisões.

Esse é o ponto crucial: o futuro é apenas uma fantasia. Por si só, ele não pode ter relevância para nós. Mas uma *percepção* do futuro existe para todos no tempo presente. E lidar com essa percepção é essencial para o desenvolvimento de nossa individualidade. Quer gostemos ou não, todos nós estamos indo para algum lugar. Para navegar com sucesso pela décima primeira casa, esse futuro deve ser escolhido de forma consciente e intencional. Devemos nos comprometer a nos tornar um determinado tipo de pessoa, a ter determinadas experiências, a atingir determinados objetivos. Precisamos adotar uma *estratégia de vida*. E devemos aderir a ela enquanto ela ainda pareça relevante para o momento em que estamos.

Se falharmos, ficamos à deriva. E se ficarmos à deriva, ficaremos desesperados. Mesmo no tempo presente, estamos bloqueados. Sem metas, não pode haver ação significativa. Mas a vida é ação. Portanto, agimos, e nossas ações são hesitantes, esporádicas, incertas. Cheias de falsos começos e gestos vazios. Logo inventamos metas apenas para preencher o vazio. Mas as metas não têm raízes. Elas são caprichosas, irrealistas, quixotescas. E por causa disso não têm relevância para o agora que estamos vivenciando. Elas não nos ajudam. Então, nós as alimentamos, as inflamos. Tornamo-las mais elaboradas, mais grandiosas. Em pouco tempo, *estamos vivendo no futuro*, obcecados e identificados com um amanhã que nunca alcançaremos. E nossa navegação na décima primeira casa foi um fracasso.

Por que a décima primeira casa é conhecida como a Casa dos Amigos? O que os amigos têm a ver com nossas metas pessoais?

Primeiro, precisamos definir a palavra. *Amigo*, nesse caso, tem pouco a ver com intimidade real. Para esse tipo de percepção, olhamos para a sétima casa, não para a décima primeira. O que vemos aqui é muito mais superficial. Vemos apenas um oceano de rostos familiares. Nossos colaboradores, nossos colegas de trabalho, nosso público. Como escolhemos essas pessoas? Nós as escolhemos *porque elas refletem nossas metas*. Se aspiramos ser artista, buscamos a companhia de artistas. Se quisermos escrever, somos atraídos por escritores. Se quisermos nos tornar mais corajosos, procuramos aventureiros e valentes. Para encontrarmos o significado da vida, associamo-nos a místicos, iogues e estudantes de filosofia. Ao personificar o futuro que queremos para nós mesmos, essas pessoas ajudam a estabilizar nossas próprias intenções. Para nós, *elas simbolizam o futuro*. E ao interagirmos com elas, nosso próprio objctivo se torna mais real para nós.

Primeiro vem a meta, depois vêm os amigos. Essa é a ordem natural, se nossa navegação pela décima primeira casa for bem-sucedida. Mas talvez ela não o seja. Então, sem qualquer senso de direção, procuramos amigos ao acaso. Os amigos "acontecem". Terminamos nos envolvendo em uma rede de companheiros e colegas que não contribuem em nada para nossa estratégia de vida. Eles simplesmente ocupam nosso tempo.

Os signos e planetas na décima primeira casa nos dizem para onde estamos indo e quem pode nos ajudar a chegar lá. Mas em nenhum outro lugar da astrologia é mais importante lembrar que os símbolos são flexíveis. As configurações da décima primeira casa não criam nosso futuro para nós; elas apenas descrevem nossas alternativas. Podemos responder de forma positiva e criativa, ou de forma preguiçosa e sem imaginação. Quaisquer que sejam as energias existentes nessa fase do mapa astral, tudo que sabemos é que, ao final da vida, elas terão dominado o caráter para melhor ou pior. Domar essas energias e persuadi-las a servir a nossos propósitos mais elevados não é fácil. E fazer isso sozinho é ainda mais difícil. Mas muito poucos de nós precisam fazer isso sozinhos. O apoio está disponível. Os signos e planetas da Casa dos Amigos nos dizem onde procurar. Eles sugerem que tipos de pessoas e que tipos de associações ou movimentos nos beneficiam mais. E eles também nos dizem onde *nossas próprias energias são mais necessárias e serão mais apreciadas*. Nós não apenas recebemos de nossos "amigos". Também podemos dar.

Estabeleça metas, encontre pessoas que as apoiem. Depois, viva o momento presente. Esse é o segredo da navegação bem-sucedida na décima primeira casa.

A DÉCIMA SEGUNDA CASA

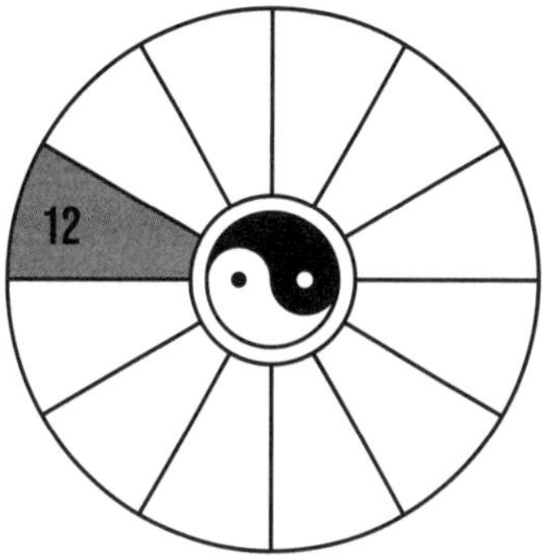

Nome Tradicional: Casa dos Problemas.

Signo Correspondente: Peixes ♓

Planeta Associado: Netuno e Júpiter ♆♃

Terreno:

Consciência desestruturada e sem foco; a própria consciência

Eventos e experiências que interrompem nossa identificação com a personalidade.

Morte do ego.

Navegação Bem-Sucedida

Autotranscendência; ausência de preocupação com os altos e baixos da vida.

Experiências espirituais e psíquicas; meditação.

Sensação da "presença de Deus" ou de níveis mais elevados de consciência.

Navegação Malsucedida

Autoimagem turva, confusa e incerta.

Escapismo; relacionamentos abusivos e autodestrutivos com álcool, comida, sono, sexo, televisão e outras "drogas".

Hipersensibilidade, desequilíbrio mental, esquizofrenia.

"Má sorte" crônica.

Você se apresenta perante o juiz, ele decreta a sua falência. Sua empresa está arruinada. Todos aqueles anos de trabalho foram pelo ralo. E então, ele lhe concede o divórcio. Seu casamento também está morto. Acabou-se. Você não tem mais nada.

Você sai da sala do tribunal para o sol da tarde. Ao que tudo indica, um homem quebrado, uma mulher destroçada. Um fracassado, sem lugar neste mundo. Você está chorando? Você se dirige ao bar mais próximo? Amargura, raiva, autodestruição – todas essas reações estão disponíveis para você. Mas vamos imaginar que você escolha outra reação. Imaginemos que você saia daquele tribunal assobiando, sentindo-se leve como uma nuvem numa tarde de verão.

Será loucura? Será negação ou repressão? Talvez, mas talvez não. Há um ano, você estava num inferno vivo. Agora ele passou, você está livre. Não há mais batalha fútil para salvar um negócio condenado. Acabaram-se as discussões e embates intermináveis com um marido ou esposa que você realmente perdeu há muito tempo. Esse capítulo miserável de sua vida chegou ao fim. O "nada" que você tem agora é muito melhor do que o "algo" que você perdeu. E assim você se sente liberto.

Você encontra um banco de praça. Você se senta, aquecido pelo Sol. Fecha os olhos e deixa tudo e dissolver. Deixa de lado suas preocupações, suas circunstâncias e até mesmo sua identidade. Por alguns momentos, *você simplesmente experimenta sua consciência*, livre de rótulos e responsabilidades. Sua mente está vazia. E de algum lugar profundo e irracional no âmago de seu ser, você sente uma fonte de paz. Em uma hora você poderá estar suando na sala de espera de uma agência de empregos. Mas, naquele momento, você entrou no terreno da décima segunda casa e sua navegação é perfeita.

A décima segunda casa. Para os medievais, era a Casa dos Problemas. Eles a viam como um símbolo de infortúnio, associada a doença, pobreza e prisão. Externamente, ela geralmente traz contratempos como esses, mesmo que nossa navegação seja boa. *Mas não precisamos reagir aos problemas com autopiedade*. Podemos usá-los. Podemos nos voltar para dentro. Podemos deixá-los passar.

Sempre que surgem problemas, cada um de nós tem em si uma rota de fuga "de fábrica". É verdade que estamos no mundo e devemos assumir a responsabilidade por nós mesmos. Mas, sempre que quisermos, podemos sair um pouco. Podemos desviar nossa atenção dos dramas da personalidade. Podemos nos concentrar em um lugar pacífico dentro de nós, um lugar que está sempre lá, esperando. Toda navegação bem-sucedida na décima segunda casa envolve a ativação desses circuitos mentais.

Podemos chamar isso de "meditação da rota de fuga"; podemos chamá-la de oração ou contemplação. Se a linguagem religiosa nos incomodar, podemos chamá-la de auto-hipnose. E a paz que encontramos podemos chamar de Deus ou de "nosso centro", ou simplesmente de relaxamento. Não há casa em que as palavras sejam menos significativas.

A fuga também é o tema das navegações malsucedidas dessa casa. Mas agora a fuga assume uma forma diferente. Em vez de buscar a paz, buscamos o entorpecimento. Em vez de pular por essa janela além da personalidade, permanecemos aqui mesmo, rigidamente identificados com nossos problemas, mas sem fazer nada a respeito. *Em vez de nos retirarmos temporariamente para nossas profundezas, buscamos obliterar completamente a consciência*. Simplesmente tentamos desligá-la. Os textos tradicionais associam a décima segunda casa aos perigos da bebida alcóolica. Os textos modernos acrescentam o abuso das drogas. E certamente estão corretos. O alcoólatra e o usuário de drogas são ambos navegadores fracassados da décima segunda casa. Ambos obliteraram parcialmente a consciência.

Mas as intervenções químicas na consciência são apenas um dos perigos nesse terreno incerto. A pessoa que olha fixamente para a televisão durante horas todas as noites também está se entorpecendo.

Assim como aquela que precisa comer constantemente, ou a que "não consegue pensar em nada além de sexo". *Qualquer comportamento intenso, repetitivo e compulsivo pode potencialmente alimentar uma passagem malsucedida da décima segunda casa.* E essa mesma obsessão impede qualquer resposta mais positiva aos problemas que desencadearam a passagem. Estamos muito entorpecidos para nos movermos. Sentimo-nos loucos, desconectados, apáticos. Em casos extremos, podemos até ser diagnosticados como esquizofrênicos. E sempre reclamamos de nossa "má sorte" crônica.

Os signos e planetas na décima segunda casa são como bombas-relógio. O estopim pode ser longo ou curto, mas não há como apagá-lo. Mais cedo ou mais tarde, os problemas da décima segunda casa nos prejudicam. Eles nos fazem tropeçar. *Eles nos colocam diante de uma situação impossível.* Quando essa situação se apresenta, podemos nos dirigir ao bar e pedir uma dose dupla. Ou podemos nos recolher por um tempo em nossas profundezas, sentindo aquele reservatório infinito de criatividade, vida e resiliência dentro de nós. E, sentindo isso, podemos dignamente *nos livrar de um conjunto de circunstâncias moribundas*, sabendo que, quando a poeira baixar, poderemos começar de novo.

Esse *deixar para trás* nunca é fácil. Essas circunstâncias que estão morrendo são muito queridas para nós. Somos apegados a elas. Elas são o alicerce de nossa identidade no mundo. Mas nossa identidade no mundo é um fenômeno transitório. *Somente a consciência em si é eterna.* Nada mais importa. Entenda isso e a Casa dos Problemas não é mais problemática. Ela é a Casa da Sabedoria. E sua passagem por ela é uma passagem de inquebrantável e duradoura harmonia interior.

Terceira Parte: Sentenças

"Você fala bem inglês?" Se a pergunta viesse de um índio peruano, sua resposta seria um imediato sim. Se William Shakespeare lhe fizesse a mesma pergunta, você talvez hesitasse antes de responder. A fluência num idioma é adquirida aos poucos, e a fluência de uma pessoa pode ser considerada a gagueira de outra. O mesmo acontece com a linguagem astrológica. Podemos aprender o vocabulário básico rapidamente – você quase fez isso agora – e depois passar o resto de nossas vidas desenvolvendo gradualmente a eloquência.

Eloquência é a nossa meta nos próximos capítulos. Conhecemos as palavras. Agora precisamos formar as frases, lembrando sempre que o processo, assim como o de aprender a nos expressar plenamente em nosso idioma nativo, é contínuo. Sempre há espaço para melhorias, para mais sutileza, para frases mais evocativas.

Você tem as palavras. Elas são aprendidas por meio de exercícios de repetição e memorização. Agora é hora de mudar nossas engrenagens mentais, para começarmos a juntar as palavras de uma forma mais divertida e autoexpressiva. No próximo capítulo começaremos a criar frases. No capítulo seguinte, apresentaremos as leis de sintaxe e da gramática, além de adicionamos um pouco mais de vocabulário técnico.

Depois, aprenderemos a construir parágrafos. Absorva as diretrizes a seguir e, ao final do livro, seu idioma astrológico estará bem além do estágio do inglês do "índio peruano". E talvez, se você praticar bastante e não se deixar desanimar, um dia você soará como Shakespeare.

Capítulo 8

Interpretação I: Planetas em Signos e Casas

Todo mundo tem uma Vênus. Todo mundo é influenciado por Virgem. Todos nós enfrentamos os dramas da sexta casa. Essas características marcam a nossa vida humana. Mas elas não nos descrevem individualmente. Para fazer isso, precisamos levar a astrologia um passo adiante.

Vênus. Virgem. A sexta casa. O que são essas coisas? Apenas abstrações, nada mais. Mas o que acontece quando as colocamos juntas, como o mapa do homem em nosso exemplo? O que dizer de Vênus em Virgem? E se a combinação dos dois se expressar por meio da sexta casa? É aí que a magia começa.

Signos, planetas e casas são a base de uma antiga teoria psicológica. Uma teoria que ainda se aplica a todos nós. Mas quando combinamos um planeta específico com um signo e uma casa, paramos de falar sobre teoria e começamos a falar sobre pessoas. Dizer que uma pessoa tem Vênus é como dizer que ela tem um olho. Quem se importa? Mas dizer que sua Vênus está em Virgem é como acrescentar que seu olho é tão frio e penetrante quanto um picador de gelo. E dizer que ela está na sexta casa é como dizer que o homem que tem o olho está olhando diretamente para você com uma espingarda nas mãos.

A combinação signo, planeta e casa é a afirmação astrológica mais elementar *aplicável a um indivíduo*. Ela forma uma "unidade" básica de informação na psique humana. Concreta, particular, única. E o conjunto, a soma de dez dessas unidades, mais o ascendente e algum tecido conjuntivo, nos dá o mapa astral: uma declaração tão articulada, tão especializada que jamais poderá ser repetida.

Os Planetas nos Signos

A chave para entender as interações entre planetas e signos está em lembrar as diferenças entre eles. Cada um serve a um propósito distinto. Se perder isso de vista, suas interpretações serão tão confusas quanto um novelo de lã em uma caixa de gatinhos.

Um planeta faz a pergunta "*o quê?*", Um signo pega esse "o quê" e o desenvolve com um "*como*" e um "*porquê*". O que é Vênus? Como todos os planetas, é uma função psicológica. Nesse caso, destacamos nossa capacidade de *criar relacionamentos*. Em tudo o que falamos sobre Vênus, essa questão é o ponto central, é *o quê*.

Vênus tem pouca personalidade em si mesma. Uma pessoa é solitária. Outra é arroz de festa. Em ambos os casos, a formação de relacionamentos é a função, e o foco está em Vênus. A maneira como Vênus realmente opera no caráter – o *como* e o *porquê* – é determinado pelo signo em que o planeta está, e não pelo planeta em si.

Com Vênus em Virgem, um conjunto de necessidades e anseios virginianos está subjacente ao padrão de relacionamento íntimo.

O que é Virgem? O perfeccionista. O servo. O mártir. O analista.

Com Vênus *condicionado por* Virgem, nosso sujeito é um idealista, pelo menos em questões do coração. Virgem garante isso. Ele tem uma imagem mental do casamento ou da amizade perfeita. Ele trabalha para isso incansavelmente, sacrificando muito de si mesmo, talvez até demais, para realizá-la. Mas se sua parceira descer do pedestal para ir beber uma cerveja, vai ser o inferno. Virgem quer a perfeição. Qualquer coisa abaixo disso é uma afronta pessoal. Uma traição.

O *porquê* de Vênus em Virgem é simples de falar, mas difícil de viver: é o objetivo de criar um *relacionamento perfeito*, que funcione em absoluta concordância com um conjunto de ideais – ideais que são sentidos intuitivamente pela pessoa que tem essa configuração.

O *como* envolve todas as flechas da aljava virginiana. Uma atenção meticulosa aos detalhes da maneira como o relacionamento está funcionando. Uma honestidade escrupulosa na avaliação desses detalhes. Um compromisso inabalável para com um comportamento responsável. Humildade. Um senso sobre a diferença entre falar sobre crescimento e mudança real.

O *show* de Vênus em Virgem também tem um lado sórdido. O processo pode entrar em curto-circuito. O relacionamento ideal só pode existir entre dois indivíduos perfeitos. Duas pessoas que tenham resolvido todos os seus problemas. Um par de Budas. Um homem ou mulher com essa configuração pode se tornar excessivamente exigente, nunca satisfeito, sempre crítico. Ele ou ela pode se apaixonar por alguma fantasia internalizada da mulher ou do homem dos sonhos – e afastar todos os seus possíveis parceiros de carne e osso por considerá-los indignos. Ele pode mitificar um parceiro real a ponto da sua real natureza ficar embaçada. E então, normalmente, a realidade do parceiro se impõe de forma inegável e a Vênus virginiana proclama traição. Eles podem se sentir tão indignos em si mesmos que uma insegurança gigantesca motiva todos os seus relacionamentos. Podem deixar de fazer exigências legítimas. Podem cair num padrão obsessivo de "conquistar o amor do cônjuge" por meio de uma progressão interminável de tarefas domésticas. Podem entrar em relacionamentos degradantes ou autodestrutivos.

Nenhum desses comportamentos negativos pode ser *previsto* de forma confiável com base no fato de ter Vênus em Virgem, embora muitos textos afirmem que esse é o caso. Isso é apenas adivinhação. Se você mantiver um olho na realidade enquanto estiver lendo, verá que essas interpretações estreitas muitas vezes estão erradas.

Todos esses aspectos negativos são apenas riscos. Perigos ocupacionais. São distorções da função fundamental de Vênus em Virgem, que é a realização de um padrão ideal de relacionamento. Toda boa interpretação astrológica inclui uma descrição dessas armadilhas. Mas apenas como um aviso. Mesmo quando sabemos de fato que alguém com essa configuração está vivendo com um babuíno alcoólatra que ela considera como sendo o Messias, jamais devemos descrever essas circunstâncias como seu "destino". Ela não está presa ali. Sempre que quiser, pode dar uma resposta mais feliz e sensível. Como todos nós, ela pode crescer. Sempre que olhar para um planeta em um signo, pense em termos de *o quê*, *por quê* e *como*. Atenha-se a isso e você nunca se afundará a ponto de se tornar um adivinho.

E as casas?

Os planetas são *o quê*. Os signos são *o como* e *o porquê*. As casas completam o sistema fazendo mais uma pergunta, talvez a mais prática de todas: *onde*?

Toda batalha precisa de um campo. E, independentemente da natureza dos exércitos, o próprio campo de batalha deixará sua marca no tom do conflito. Os exércitos estão se enfrentando em uma selva densa? Montanhas congelantes? Deserto sem trilhas? Não há como saber como será a guerra sem saber isso.

O mesmo acontece com planetas e signos. Quando Marte entra em Peixes, pode haver faíscas. Mas essas faíscas se apresentam de uma forma na casa da carreira e de outra forma na casa do lar.

Cada casa é um campo de batalha distinto. Cada uma representa um departamento da vida *no qual a pessoa pode fazer escolhas*. Mas cada uma delas também é uma realidade fixa com um determinado padrão de dados. Um terreno específico. Podemos escalar as montanhas, ou podemos escolher ficar nos vales. Mas nenhum desejo vai transformar esse território em planícies.

Onde? A pergunta é mais complicada do que parece. Todos nós vivemos em dois Universos. Um é *o mundo objetivo*. Chame-o de cosmos. Chame-o de plano material. Chame-o de realidade. Seja qual for o nome que dermos a essa dimensão da vida, ela está repleta de dados e limitações. Ela representa um mundo além dos limites da personalidade, um mundo com o qual a personalidade precisa aprender a lidar. *E é o domínio das casas*. Casamento. Carreira. Os poderes e limites da linguagem. Dinheiro.

Mas as casas têm um segundo domínio. É o lado subjetivo da vida. Chame-o de inconsciente. Chame-o de plano astral. Chame-o de Deus. Chame-o de imaginação. Não importa o rótulo que usemos, essa dimensão da vida – representada pelas casas quatro, oito e doze – pode ser acessada e explorada. É um *onde*. Novamente, o simbolismo da casa.

Os adivinhos frequentemente não percebem isso. Suas interpretações das casas internas geralmente são superficiais. Eles tentam traduzir os fatos internos em termos externos e chegam apenas a eufemismos vagos.

Lembre-se sempre de que *uma casa é apenas um território onde a consciência pode entrar e dentro do qual ela pode se expressar*. Alguns desses territórios são visíveis. Outros são invisíveis. Ainda assim, respondem à pergunta *onde*.

Voltemos ao nosso inglês, o homem em nosso exemplo de mapa astral.

Já vimos como a Vênus dele é afetada por Virgem. Mas o que dizer de seu posicionamento na sexta casa?

A sexta casa é uma das mais externas e concretas. Com Vênus nessa casa, seu teatro de expressão está aberto ao público. Todos nós temos assentos na primeira fila.

A sexta casa. A Casa dos servos. A fase do simbolismo da casa em que nos deparamos com responsabilidades e deveres.

Uma casa de trabalho. De habilidades e técnicas, de competência. Do apoio que oferecemos às pessoas ao nosso redor.

Se não for navegado com sucesso, o terreno da sexta casa é um terreno de trabalho árduo. Deveres e responsabilidades nos sobrecarregam. Permitimos que nos tornemos presos e escravizados, subordinados à vontade de outra pessoa.

Completando a "unidade", a sexta casa acrescenta a dimensão crítica do *onde* às questões criadas pela interação de Virgem com Vênus. Ela define a arena na qual o signo e o planeta desenvolvem seu diálogo.

Em termos de interpretação, estamos em vantagem aqui. Existem muitos paralelos entre a sexta casa e Virgem. Mais uma vez, signos e casas são ciclos duodécuplos de simbolismo, e as fases específicas de um correspondem às mesmas fases do outro. As questões da sexta casa são análogas às questões do sexto signo – e acontece que o sexto signo é Virgem.

Os signos e as casas são a mesma coisa? Não. Como sempre, o signo fornece o material mental – motivação, atitude, tom – enquanto a casa nos diz onde procurar os eventos que esse material mental produz. Virgem, por exemplo, representa a *necessidade* de se expressar por meio de alguma competência ou habilidade específica, enquanto a sexta casa define *uma arena concreta de trabalho e responsabilidade*. Devido à sobreposição entre as duas, nosso trabalho de interpretação de Vênus em Virgem e na sexta casa é mais fácil. Nós temos menos bolas para fazer malabarismo.

Independentemente do signo ou da casa que ocupa, Vênus sempre nos confronta com a questão dos relacionamentos humanos íntimos. Esse é o seu *o quê*. Mas os relacionamentos aos quais Vênus se refere não são sempre românticos. Vênus é também um símbolo de amizades e parcerias – e dos relacionamentos entre cores, formas e sons. É tanto um símbolo de nossas reações estéticas quanto de nossa capacidade de formar laços de afeto e compreensão.

Com Vênus em sua sexta casa, o inglês cuja vida estamos começando a decifrar provavelmente faz a maior parte de seu trabalho profissional em parcerias. Sua capacidade de formar relacionamentos, *o quê*, se expressa no *onde* de seu sustento diário. Ao longo de sua vida, ele se vê confrontado com a necessidade de *manter relacionamentos pessoais harmoniosos se quiser lidar com sucesso com as realidades do trabalho que escolheu.*

Ele gosta? Ele é bem-sucedido? Talvez sim, talvez não. As casas mostram as circunstâncias, não como nos sentimos em relação a elas. Por disposição, nosso sujeito pode ser um solitário. Não importa. Com Vênus moldando sua sexta casa, o progresso de seu trabalho diário está inextricavelmente ligado ao seu progresso em aprender a aceitar outra pessoa como um parceiro igual.

Quais são as armadilhas que ele enfrenta nesse aspecto? Virgem já respondeu a algumas delas para nós: picuinhas, perfeccionismo descontrolado, idealização excessiva, exigências e expectativas irrealistas. A sexta casa apenas acrescenta mais uma peça ao quebra-cabeça: se virmos esses comportamentos destrutivos de Vênus em Virgem, certamente os veremos corrompendo suas parcerias de trabalho, bem como as emocionais.

A simples amizade fora do domínio do trabalho pode ser menos suscetível a esses problemas de Virgem, mas essa simples amizade também desempenha um papel relativamente insignificante no desenvolvimento de nosso sujeito. Ela simplesmente não é muito importante para ele. A maior parte dos vínculos que moldam sua vida surge na arena da sexta casa. *Seus colegas de trabalho são suas almas gêmeas*: essa é uma das características fixas de sua vida. Isso faz parte do *terreno* de sua vida, conforme definido pela sexta casa. Ele pode reagir a isso de forma criativa ou com raiva e ressentimento. Mas nunca poderá mudar isso. Não há amor duradouro sem trabalho compartilhado, não há trabalho duradouro sem o apoio de amigos e amantes: essa é a mensagem da Vênus para o nosso inglês em questão.

Quem são esses parceiros que desempenham um papel tão importante na vida de nosso sujeito? Mais uma vez, Vênus responde: *seus parceiros são tipos venusianos*. Artistas, conselheiros. Pessoas amáveis e sensíveis, glamorosas. E que tipo de trabalho ele faz com elas? Novamente, Vênus responde. O trabalho que ele busca deve envolver a expressão e o desenvolvimento de sua função venusiana. Talvez ele trabalhe com relações humanas. Talvez seja um psicólogo. Talvez ele seja "artista" – poeta, músico, cabeleireiro, decorador de interiores. Não podemos dizer qual é a sua sina; isso depende dele.

Vênus oferece muitas opções. Mas a astrologia restringe as áreas em que essas opções devem ser buscadas. Profissionalmente, seu destino está com o planeta Vênus. No mundo do trabalho, essa função psicológica é sua estrela-guia. Se ele a ignorar, encontrará apenas falta de objetivo e portas fechadas.

Essa é uma "unidade" típica. Todo mapa astral tem dez delas. Desvende todas, depois as entrelace e você terá dominado a magia da interpretação. Vamos analisar o que fizemos para chegar a alguns procedimentos generalizados que podemos aplicar em todos os casos. Há muitas "unidades", mas todas elas funcionam da mesma maneira. Se mantivermos nossos *o quê*, *o porquê* e *onde* em ordem, nenhuma combinação de símbolos deve nos confundir por muito tempo.

Táticas

Então, você tem um planeta em um signo e em uma casa. O que isso significa? Como você deve proceder? A maioria de nós não consegue entender no início.

Entram em cena os astrólogos pop com seus "livros de receita" de astrologia. Está confuso? Não tem problema. Veja o parágrafo sobre Vênus em Virgem. Mas Vênus está na sexta casa? Novamente, sem problema. Cheque o parágrafo sobre Vênus na sexta casa. Ficamos aliviados. Começamos a alinhavar uma interpretação, mas quanto mais o fazemos, mais nossas palavras soam como uma colcha de retalhos de contradições. O problema é simples. A menor unidade do simbolismo astrológico *relevante para um indivíduo* é a combinação planeta-signo--casa. A vida tem três dimensões: identidade, propósito, circunstância. Deixe uma delas de fora, e suas interpretações serão tão plausíveis quanto aqueles cenários artificiais de filmes de monstros de segunda linha: apenas papel pendurado ao fundo, que não engana ninguém.

Então, por que ninguém escreve um livro com leituras de todas as "frases" de casas-signos-planetas? Mais uma vez, a resposta é fácil. Há um número excessivo delas: 1.440, para ser exato. E as "frases" influenciam umas às outras. Duas mulheres podem ter um Marte em Áries na décima casa. Mas se uma delas for capricorniana e a outra geminiana, essas influências de Marte estarão se alimentando de tipos muito diferentes de combustível. Um livro que levasse esses fatores em consideração se estenderia daqui até a Lua, mesmo na edição com letras miúdas.

Devemos proceder de forma diferente. A intuição ajuda. A criatividade é essencial. Mas qualquer pessoa que insinue que é preciso ter percepção extrassensorial para ser um bom astrólogo está complicando desnecessariamente as coisas. O que é necessário, talvez mais do que qualquer outra coisa, é uma mente organizada. A interação do simbolismo num mapa astral é tão complexa que, sem uma abordagem sistemática, a mente fica sobrecarregada. Os detalhes a inundam. Ela não consegue apreender *o todo*. Domine essa abordagem ordenada. Pratique-a por algum tempo. Algo de mágico acontece. Os símbolos organizam seu pensamento de uma nova maneira. Você começa a fazer conexões criativas entre signos, planetas e casas – conexões que nunca viu em nenhum livro.

CINCO ETAPAS

Uma abordagem ordenada. Aprenda estas cinco etapas para interpretar uma unidade astrológica. Siga-as à risca no início, enquanto ensina à sua mente essa nova habilidade. Depois de um tempo, você não precisará ser tão formal – a menos que fique confuso.

Primeira Etapa

Olhe para o planeta. *Que* função mental estamos considerando? De que parte da mente estamos falando? Formação de identidade com o Sol? Construção de disciplina com Saturno?

Segunda Etapa

Observe o signo. É ele que motiva o planeta. O que essa função planetária está buscando? Qual o *porquê* por trás de sua atividade? Qual é sua agenda oculta? Somente um signo pode nos dizer isso. O que estamos buscando aqui é um senso de propósito. Orientação evolutiva. Se nossa compreensão de uma frase parecer dispersa e sem objetivo, é bem provável que tenhamos perdido a segunda etapa.

Terceira Etapa

Pense: *como* essa combinação de signo e planeta pode atingir seu objetivo? Com quais recursos relevantes o signo contribui? E quanto ao planeta? Você pode querer fazer uma consulta à seção de *recursos* na seção apropriada no capítulo sobre signos, ou a seção sobre *funções* no capítulo sobre planetas. Se *você* fosse a pessoa em questão e tivesse esses pontos fortes e fracos, como alcançaria a felicidade?

Quarta Etapa

Pense: *como* essa combinação de signo e planeta pode ser distorcida? Que tipos de comportamento são consistentes com o significado da unidade, mas não com o seu propósito evolutivo? Consulte a seção de *sombra* no capítulo sobre signos, e a seção de *disfunção* no capítulo sobre planetas se precisar refrescar sua memória. *Lembre-se: apresente essas distorções como avisos, não como previsões.*

Quinta Etapa

Observe a casa. *Onde* estão se desenvolvendo os problemas dos signos-planetas? Que tipo de *comportamento* estão criando? Em que parte da vida uma forte resposta ao planeta e ao signo se corporifica como uma melhora nas *circunstâncias* de alguém? Onde uma resposta fraca mais certamente levará à ansiedade e à frustração? As casas respondem a tudo isso.

Confie nestas cinco etapas. Elas funcionam. São a base de tudo o que vimos sobre Vênus em Virgem na sexta casa, e também funcionam muito bem com as outras 1.439 frases. Deixe que elas o guiem e suas interpretações serão precisas e específicas, pessoais e criativas. E, o mais importante, não colocarão ninguém em uma bela caixinha. Você será um astrólogo evolutivo, não um adivinho.

Capítulo 9

Interpretação II: Aspectos, Regências e os Nodos Lunares

Uma mulher tem um dia horrível no trabalho. Às dez da manhã, ela está tomando aspirina com sua quarta xícara de café instantâneo. Às duas horas, ela se dá conta de que aquelas aspirinas foram seu almoço. Às cinco, ela está escolhendo entre a aposentadoria precoce e a violência aleatória. Ela volta para casa. Seu marido a cumprimenta alegremente à porta. Meia hora depois, eles estão há vinte minutos numa discussão sem sentido sobre nada. Por quê? Porque ela precisa desabafar, e extravasar as tensões relacionadas ao trabalho na sua vida íntima faz parte de seu padrão no casamento.

Uma segunda mulher passa por um dia igualmente lamentável no trabalho. A mesma aspirina. A mesma overdose de cafeína. As mesmas fantasias homicidas. Ela também vai para casa. Ela também é recebida pelo marido. Mas, em vez de criticá-lo, ela desaba em seus braços e se permite ser consolada. Em meia hora, eles estão escolhendo entre comida chinesa e italiana, e seus problemas no trabalho são esquecidos. Por quê? Não porque ela seja "melhor" do que a primeira mulher. É simplesmente porque seus circuitos de trabalho e os circuitos de intimidade estão conectados de maneira diferente. A tensão em um deles não produz automaticamente tensão no outro. Esses dois lados da vida não estão tão ligados nela tanto quanto estão em sua contraparte mais explosiva.

Se formos mais a fundo na vida das duas mulheres, podemos descobrir que o marido da primeira sabe muito sobre seu trabalho. Ele compartilha seus altos e baixos. Ele se mantém informado, a aconselha. Ele está ao seu lado profissionalmente e, na maioria das vezes, ela aprecia isso. No segundo casamento, há um acordo tácito de que o trabalho é algo que se deixa no escritório. Nem o marido nem a esposa têm muito conhecimento do dia a dia do trabalho do outro, nem muito interesse nisso. E ambos estão bastante satisfeitos com esse acordo.

Eventos em um casamento: como estamos tratando de *onde*, imediatamente o foco astrológico está na sétima casa. Eventos no trabalho: agora estamos olhando para a sexta casa ou talvez para a décima. Não há como entender as diferenças entre essas mulheres sem considerar pelo menos duas casas em cada caso. Portanto, é evidente que a interação entre carreira e casamento não pode ser explicada por meio de uma análise de um único "pedaço" astrológico, uma vez que essas frases nunca podem envolver mais de uma casa por vez. Cada "frase" pode ter apenas um *onde*.

Mas não é assim que a vida funciona, como podemos ver no exemplo. Os contratempos na carreira geralmente afetam nossos casamentos. A autoestima de fato influencia nossa filosofia de vida. Nosso nível de humor e expressividade é relevante para nossa sexualidade. Na mente, nada acontece em um vácuo. Todas as partes estão relacionadas. Todas são interativas. Em termos astrológicos, *o mapa astral é maior do que a soma de suas frases*.

Interpretar um mapa astral é mais do que entender cada uma das dez combinações de signo-planeta-casa. Nós devemos entender como elas impactam umas nas outras. Devemos perceber como cada frase limita ou aprimora a expressão das demais. Ao lermos um mapa astral, *devemos pensar em termos de unidade.* Interpretações fragmentadas de "frase por frase" não nos levam a lugar algum.

Como fazemos isso? Como vamos além dos "pedaços"? Parte disso é apenas bom-senso. O inglês em nosso mapa de exemplo tem o Sol em Libra na sexta casa. Grande parte de sua capacidade de ser ele mesmo (Sol = *o quê*) gira em torno de sua capacidade de criar relacionamentos pessoais harmoniosos (Libra = *como, por quê*) em sua vida profissional (a sexta casa = *onde*).

Analisando esse mapa astral mais de perto, observamos rapidamente vários fatores que parecem estar alinhados contra esse Sol libriano, fatores que sugerem muita independência. Seu ascendente ariano, por exemplo, lhe dá uma aparência bastante audaciosa. Como sabemos disso? O ascendente é sempre uma grande parte do modo como parecemos ser para as pessoas antes que elas nos conheçam muito bem. No caso do inglês, Áries tempera o ascendente com franqueza, intensidade e talvez até mesmo uma qualidade intimidadora. Outro fator que parece estar atuando contra o Sol em Libra na sexta casa é a Lua em Aquário. Suas emoções (lembre-se, Lua = *o quê*) são impulsionadas pela independência, pela excentricidade e pelo desejo de se estabelecer como uma pessoa distinta da norma (aquário = *o como, o porquê*).

Considerando esses fatores, o simples bom-senso nos diz que, pelo menos em parte do tempo, seu Sol opera em conflito com sua Lua e seu ascendente. Ele precisa cooperar, mas se ressente de compromisso. Tensão, o combustível do crescimento.

Estar atento a padrões de dissonância como esses é a essência de uma astrologia eficaz. No próximo capítulo, abordaremos essa técnica em detalhes. Mas, por enquanto, precisamos considerar apenas um método muito mais direto de detecção de padrões, um método que liga frase a frase de forma clara e inconfundível.

Aspectos

Se signos, planetas e casas são as palavras básicas da linguagem astrológica, então os *aspectos* são *as leis da gramática e da sintaxe* que regem o modo como essas palavras devem ser encaixadas. Os aspectos representam nosso primeiro passo sólido em direção à formação de sentenças astrológicas completas e coerentes.

O que são os aspectos? Fisicamente, os aspectos são simplesmente ângulos geométricos entre os planetas. Todo mapa astral é um círculo. Todo círculo contém 360 graus. Ao longo desse círculo, Marte e Vênus podem, por exemplo, estar separados por 90 graus. Isso é um aspecto.

Ao longo dos séculos, os astrólogos descobriram que certos ângulos desencadeiam interações poderosas entre os planetas, enquanto outros, não.

Vejamos essa divisão de 90 graus entre Marte e Vênus. Veja a figura na página seguinte. Esse é um dos ângulos críticos. Com esse número de graus separando os dois planetas, nunca podemos falar de um sem entender o outro. Eles estão ligados. Para um homem ou mulher com essa configuração, problemas com Marte sempre significam problemas com Vênus também – e fortalecer Vênus pode ser uma forma de ajudar Marte a operar de forma mais suave.

Um aspecto de 90º entre Vênus e Marte

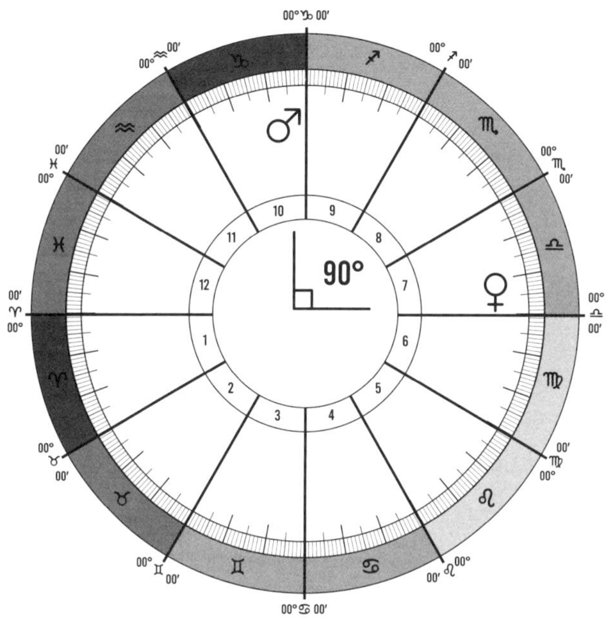

Os astrólogos tradicionais dividem os aspectos em duas categorias: bons e ruins. Como sempre, essas palavras não promovem um pensamento astrológico claro. Todos os aspectos são funcionais; todos eles têm um propósito. Sentimos alguns melhores do que outros, mas essa é uma consideração menor. Muitas vezes, os que nos fazem sentir melhor são os que nos levam às piores confusões. Elimine o bom e o ruim do seu pensamento, pelo menos do seu pensamento astrológico. Vamos analisar cada um desses aspectos *em termos de função* e não em termos de quão fáceis ou difíceis eles podem ser.

Zero Graus: a Conjunção

O mais simples de todos os aspectos é a *conjunção*. Isso ocorre quando dois planetas estão bem em cima um do outro. Suas funções são enxertadas uma na outra. Cada um deles influencia o outro e, em sua união, forma-se uma espécie de "macro pedaço", muito mais complexo do que uma única combinação de signo-planeta-casa.

Fusão – essa é a essência da conjunção. Dois "pedaços" tornam-se um.

Digamos que Marte e Mercúrio estejam em conjunção. Normalmente, a agressividade (Marte) e o intelecto (Mercúrio) têm seus próprios territórios separados na mente. Um circuito pode ser ativado sem excitar o outro. Não é assim quando os dois planetas estão em conjunção. Quando um é acionado, o outro também é. O resultado é uma mente afiada e incisiva. Uma mente vigorosa. Uma mente que pensa em termos de prós e contras, de vencedores e perdedores. Todo o funcionamento de Mercúrio é colorido pela competitividade de Marte.

E como Marte é afetado? A agressividade natural tende a ser intelectualizada. Eis aqui uma pessoa que provavelmente não terá destaque em brigas de bar, mas pode ter um instinto assassino em discussões sobre política ou religião. A mente e a língua tomam o lugar dos punhos.

Tudo isso é certamente moderado e direcionado pelo signo e pela casa em que a conjunção ocorre – e pelos aspectos que ela, por sua vez, faz com o restante do mapa astral – mas nada disso altera o ponto principal: em *uma conjunção, duas funções, normalmente separadas e distintas, são fundidas*. Uma jamais consegue operar sem ativar a outra.

180 Graus: a Oposição

A oposição é um dos aspectos "ruins" da astrologia antiga. É verdade que esse aspecto produz enorme tensão. Mas essa tensão pode acrescentar grande profundidade e resiliência ao mapa astral. Muito depende de como o indivíduo escolhe reagir às questões que a oposição apresenta.

Tensão – essa é a chave para entender as oposições. Dois planetas estão irreconciliavelmente *polarizados*. Um vira para a esquerda, o outro vira automaticamente para a direita – e a perversidade não tem nada a ver com isso. Funcionando naturalmente, de acordo com sua própria lógica interna, cada um deve sempre anular o outro.

Digamos que um planeta esteja em Touro. Ele é oposto por um planeta em Escorpião. O *porquê* por trás do planeta em Touro é uma busca por calma e simplicidade, enquanto o que motiva o planeta em Escorpião é exatamente o oposto: uma fome de intensidade, profundidade e transformação.

Eles não se dão bem. É por isso que os astrólogos tradicionais dizem que a oposição é "ruim". Mas não precisamos nos prender a esse pensamento superficial. A tensão entre o planeta em Touro e o planeta em Escorpião pode ser inestimável. Cada um pode corrigir os excessos e as deficiências do outro. Nenhum deles gosta disso, mas ambos estão em melhor situação.

A coisa preferida deste planeta em Touro pode ser passar todos os finais de semana em casa. É tranquilo, é seguro. Por que criar problemas? O planeta em Escorpião tem uma visão diferente: vamos assistir a palestra de qualquer psicólogo conhecido que estiver na cidade neste fim de semana.

Se o indivíduo cujo mapa astral contém essa oposição *conseguir manter as duas metades da polaridade na consciência simultaneamente*, chegando a um meio-termo entre elas, sua vida será muito mais rica. Ele relaxa muito e também conhece alguns psicólogos interessantes. Esse é o objetivo das oposições – expandir nossa percepção o suficiente para vermos os dois lados de uma questão. Se formos bem-sucedidos, ganharemos flexibilidade, variedade e adaptabilidade.

Mas e se não conseguirmos fazer as pazes com uma oposição? O que acontece então? O fracasso com as oposições tem consequências terríveis. A mente oscila entre as duas metades de uma polaridade. Quando um lado é dominante, o outro é forçado a sair de cena, Podemos ganhar simplicidade, mas perdemos algo muito mais precioso: nossa sanidade. Na pior das hipóteses, uma oposição pode produzir um efeito tipo o médico e o monstro na personalidade. Uma metade da polaridade demanda nossa atenção. Fazemos escolhas e assumimos compromissos com base em suas necessidades. Queimamos nossas pontes. Em seguida, surge a outra metade, forçando o primeiro "pedaço" a ficar em segundo plano. Um novo conjunto de necessidades e motivações contraditórias nos impulsiona, destruindo tudo o que colocamos em movimento sob a influência do primeiro "pedaço". E ficamos indo e voltando dessa forma, talvez por anos, sendo nosso pior inimigo e realizando muito pouco.

90 Graus: A Quadratura

Assim como a oposição, a *quadratura* é considerada um aspecto malévolo. E, novamente como a oposição, essa "malevolência" só aparece se não conseguirmos entender a questão do desenvolvimento que o aspecto representa e dermos uma resposta positiva a ele.

As quadraturas produzem *atrito*, assim como as oposições produzem *tensão*. Das duas, a oposição é a mais harmônica. Os signos opostos sempre têm *algo* em comum. Com Escorpião e Touro, é a interioridade. Com Gêmeos e Sagitário, é a curiosidade. Com Leão e Aquário, é um desenvolvimento extremo da personalidade. Os signos opostos estão sempre ligados de alguma forma. Eles são sempre lados diferentes da mesma moeda. Talvez lados radicalmente diferentes, mas pelo menos é a mesma moeda. Não é assim com as quadraturas.

A característica de atrito do aspecto de 90 graus surge de uma discórdia absoluta e intrínseca. *Em uma quadratura, as duas frases não têm base para o entendimento mútuo.* Não há um ponto em comum, uma linguagem comum. Apenas um muro de incompreensão de um quilômetro de altura.

Consideremos uma quadratura entre um planeta em Áries e outro em Câncer. O *porquê* subjacente ao planeta ariano é o desenvolvimento da coragem. O *como* sempre envolve a busca intencional de certos tipos de estresse – e o planeta e a casa envolvidos na frase identificam esse estresse em termos precisos.

A frase canceriana é impulsionada por uma agenda oculta totalmente diferente. O seu *porquê* envolve um vasto aprofundamento da vida subjetiva, e o seu *como* depende de acalmar e estabilizar o relacionamento com o mundo exterior – o mesmo mundo que Áries procura agitar.

Para Câncer, o comportamento ariano *não faz sentido*. O comportamento canceriano é igualmente enigmático para o ariano. Pior ainda, se um for bem-sucedido, o outro ficará confuso. Seus objetivos são cruzados – planetas ligados por quadraturas disputam o controle da personalidade. A vitória de um significa a destruição do outro.

Se a oposição é o aspecto dos rivais, *então a quadratura é o aspecto dos inimigos naturais*.

Palavras fortes. Que bem pode advir do fato de carregar esse conflito amargo permanentemente dentro de nós?

Um bem enorme, se o permitirmos. A natureza está cheia de inimigos naturais. Leões e gnus. Corujas e camundongos. Raposas e coelhos. Seus dramas são brutais e, ainda assim, servem a um propósito indispensável: a fraqueza é destruída. Os lentos e os doentes são capturados. Os velozes e os astutos escapam.

As quadraturas têm o mesmo propósito: *a fricção produzida em uma quadratura exerce uma implacável pressão ao desenvolvimento sobre cada um dos planetas*. Para sobreviver, eles precisam evoluir. Um deslize, uma autoindulgência, e eles são pisoteados. Não procure maneiras de "resolver" uma quadratura. Você não as encontrará. As quadraturas são irresolúveis. Mesmo em sua melhor forma, elas são uma fonte de inquietação interminável para o personagem. E, idealmente, essa inquietação é uma força curativa, que não leva à paz, mas ao crescimento e à realização.

O horror das quadraturas não é sua capacidade de gerar situações perturbadoras de resultados ou soluções impossíveis de obter. Esse é apenas o território que acompanha o aspecto. Passar por esse território nunca é confortável, mas sempre nos torna mais fortes, sempre elimina quaisquer respostas fracas que possamos estar dando a qualquer uma das frases planetárias. O horror é que uma das frases pode de fato vencer. Ela pode ter sucesso em esmagar a outra, tornando-a passiva e disfuncional. Então ficaremos incapacitados. Um dos dez "circuitos psíquicos" fundamentais que constituem nossa humanidade é destruído. Algo vital sai de nós. E essa parte da vida, seja ela qual for, é, a partir de então, um cenário de desastres, falsos começos e fracassos repetitivos e sufocantes.

120 Graus: O Trígono

Um aspecto "bom" – mas vamos analisar essa ideia com mais cuidado. Os aspectos são como os casamentos. Alguns são baseados na paixão, outros se baseiam na amizade. E em cada categoria, alguns prosperam e outros adoecem. A questão com relação aos aspectos não é qual tipo de casamento é "melhor". A vida é complexa demais para esse tipo de pensamento simplista. A questão é mais específica: como podemos moderar a explosiva mentalidade de "é tudo ou nada" característica do casamento apaixonado? E como podemos animar a amizade sonolenta e fácil demais?

Já conhecemos os aspectos passionais: a oposição e a quadratura. Suas armadilhas são claras; elas nos enchem de adrenalina tão certamente quanto o piscar de faróis inesperado de um carro de polícia a vinte metros de nosso para-choque traseiro. Agora vamos enfrentar um tipo diferente de casamento. Vamos nos encontrar com o simpático trígono e ver se podemos evitar que ele nos embale num sono eterno.

O trígono. Para os adivinhos, ele é o Rolls-Royce dos aspectos. Eles o associam somente a traços positivos, vendo-o como uma força que fortalece e aprofunda todos os planetas que possa tocar. Quanto mais trígonos, mais sorte – essa é a visão tradicional. Não acredite nisso. Pensar que os trígonos são automaticamente "bons" é como acreditar que qualquer casamento em que os parceiros nunca brigam deve automaticamente ser um ótimo casamento.

Os trígonos podem azedar o casamento entre os planetas tão prontamente quanto qualquer quadratura ou oposição. E, mais uma vez, como qualquer quadratura ou oposição, eles podem ajudar os planetas a atingir seu mais elevado nível de expressão. Tudo depende de como escolhemos reagir. Trígonos significam *harmonia*. Os planetas separados por 120 graus estão de acordo um com o outro. Suas naturezas podem ser muito diferentes. Seus objetivos podem não estar relacionados. Mas eles são *aliados naturais*. Livremente, sem previsão ou esforço, eles unem forças.

Se essa aliança nos ajuda ou nos atrapalha é outra questão.

Vamos imaginar que temos uma Lua sagitariana. Há uma fome emocional (Lua) por experiências sagitarianas – experiências que quebram as rotinas normais da vida e nos projetam em ambientes exóticos e estimulantes.

Imaginemos que essa Lua faça trígono com um Marte ariano – todos os circuitos mentais agressivos e impulsivos (Marte) são impulsionados por um desejo ariano de aventura, de triunfo, de experiência extrema.

Por meio do trígono, Marte e Lua estão ligados num padrão de apoio e aprimoramento mútuos. Não há propósitos cruzados aqui. Eles estão de acordo. Ambos estão ansiosos por emoção, e o que agrada a um provavelmente também agradará ao outro. Com Marte em trígono com a Lua sagitariana, podemos fazer uma trilha pelo Nepal ou mergulhar nos corais do Mar Vermelho. Mas também podemos tentar atravessar o Canal da Mancha em janeiro com as mãos amarradas atrás das costas.

Harmonia interior – essa é, ao mesmo tempo, a grande força e a fraqueza fatal dos trígonos. Os planetas ligados por esse aspecto não entram em conflito uns com os outros. Mas o conflito não é necessariamente ruim. Às vezes, ele gera equilíbrio e bom senso. Um trígono pode ser um mecanismo psicológico muito eficiente, permitindo que duas frases se unam e realizem mais juntas do que conseguiriam sozinhas. O *o quê* pode ser tão diferente quanto Marte e a Lua, mas os *comos* e os *porquês* são sempre harmoniosos. Essa harmonia é "boa"? Talvez sim, talvez não. Devido a esse acordo interno, as frases se apoiam mutuamente em uma rede de necessidades comuns, *mas o trígono não dá aos planetas nenhuma perspectiva* sobre si mesmos. Eles podem ser tão inúteis um para o outro como dois bêbados decidindo se compram mais uma caixa de cerveja.

Os aspectos passionais – quadraturas e oposições – funcionam como casamentos apaixonados. Pode haver um inferno para pagar quando os planetas fazem exigências impossíveis e defendem posições incompreensíveis. Mas essa mesma tensão garante crescimento, mudança e esclarecimento. O mesmo não acontece com os trígonos. Eles são como casamentos amigáveis em que reina um espírito de mutualidade e compromisso, e muito pouca tensão é trazida à tona. Os parceiros podem estar felizes, mas talvez essa felicidade não passe disso. Eles podem não aprender nada, não experimentar nada de novo, não mudar nada em si mesmos. E, sob pressão, esse casamento "feliz" pode se desfazer muito antes de sua contraparte marcada pela batalha.

O truque com os trígonos é vê-los como representantes de áreas da vida com *potencial quase ilimitado de crescimento*. Uma aliança foi formada na mente. Dois planetas estão prontos para se unirem em direção a um objetivo comum, sem desperdiçar energia com atritos entre eles. E, no entanto, essa falta de atrito permitiu que eles adormecessem. Precisamos despertá-los. Precisamos imaginar quais poderes estão latentes nesse trígono e, em seguida, *desencadear a liberação desses poderes como um ato de vontade e autodisciplina*. Se conseguirmos fazer com que um trígono entre em ação e desenvolvimento, ele pode nos levar mais longe do que qualquer quadratura ou oposição, e o faz com muito menos esforço. Mas se falharmos, o trígono desperdiça nossa vitalidade. Nós nos comportamos como crianças mimadas, desmotivadas, preguiçosas e autossatisfeitas, sempre procurando o caminho mais fácil, e sorrindo seguimos por uma trilha de desperdício e autodestruição.

60 Graus: O Sextil

Outro aspecto "bom", o sextil é geralmente entendido como um trígono atenuado. Na verdade, sua ação é bem diferente. Como os outros aspectos, o sextil representa uma forma particular de casamento entre frases planetárias, uma com sua própria lógica especial e seus próprios riscos. Como o trígono, ele se inclina para a amizade. Mas as semelhanças não vão além disso. Comparar o trígono com o sextil é como comparar uma valsa com um samba. Ambas são danças, mas a sobreposição termina aí.

Os sextis produzem *excitação*. São intensos, coloridos, dinâmicos. Ambos os planetas são estimulados e animados. Ambos são vitalizados. Quando dois planetas são unidos por um sextil, é como se fossem um par de adolescentes se apaixonando pela primeira vez. Há magia, humor, há muita energia. Mas há pouca tranquilidade ou estabilidade. Como o primeiro romance dos adolescentes, o sextil pode ajudar a levar dois planetas à maturidade. Assim como o amor, ele acelera a evolução, tornando a essência de uma pessoa mais evidente. Mas o remédio é inebriante. Também pode produzir vertigem e irrealidade. O entusiasmo pode se manifestar, mas depois diminuir antes que muita coisa possa resultar disso.

Digamos que exista um sextil entre um planeta em Leão e um planeta em Gêmeos. O *porquê* subjacente à ação do primeiro planeta é a autoexpressão; o do segundo é a coleta de informações. A frase de Leão transmite. Gêmeos recebe e pede mais. Isso agrada a Leão, que de bom grado transmite algo mais. O processo se acelera e os dois planetas são *estimulados a entrar em ação*. Isso é um sextil.

Às vezes, a excitação é mais sutil. Um planeta em Câncer pode formar um sextil com um planeta em Touro. Câncer está buscando o desenvolvimento da subjetividade e da imaginação. Touro busca a calma e a serenidade. Esses são seus *por quês*, e são bastante distintos. Mas seus *comos* [suas formas de agir] são muito parecidas: ambos tentam estabilizar e simplificar suas vidas externas, eliminando o perturbador e o imprevisível. Mais uma vez vemos a excitação característica do sextil: o canceriano se esconde dentro de sua concha, encantando Touro. Enquanto isso, o Touro tem se ocupado em estabelecer segurança e ordem no mundo. E isso aquece o coração de Câncer.

Tal como os trígonos, os sextis podem sofrer de miopia. Câncer e Touro podem se entediar até a morte. Gêmeos pode se cansar do *show* de Leão – e então o Leão pode se sentir traído. *Os sextis, assim como os trígonos, não geram nenhuma perspectiva sobre si mesmos*. Como os casamentos amigáveis, seu calcanhar de Aquiles é a lentidão para reconhecer as fraquezas interativas fundamentais. E sem esse reconhecimento não pode haver estratégia de defesa nem possibilidade de crescimento. Os sextis acrescentam outro risco: a excitação, como o romance adolescente, é muitas vezes passageira. Firmeza e sustentação – essas são qualidades fugidias para o sextil. Energias imensas fluem entre os "pedaços" unidos por esse aspecto. Mas essas energias podem se inflamar sem objetivo ou propósito apenas para diminuir novamente, coloridas, dramáticas e inúteis.

Aspectos Menores

Esses cinco aspectos – a conjunção, a oposição, a quadratura, o trígono e o sextil – são os aspectos principais. Eles simbolizam cinco maneiras fundamentais pelas quais os planetas podem interagir: *fusão*, *tensão*, *atrito*, *harmonia* e *excitação*. Compreenda-os e você estará no caminho certo para interpretar um mapa astral.

Alguns mapas têm muitos aspectos. Outros têm relativamente poucos. Em um mapa astral típico, talvez haja vinte dessas relações.

Cada uma delas é significativa. Cada uma contribui para nossa compreensão do mapa como um todo.

Mesmo vinte aspectos são muito difíceis de lembrar. Tentar lidar com todos eles ao mesmo tempo pode nos sobrecarregar. Todos eles são importantes, mas também temos de ser realistas quanto à quantidade de dados que nosso cérebro pode correlacionar de uma só vez. No próximo capítulo, falaremos sobre maneiras de escolher os aspectos mais significativos num mapa astral específico. É nisso que nossa atenção principal deve se concentrar. Uma vez que os "casamentos" planetários críticos tenham sido descobertos, podemos nos voltar para os menores.

Os cinco aspectos principais são acompanhados por um séquito de *aspectos secundários*. Septeis e bisepteis. Quincúncios. Sesquiquadraturas. Nonágonos. Cada um deles é outro *tipo de relacionamento* entre "pedaços". Se os incluirmos em nosso pensamento, passamos rapidamente de uma média de vinte aspectos por mapa para sessenta ou setenta. Chegamos a um ponto em que *cada planeta está ligado a todos os outros*, bem como ao ascendente e ao meio do céu. E, nesse momento, começa a sair fumaça de nossos ouvidos.

Os aspectos menores são reais. Eles funcionam. Eles têm importância. Mas eles são chamados de "menores" por uma razão: não são tão significativos quanto os aspectos principais. E mesmo se nos limitarmos aos principais teremos nossas mãos cheias. Meu conselho para quem está aprendendo astrologia é esquecer os aspectos menores, pelo menos até ter alguns anos de experiência. Você pode fazer um trabalho eficaz sem eles. E com eles, você pode apenas confundir a si mesmo. Se estiver interessado em conhecer os aspectos menores, consulte o apêndice no final deste livro. Você encontrará referências a textos que tratam deles.

Orbes

Existe uma quadratura quando dois planetas estão separados por 90 graus. Mas e se a separação entre eles for de 91 graus? Isso ainda é uma quadratura?

Entendendo as Orbes

Se estiver usando uma orb. 8º, qualquer planeta entre o 7º e 23º de ♒ faz um aspecto de quadratura com Marte a 15º de ♏

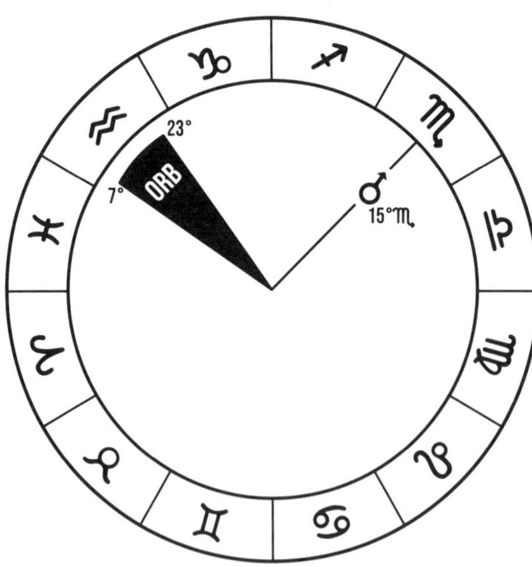

Sim, é. Há uma certa flexibilidade em todos os aspectos. Os planetas não precisam fazer ângulos geométricos precisos entre si para que tenham início os fogos de artifício. Se eles estiverem dentro de alguns graus, isso é o suficiente. Essa tolerância é chamada de *orbe* do aspecto.

Nenhuma orbe pode ser definida de forma rígida. Tentar defini-las é como tentar determinar o dia exato em que seu filhote de gato se tornou adulto. Não funciona.

Aspectos precisos são, de longe, os mais poderosos. Mas um que esteja fora por 2 ou 3 graus ainda é extremamente potente. Cinco graus: forte demais para ser ignorado. Seis ou sete graus: ainda é eficaz, mas definitivamente está diminuindo. Oito ou 9: está lá, mas tão desgastado que podemos direcionar nossa atenção com segurança para outro lugar. Se o aspecto envolver o Sol ou a Lua, estique a orbe em um ou dois graus. Esses dois são realmente as chaves da individualidade. Qualquer coisa que os influencie precisa ser examinada com cuidado extra.

Como Reconhecer os Aspectos

A chave para reconhecer os aspectos rapidamente é a familiaridade com a roda dos signos. Desenhe um círculo. Desenhe os doze signos ao redor dele em sua ordem correta. Cole-o em seu espelho. Mesmo sem mais esforço do que isso, você terá dominado os aspectos em um ou dois meses. Você só precisa se acostumar com onde fica cada signo no círculo.

Em outras palavras, *você deve aprender qual aspecto cada signo faz com todos os outros.* A partir daí, chegar a planetas e graus é simples.

O aspecto mais fácil de identificar é a conjunção. Áries está em conjunção com Áries. Touro está em conjunção com Touro, e assim por diante. Não há problema nisso.

A oposição é quase tão fácil, pelo menos quando você tem a roda de signos à sua frente. Você pode ver que Áries é oposto a Libra, Touro é oposto a Escorpião e assim por diante.

Com os trígonos, o truque é lembrar quais signos estão em qual *elemento*. Todos os signos de fogo estão em trígono entre si. O mesmo vale para todos os signos de terra, todos os signos de ar e todos os signos de água.

As quadraturas são baseadas em *modos*. Escolha qualquer signo. Três outros signos estão no mesmo modo – cardinal, fixo ou mutável. Desses três, um é o signo oposto. Os outros dois são as quadraturas.

Assim como os trígonos, os sextis estão ligados aos elementos, mas exigem um pouco mais de reflexão. A terra é sextil com a água e vice-versa. O ar e o fogo estão conectados da mesma forma. Dos três signos no elemento do sextil, um é o oposto. Os outros dois são os verdadeiros sextis.

Se lembrar elementos e modos não for natural para você, há uma maneira ainda mais fácil de distinguir os aspectos: basta contar os signos.

Escolha um signo e chame-os de número um. Cotando tanto no sentido horário quanto no anti-horário a partir dele, o número dois é um aspecto menor chamado semissextil. O número três é o sextil, o número quatro é a quadratura, o número cinco é o trígono e o número seis é outro aspecto menor chamado quincúncio, e o número sete é a oposição.

Os signos têm 30 graus de largura cada um, mas os orbes têm apenas 6 ou 8 graus. Portanto, temos de dar um passo adiante se quisermos falar sobre aspectos entre planetas individuais.

Digamos que Marte esteja a 15 graus de Escorpião. Queremos saber quais aspectos ele faz. A conjunção também estaria em Escorpião, mas não em qualquer lugar do signo. Teria de estar dentro de 8 graus de distância do planeta que estamos investigando – em outras palavras, entre 7 graus e 23 graus de Escorpião. Qualquer planeta nesse trecho do céu forma uma conjunção com Marte. Qualquer planeta nos primeiros 7 ou nos últimos 7 graus do signo não forma uma conjunção com Marte.

De agora em diante, 7 graus a 23 graus passa a ser nossa fórmula mágica.

Vejamos como a fórmula se aplica a outros aspectos.

Touro se opõe a Escorpião. Um planeta situado entre 7 graus de Touro e 23 graus de Touro faz oposição a Marte. Um em 2 graus de Touro ou 27 graus de Touro não faz – a orbe é muito larga.

Raciocinamos dessa forma em cada um dos signos que fazem um aspecto com Escorpião. Quando terminarmos, saberemos exatamente como Marte está ligado ao restante do mapa astral.

Há mais um fator complicador. Quando um planeta está próximo ao final ou ao início de um signo é preciso ter cuidado. Os aspectos podem ocorrer entre os signos "errados".

Digamos que Júpiter esteja em 26º de Áries. Qual é orbe da conjunção? Para trás, ela se estende até 18 graus de Áries. Isso é bastante claro. Avançando pelo zodíaco, estenderíamos a orbe até 34 Áries, mas esse grau não existe. Aos 30 graus, Áries termina e Touro começa. O "34º de Áries" é na verdade 4 de Touro – e um planeta no início de Touro está em conjunção com o Júpiter do final de Áries.

Aplicaríamos o mesmo raciocínio a todos os outros aspectos de Júpiter. *Ao calcular os aspectos, são os ângulos que contam.* Os signos são apenas uma maneira conveniente de pensar sobre eles.

Quando um aspecto cruza o signo "errado", ele é enfraquecido. Uma quadratura continua sendo uma quadratura, mas com um canto removido. Uma prática útil é ser um ou dois graus mais rígido com relação aos orbes nessas circunstâncias. Isso elimina todos os aspectos, com exceção daqueles que seria realmente imprudente ignorar.

Uma vez reconhecidos, os aspectos são registrados no mapa astral. Há diferentes métodos. Alguns astrólogos desenham linhas com códigos de cores entre os planetas no mapa. A maioria simplesmente preenche uma *grade de aspectos*, como a reproduzida na página seguinte, que mostra os principais aspectos no mapa astral do inglês que estamos estudando.

Ler uma grade de aspectos é fácil. Mas primeiro precisamos aprender alguns glifos:

Conjunção	☌
Sêxtil	✶
Quadratura	□
Trígono	△
Oposição	☍

Há um aspecto entre Mercúrio e Saturno? Encontre a coluna de Mercúrio. Veja onde ela cruza a linha de Saturno. No local onde elas se cruzam, você encontra o símbolo da oposição. Funciona da mesma forma para todos os outros planetas da grade.

Mapa Astral Natal do Inglês

O Inglês

Mapa Astral Natal (masculino)
9.Out.1940 - Quarta-feira
18h30min BST - 1:00
Manchester, UK
53ºN30'002ºW15'
Geocêntrico
Tropical
Placidus
Nodo Lunar Médio

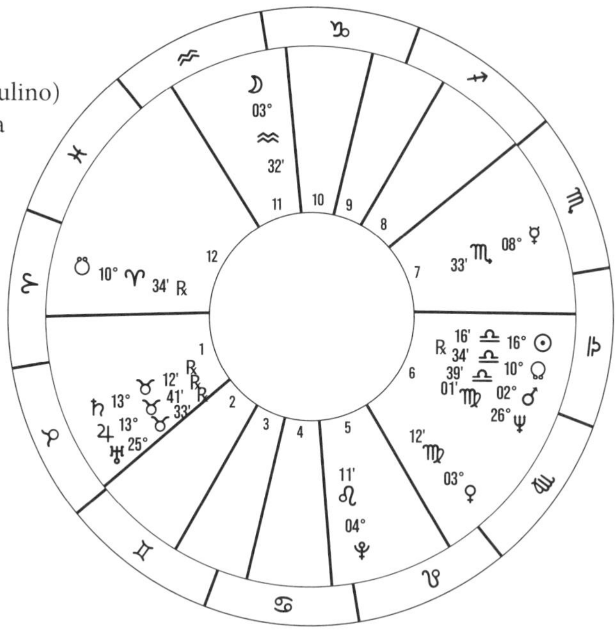

	☽	☉	☿	♀	♂	♃	♄	♅	♆	♇	☊	☋	As
☉													
☿	□ 5A00												
♀			✶ 5S20										
♂	△ 0S53												
♃			☍ 5A08										
♄			☍ 4A39			☌ 0A28							
♅													
♆					☌ 6S37			△ 0S28					
♇	☍ 0A38		□ 4S22		✶ 1A31								
☊	△ 7A02	☌ 5S41			✶ 7A55					✶ 6A23			
☋		☍ 5S41			✶ 7A55					△ 6A23			
As		☍ 5S21											
Mc			✶ 0A49	△ 4S31		△ 5A57	△ 5A28				□ 2A50	□ 2A50	

Um planeta que apresenta muitos aspectos é um planeta importante. É como se ele ocupasse uma posição estratégica no mapa astral, exercendo influência sobre muitos outros planetas. Mas esse é um assunto para o próximo capítulo. Por enquanto, precisamos apenas dar uma olhada numa maneira muito mais simples de um planeta ganhar importância.

Regências Planetárias

Planetas e signos são tipos totalmente diferentes de maquinário mental. Como vimos, os planetas representam as dez funções básicas nas quais a mente está dividida: formação do ego, sentimentos e imaginação, agressividade e assim por diante. Os signos são processos psicológicos com metas e métodos distintos para alcançá-las: o desenvolvimento da coragem ou da capacidade de quebrar rotinas, por exemplo.

Cada processo psicológico, com seu objetivo e metodologia específicos, pode condicionar qualquer uma das dez funções, dando-lhe tom e propósito. Em outras palavras, qualquer planeta pode estar em qualquer signo.

Certas combinações de signos e planetas são mais harmoniosas do que outras. O fogoso Marte adora estar em Áries, o signo do guerreiro, e tem dificuldade de se relacionar com o gentil e cortês signo de Libra.

Cada configuração signo-planeta tem um significado. Cada uma pode produzir comportamentos de valor positivo, e cada uma pode ser corrompida. Nenhuma configuração é inerentemente boa ou ruim. Essa não é a questão. O que estamos observando é apenas que *certos planetas facilitam a expressão de certos signos* mais facilmente do que outros.

Cada planeta tem uma relação especial com um ou dois signos. Devido a uma similaridade em suas naturezas, quando aquele planeta se encontra naquele signo, pouco atrito é gerado. Somos apresentados a uma expressão muito clara de ambos. A astrologia medieval nos deu um nome para esse vínculo especial: diz-se que um planeta que tem uma afinidade particular com um signo é considerado o *regente* desse signo.

Regência. A palavra é infeliz. Na verdade, não se trata de uma questão de domínio ou submissão, isso é apenas pensamento medieval. Seria mais preciso dizer que o planeta e o signo "gostam um do outro". Mas a astrologia moderna manteve a expressão medieval.

Complementando os regentes, há uma noção paralela que descreve uma interação signo-planeta particularmente difícil. Quando um planeta está em um signo em que o *como* e o *porquê* são especialmente estranhos para ele, diz-se que esse planeta está *em queda*. Nesse caso, tanto o planeta quanto o signo precisam se desdobrar para alcançar algum terreno comum para sua expressão conjunta.

Os regentes e as quedas planetárias estão ligados ao mais tenso de todos os aspectos, a oposição. *O signo da queda de um planeta é sempre oposto ao signo de sua regência*. Se conhecemos um, conhecemos o outro.

O Sol é o regente de Leão. A formação do ego depende muito das reações das pessoas ao nosso redor. Aplausos ou vaias – qualquer um deles nos ajuda a formar uma autoimagem de um jeito muito mais eficaz do que a indiferença. Por esse motivo, o Sol é forte em Leão, o signo da performance e da expressão pública. Aquário, o signo oposto, é sua queda: o principal impulso do desenvolvimento do Aguadeiro está em superar a necessidade de aprovação social, e esse tipo de indiferença vai contra a natureza do Sol.

A Lua rege Câncer – os sentimentos se aprofundam no signo da subjetividade, da introspecção e da imaginação. E tem sua queda em Capricórnio, onde a ênfase na autodisciplina e na realização de objetivos torna a autoexpressão emocional tão secundária.

Mercúrio rege dois signos notadamente mentais: Gêmeos e Virgem. Ele gosta da curiosidade e da inteligência de Gêmeos e tem uma grande afinidade com a capacidade de Virgem de colocar ordem em ambientes complexos ou caóticos. Em oposição a Gêmeos, encontramos Sagitário, a queda de Mercúrio – a tendência instintiva do Arqueiro de ir além dos fatos e chegar a respostas conclusivas perturba Mercúrio. Peixes também é difícil para Mercúrio; os piscianos simplesmente se recusam a viver em um Universo lógico, e essa recusa os torna incompreensíveis para o planeta da razão.

Vênus rege Libra e Touro. Como símbolo de nossa capacidade de formar relacionamentos, ele é atraído para a Balança, o signo em que o amor e a parceria desempenham um papel tão importante. E como símbolo de nossa capacidade de nos acalmar, ele é atraído pelo imperturbável Touro.

Marte, o tradicional deus da guerra, não gosta muito da pacífica Vênus – e, como era de se esperar, os dois signos regidos por Marte são as quedas venusianas: Escorpião turbulento e intenso, e o feroz Áries. Da mesma forma, quando Marte se encontra em um signo venusiano, sua própria expressão é inibida. Touro e Libra são os signos em que Marte está em queda.

O expansivo Júpiter adora a exuberância de Sagitário e a amplitude e a fé de Peixes. Esses signos são suas regências. A qualidade observadora e jornalística de Gêmeos é difícil para o planeta gigante; sua predileção é saltar primeiro e olhar depois. O cuidado de Virgem prejudica Júpiter pela mesma razão. Esses são as quedas de Júpiter.

Saturno prospera no ambiente austero e disciplinado criado por Capricórnio e sofre com os ares sentimentais de Câncer, onde tem sua queda. Aquário e Saturno também se dão bem juntos; Saturno aprecia a gelada clareza mental do Aguadeiro e sua autossuficiência. A tagarelice e a frivolidade de Leão, o oposto do Aguadeiro, perturbam o planeta dos anéis – Leão é a outra queda de Saturno.

Agora já contabilizamos todos os doze signos. Cada um tem um regente planetário. Cada um é a queda de um planeta. Ao longo do século XVIII, isso era tudo o que havia sobre regências planetárias. Mas então começamos a descobrir novos planetas e, de repente, tudo ficou mais complicado.

Esses recém-chegados apresentaram à astrologia algumas questões delicadas. Eles regem os signos da mesma forma que os planetas clássicos? Se sim, quais signos recebem novos regentes – e quais dos planetas antigos são expulsos do cargo? Ou será que temos de pensar em termos de regências compartilhadas para alguns dos signos?

Nenhuma dessas perguntas foi totalmente respondida. Os astrólogos estão divididos sobre como lidar com os planetas invisíveis. Alguns acham que eles funcionam como corregentes de certos signos, compartilhando a autoridade com o regente tradicional do signo. Outros acham que a descoberta de Urano, Netuno e Plutão acabou com três dos regentes tradicionais. Muitos que seguem essa escola de pensamento acreditam que mais serão descobertos e que, por fim, cada signo terá um único regente. Talvez eles estejam certos.

Eu mesmo me inclino para a noção de regência compartilhada. Há uma certa validade superficial óbvia com relação a isso. As regências antigas fazem sentido. Elas funcionam, não há necessidade de acabar com elas. E, no entanto, cada um dos três planetas invisíveis também tem uma conexão óbvia, de valor nominal, com um signo específico. Não há necessidade de negar isso também.

Urano é o planeta da individualização. É rebelde, de espírito livre, iconoclasta. Ele tem uma ligação clara com o processo que chamamos de Aquário – e uma aversão igualmente clara pelo espalhafatoso Leão, o signo oposto a Aquário e, aparentemente, a queda uraniana.

O místico Netuno e o místico Peixes têm uma evidente afinidade um com o outro. Isso é claramente uma regência. Em oposição a Peixes está Virgem – e o realismo meticuloso e obstinado de Virgem se choca claramente com o caráter sobrenatural de Netuno.

Plutão nos apresenta problemas maiores. A maioria dos astrólogos considera-o o corregente de Escorpião. A intensidade temível, o magnetismo pessoal e a vontade férrea desse signo são claramente plutonianos. Áries também foi sugerido por motivos semelhantes, assim como Virgem, principalmente por seu foco no serviço. Eu endosso com cautela a regência de Escorpião, dando ao prático e pacífico Touro a queda de Plutão.

Regências Planetárias

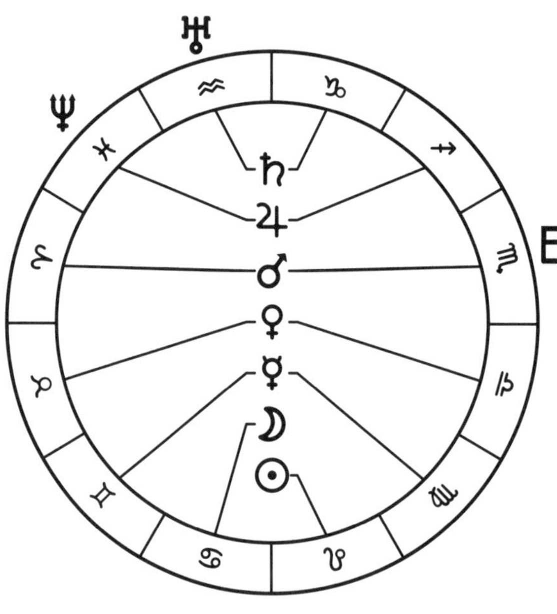

As regências compartilhadas introduzem algumas complexidades, como veremos no próximo capítulo. Mas essa abordagem parece estar mais em harmonia com os fatos. Se Júpiter e Netuno "gostam" de Peixes, não há necessidade de fazer disso uma situação de "ou um ou outro". Ambos podem ser fortes nesse signo e não tirar nada um do outro no processo. E é disso que trata a regência em primeiro lugar – não de autoridade, mas da harmonia.

Regências Planetárias

Como as regências nos ajudam na tarefa de interpretação? Em primeiro lugar, elas nos auxiliam a avaliar a força relativa de todas as frases. Mesmo quando um planeta está em queda, ele ainda é significativo. Ainda devemos entendê-lo. Mas um planeta em seu próprio signo está numa posição particularmente influente. Esse circuito mental – esse *o quê* – desempenha um papel importante na psicologia do indivíduo. Um Mercúrio geminiano, por exemplo, sugere um alto grau de rapidez verbal. Uma Vênus libriana dá charme pessoal e atratividade. Devido a seus pontos fortes em relação às outras funções planetárias, essas qualidades tendem a se tornar características dominantes da personalidade do indivíduo – para o bem ou para o mal.

Se acontecer desse Mercúrio geminiano ou Vênus libriana fazer muitos aspectos com o restante do mapa, isso provavelmente consolidará sua posição de líder entre os planetas. Talvez apenas o Sol e a Lua sejam mais significativos.

Esse conhecimento nos ajuda a manter a perspectiva do mapa astral. Muito frequentemente o mapa contém temas ambivalentes e até mesmo contraditórios. Saber quais "unidades" são mais influentes nos permite saber qual lado do argumento interno será corporificado no comportamento e qual lado provavelmente será forçado a se expressar de maneiras menos óbvias.

Mas esse é um assunto para o capítulo 10. Por enquanto, vamos nos concentrar em uma maneira mais simples e grandiosa de ganhar perspectiva em um mapa natal– a perspectiva da história. Vamos conhecer um par de símbolos que ligam o mapa ao tempo antes do nascimento e ao tempo após a morte.

Os Nodos Lunares

NODO NORTE ☊ NODO SUL ☋

Um mapa astral é como um bebê. Primeiro não há nada. Então, de repente, a criança está lá. Talvez tenhamos sabido que o nascimento estava para acontecer. Mas nosso conhecimento é abstrato e geral. Quando nos deparamos com a realidade – um menino de três quilos, com cabelos castanhos – há um choque inexplicável. Quando conhecemos um pouco de astrologia, os choques se tornam ainda mais profundos. Além do anúncio usual do nascimento, somos confrontados com algumas informações extremamente específicas sobre quem esse bebê realmente é, e o que ele veio experimentar no mundo: ele é aquariano de nona casa, com ascendente em Câncer no sétimo grau e Lua em Capricórnio na sétima casa. Em um momento, há apenas uma protuberância na barriga da mulher. No momento seguinte, há uma história humana completa.

Essa é a sensação de um nascimento. Repentino, milagroso. O que realmente está acontecendo é muito diferente. Ninguém vem ao mundo sem a marca da história. *Até mesmo um recém-nascido tem um passado.* Uma cadeia de causas e efeitos deixa um rastro em cada um de nós e, finalmente, desaparece no Big Bang que deu início a este Universo há cerca de vinte bilhões de anos. Se não conseguirmos entender essa corrente, perderemos muita coisa. É como se tivéssemos formado um relacionamento no qual houvesse um acordo inviolável de discutir apenas o presente. A intimidade é possível, mas muita riqueza e compreensão são perdidas.

Como a astrologia pode superar essa limitação? Um mapa astral é um mapa de *nascimento*. Ele só passa a existir quando um bebê respira pela primeira vez. A resposta vem com dois dos símbolos mais misteriosos e controversos da astrologia: os nodos norte e sul da Lua. Fisicamente, os nodos são coisas complexas, pontos móveis que têm a ver com a relação da órbita da Lua com a esfera celestial. Para nossos propósitos agora, não precisamos entendê-los em termos científicos. É seu significado simbólico que devemos compreender. *Os nodos lunares relacionam o mapa astral à história.* O nodo sul simboliza o passado e seus efeitos sobre nós. O nodo norte simboliza o futuro para o qual estamos sendo atraídos. Não é de se surpreender que os dois pontos sejam sempre opostos. Existe uma enorme tensão entre o que fomos e o que devemos nos tornar.

A que tipo de passado o nodo sul se refere? Devemos escolher um dos dois modelos ou considerar os nodos de ambas as perspectivas, suspendendo qualquer julgamento final.

O primeiro modelo é genético. Por meio de nossa hereditariedade, cada um de nós herda um legado do passado. Nós podemos ter o nariz de nossa mãe e a disposição de nosso pai – e se conhecêssemos nossa tataravó, poderíamos ficar chocados com sua semelhança conosco. O mesmo passado que viveu dentro dela também vive em nós, transmitido pelos genes. Nesse modelo, *o nodo sul simboliza o impacto de nossos antepassados sobre nós.* No nascimento, um tema hereditário é cristalizado em nós. E a partir desse momento, gravado em nossos cromossomos, carregamos um programa codificado de pontos fortes e fracos. Nenhum cientista discordaria de nada disso – exceto, talvez, para questionar se os princípios da genética têm alguma coisa a ver com o nodo sul da Lua.

O segundo modelo é mais difícil de confirmar ou negar. Ele se baseia na ideia da reencarnação. Nesse modelo, cada um de nós é visto como um princípio imortal de consciência, vivendo vida após vida, evoluindo gradualmente para níveis mais elevados de percepção. Em cada vida, adquirimos novas percepções – mas também adquirimos maus hábitos. Esses *insights* e hábitos são a marca do passado, trazidos de volta em cada novo nascimento. Juntos, eles estabelecem um conjunto de predisposições em nós, predisposições essas que são a base das escolhas que fazemos no presente. Os hindus chamam essas predisposições de nosso *karma*. A palavra é útil e nós a usaremos aqui.

No modelo de reencarnação, *o nodo sul da Lua simboliza nosso karma*. E, na prática, sua ação é idêntica à maneira como o nodo funciona no modelo genético. De qualquer maneira, ele representa "vidas passadas". Você pode ser a imagem viva de sua avó que viveu na Noruega no século XVIII. Ou talvez você mesmo tenha vivido na Noruega no século XVIII. Não importa. Essa mulher continua viva dentro de você, independentemente do modelo que você preferir.

A reencarnação é um conceito válido? Responder a isso não é da competência do astrólogo. Cada indivíduo deve formar seu próprio sistema de crenças. Talvez tenhamos muitas vidas, talvez apenas uma. De qualquer forma, o passado molda o presente e, no nodo sul da Lua, podemos desvendar o véu que obscurece sua influência.

O nodo sul da Lua ocupa um signo e uma casa e, portanto, pode ser estudado. Ele faz aspectos (embora ao trabalhar com ele tenhamos de usar orbes de apenas 3 ou 4 graus). Em outras palavras, ele opera, exatamente da mesma forma que um planeta. Nós o lemos como qualquer outra "unidade". O nodo sul mostra um tipo de comportamento que é *instintivo e automático*. Sua casa indica um campo de atividade para o qual a pessoa é inquestionavelmente atraída *pelo fluxo natural e sem esforço da vida*. O signo do nodo sul acrescenta o *como* e *o porquê*; fala de uma *mentalidade* e de um *padrão de motivações* que surgem espontaneamente na pessoa e que podem permanecer para sempre sem serem desafiados.

Assim como nenhum ser humano tem um passado monoliticamente "bom" ou "ruim", não há nada monoliticamente "bom" ou "ruim" no nodo sul. Como todos os outros símbolos, ele abrange tanto potenciais elevados quanto distorções degradantes. Nossas interpretações devem incluir ambos os polos. O ponto crítico é lembrar que o nodo sul representa o passado. Está acabado. O trabalho da pessoa ali está concluído. Mesmo que o conhecimento e o comportamento que ele simboliza estejam longe de ser perfeitos, o indivíduo deve seguir em frente. Nessa parte da vida, ele ou ela fez tudo o que podia ser feito. O futuro está em outro lugar.

Seguir em frente a partir do nodo sul nunca é fácil. Normalmente, não conseguimos nem mesmo enxergá-lo claramente. Um homem é levado para conhecer seu novo médico, que por acaso é uma mulher. Suas primeiras palavras para ela são: "Enfermeira, onde está meu médico?" Ele não faz por mal. *Mas suas percepções são moldadas por um preconceito inconsciente*. Ele supõe que somente os homens são qualificados para serem médicos. É exatamente assim que o nodo sul opera – ele estabelece uma série de premissas arbitrárias na vida. Para escapar delas, é necessário um ato de vontade. Mas o verdadeiro truque é, em primeiro lugar, simplesmente estar ciente delas. Se não conseguimos reconhecer os vieses inconscientes gerados por nosso nodo sul, servilmente agimos de acordo com esses velhos comportamentos repetidamente, sem chegar a lugar algum. Podemos obter sucesso no mundo – muitas vezes isso acontece, pois o nodo sul simboliza algo em que somos bons. Mas nos sentimos mal, como se estivéssemos apenas "empurrando com a barriga". A vida parece mecânica e sem sentido. Uma fome profunda dentro de nós não é satisfeita. Em algum nível fundamental, estamos simplesmente entediados.

O antídoto? É o nodo norte da Lua. *O nodo norte simboliza a vanguarda de nosso crescimento*. De certa forma, é o ponto mais importante da astrologia. Sempre a 180 graus do nodo sul, ele representa o ponto que coloca a tensão mais implacável sobre o passado. Quando nos permitimos vivenciá-lo, abrimo-nos para uma realidade totalmente estranha e exótica. Somos esticados até o ponto de ruptura. Nossos circuitos mentais se confundem, divididos entre o fascínio e o medo. Eles são atraídos, excitados. No entanto, luzes vermelhas estão piscando. Algo em nosso íntimo tenta rejeitar a experiência. Algo dentro de nós grita "isso não faz sentido!"

Veja um nodo sul em Capricórnio e na décima primeira casa. Seja por *karma* ou hereditariedade, essa pessoa é instintivamente, automaticamente, uma pessoa que "corre atrás". A autodisciplina de Capricórnio se expressa na casa das metas e dos planos. Ele ou ela entra na vida e rapidamente estabelece uma estratégia de vida. Qualquer coisa que a viole é imediatamente eliminada ou suprimida.

Opostamente a esse nodo sul está o futuro evolutivo da pessoa. O nodo norte está em Câncer e na quinta casa. Aqui encontramos *experiências que desafiam todas as premissas básicas da pessoa sobre a vida.* Elas são assustadoras. Ao enfrentá-las, a pessoa se sente estranha, perdida. O que são essas experiências? Por meio de Câncer, vemos uma inundação da mente com emoções de vulnerabilidade e ternura. E por meio da quinta casa, vemos um foco de atividade na criatividade, no amor, na autoexpressão; a vida no tempo presente, oposta às tendências do nodo sul em todos os sentidos.

Suspenso entre o passado e o futuro, o homem ou a mulher com essa estrutura nodal deve fazer uma escolha. Para crescer, ele ou ela precisa do nodo norte. Mas chegar a ele envolve muito esforço, provavelmente pedir ajuda e, certamente, algum constrangimento. E a outra opção está sempre à espreita, tentando a pessoa a seguir o caminho mais fácil: reproduzir esses dramas do nodo sul ainda mais uma vez. Permanecer onde é seguro. Se escolher esse caminho, parecerá um mestre e morrerá se sentindo um tolo.

Capítulo 10

Interpretação III: Juntando Tudo

Dez planetas, cada um deles moldado em uma "unidade" por um signo e uma casa. Cinco aspectos que unem essas "unidades" de cinco maneiras diferentes. Junte aí os regentes, a retrogradação e os nodos da Lua. Acrescente uma concentração de planetas acima do horizonte ou no Leste.

Está ficando tonto? Isso não é surpreendente. A astrologia é complicada. Às vezes, ao olhar para um mapa astral, você pode começar a se sentir como um malabarista com muitas bolas no ar. Mas fique tranquilo: há procedimentos a serem seguidos, mapas criados para nos ajudar a navegar pelo território muitas vezes desconcertante do mapa astral. Se nos ativermos a eles, não nos perderemos.

Quando um neófito vê um mapa astral pela primeira vez, muitas vezes se pergunta como alguém consegue extrair qualquer significado daquelas linhas onduladas e hieróglifos estranhos. Os símbolos não revelam nada. Mais tarde, munido de um conhecimento básico das palavras do vocabulário da astrologia, esse mesmo neófito enfrenta exatamente o problema oposto: o mapa astral o bombardeia. Fazer com que um mapa astral fale conosco nunca é um problema. Os símbolos da astrologia estão repletos de significados e estão ali bem diante de nós, abertos como o rosto de uma criança na manhã de Natal. *A difi-*

culdade fundamental na interpretação astrológica é que o mapa astral gera informações demais. Todas as informações são válidas. Todas elas são potencialmente úteis. Mas, às vezes, é como ser forçado a frequentar uma faculdade de medicina quando tudo o que queríamos saber era se o nariz escorrendo de alguém havia melhorado.

Ordem. Clareza. Perspectiva. Esses três aspectos devem ser mantidos se quisermos dominar a arte da interpretação astrológica. Sem eles, teremos apenas o caos. Todas as diretrizes que apresentamos neste capítulo servem a esse propósito: cada uma delas nos ajuda a manter o controle sobre o fluxo de informações do mapa astral. Cada uma delas é como uma mão na torneira.

Às vezes, precisamos fechar a torneira até que o fluxo seja reduzido a um gotejamento. Caso contrário, o gráfico pode nos afogar numa enxurrada de percepções inconsequentes. *Isolar os temas essenciais* – essa é a chave para uma interpretação bem-sucedida. Somente quando tivermos captado a mensagem essencial de um mapa astral específico poderemos continuar a considerar o ajuste fino. O primeiro passo é reduzir o mapa astral à sua essência. Trate o mapa como um amigo falante. Faça-lhe perguntas estimulantes. E, quando ele começar a fugir de você, abandone seus escrúpulos quanto à interrupção. Ele tem as informações; você deve prover o controle.

Escolher os temas críticos num mapa astral nem sempre é uma tarefa fácil. Às vezes, eles estão longe de serem óbvios. Mas há uma regra de ouro simples que nunca nos pode enganar. Ela é a primeira de nossas seis diretrizes básicas e, se nos ativermos a ela, evitaremos a sobrecarga de informações que deixou muitos astrólogos com dor de cabeça e muitos clientes coçando a cabeça, perplexos.

Diretriz Número Um:

Ignore tudo até que você tenha compreendido completamente o Sol, a Lua e o ascendente.

Essa regra simples é o conselho prático mais valioso disponível para quem está aprendendo a interpretar mapas astrais. Sugiro enfaticamente que você nunca se desvie dela.

O Sol, a Lua e o ascendente estão muito acima das outras influências. Eles são a *Tríade Primordial.* Independentemente dos signos e casas que ocupam e dos aspectos que fazem, eles são os principais líderes do mapa astral. Nada que não esteja bem apoiado neles tem chance de figurar proeminentemente na personalidade.

Pense na tríade primordial como formando *o esqueleto do caráter*. Vênus e Júpiter podem dar mais corpo e cor. Mas são o Sol, a Lua e o ascendente que determinam os fundamentos do tamanho e da estatura. Se, por exemplo, a tríade primordial de um indivíduo sugerir prudência e timidez, mesmo um posicionamento de Marte "em brasa" não o transformará em um homem de personalidade forte. Por outro lado, se o Sol, a Lua e o ascendente de uma pessoa estiverem todos em signos de fogo, mesmo um pacífico Marte em Peixes na sexta casa não o tornará mais calmo.

Em ambos os casos, Marte ainda tem significado. Mas precisamos entender esse significado *no contexto do mapa astral como um todo*. E a maneira mais segura de conseguir isso é esquecer Marte até que tenhamos absorvido completamente o significado dos três moldadores de vida.

Cada elemento da tríade primordial tem uma finalidade distinta. Vamos examiná-los. O ***Sol*** estabelece a *identidade*. Como vimos no capítulo 6, ele simboliza o *eu*, dando-nos a sensação de ser uma pessoa distinta, com uma natureza particular e um conjunto específico de predisposições inconscientes que moldam nossos valores e motivações. O Sol, em resumo, simboliza o *ego*.

A ação da ***Lua*** é subjacente à do Sol. A Lua representa os elementos subjetivos – nossos sentimentos e nossos medos, nossas necessidades emocionais e nossos afetos. Ela simboliza a *dimensão instintiva* da mente. A Lua é o *estado de espírito da psique*, o estado de espírito "calculado em média" ao longo da vida. Por ser tão profunda e muito além da razão, podemos chamar a Lua de *alma*.

O ***Ascendente*** é o invólucro colocado sobre as interações do Sol e da Lua. Ele simboliza dois princípios psicológicos intimamente interrelacionados: primeiro, cada um de nós deve necessariamente criar uma versão simplificada de nós mesmos para usar como veículo em nossa vida diária. Segundo, esse veículo deve ser eficaz, permitindo uma expressão simplificada, mas ainda assim confortável, de nosso eu total. Em outras palavras, *tanto nos escondemos atrás do ascendente quanto nos expressamos por meio dele*. Por essas razões, é útil pensar no ascendente como a *máscara*.

Esses três estabelecem um modelo estrutural da mente humana que é amplo o suficiente para ser útil e simples o suficiente para ser compreendido de forma rápida e fácil. Acrescentar os outros planetas torna o modelo muito mais preciso, mas também pode nos confundir e, nos estágios iniciais da análise de um mapa astral, a confusão deve ser evitada a todo custo. Devemos manter uma mão na torneira.

Sol, Lua e ascendente: identidade, a alma por trás dessa identidade e a máscara que ela usa no mundo. Simples, claro, eficaz.

As pessoas que levam a sério a astrologia usam a tríade primordial da mesma forma que os astrólogos "de final de semana" usam os signos solares. Não é "eu sou Leão", mas "meu Sol está em Leão, minha Lua está em Capricórnio e tenho ascendente em Sagitário". E é a diferença entre dizer: "Eu sou de Nova York" e "Eu sou um zen budista irlandês vegetariano morador da Columbus Avenue no início dos anos 1970". Ambas as declarações nos dizem algo, mas a segunda transmite muito mais informações.

Há doze signos solares. Esse tipo de astrologia divide o mundo em uma dúzia de "tipos". Funciona e às vezes é útil – até mesmo uma tipologia dupla como introversão e extroversão tem algum valor. Mas quando expandimos nossos horizontes para incluir a Lua e o ascendente, bem como o Sol, nossa tipologia se torna muito mais individualizada. Em vez de uma dúzia de categorias, temos 1.728 – e muitas mais quando incluímos as posições das casas da Lua e do Sol, bem como sua posição nos signos. Passamos do geral para o particular, da imprecisão para a precisão.

Como fazemos isso? Quais são os procedimentos? O primeiro ponto é lembrar que o Sol e a Lua em seus signos e casas são como quaisquer outras frases planetárias. Aplicamos os mesmos passos ao analisá-las que aplicaríamos a Mercúrio ou Vênus. Se você não tiver certeza sobre essas regras, volte e revise-as. Elas estão no final do capítulo 8. As cinco etapas listadas abaixo pressupõem esse conhecimento.

Cinco Etapas – Análise da Tríade Primordial

Etapa Um

Olhe para o Sol. Seu *o quê* é a formação da a identidade. Considere o signo que ele ocupa. *Por que* essa pessoa está viva? *Qual* é sua meta evolutiva? *Como* ela pode realizá-la de forma mais eficaz? Que riscos enfrenta?

Agora adicione a casa do Sol. *Onde* ele se depara com a expressão mais clara dessas questões de formação do ego solar? Qual é o principal campo de batalha de sua vida?

Etapa Dois

Observe a Lua. Seu *o quê* é a formação da natureza subjetiva e emocional do indivíduo. Que signo molda essa natureza? Que tipos de experiência são mais essenciais para sua felicidade? *Como* ele pode obtê-las? Quando o mau humor e a irracionalidade o dominam, como eles se expressam?

Agora adicione a casa da Lua. *Onde* ele enfrenta as questões emocionais mais turbulentas de sua vida? Onde ele precisa aprender a fazer escolhas práticas da maneira mais intuitiva e "transracional"? Onde ele precisa aprender a confiar em sua "alma"?

Etapa Três

Considere o ascendente. Essa não é uma frase no sentido normal, pois não há nenhum planeta envolvido, mas nossos procedimentos são bastante semelhantes. Como essa pessoa aparece para o mundo? Qual é a máscara dela? Que tipo de personalidade social é mais adequada para lhe proporcionar um senso de identidade confortável e cotidiano? Qual é a diferença entre essa máscara e a que vemos no Sol e na Lua? Como ela é semelhante? Que pontos fortes e problemas esses contrastes produzem?

Etapa Quatro

Considere os aspectos entre os elementos da tríade primordial. Como o Sol, a Lua e o ascendente estão ligados? Você pode encontrar vários desses aspectos, talvez não encontre nenhum. Se você encontrar um aspecto, tente entender como esses elementos primários da personalidade estão ligados entre si. Que pontos fortes o aspecto sugere? Quais são seus riscos?

Etapa Cinco

Esta é a etapa mais difícil e a mais importante. Tenha uma "sensação" da tríade primordial do indivíduo. Se você pudesse fazer apenas uma declaração sobre ela, qual seria? *Quem é essa pessoa*? Há uma predominância de signos de água e casas interiores? A textura da tríade é mais extrovertida? Ela é brincalhona? É séria? Arrogante? Tímida? Entenda isso e você terá estabelecido um contexto para o restante da análise astrológica. Se falhar, sua interpretação será fragmentada e desconectada.

Um Truque Útil

O problema crítico da interpretação astrológica é que o mapa astral nos sobrecarrega tanto com informações que podemos facilmente perder o equilíbrio. A princípio, ater-se ao Sol, à Lua e ao ascendente é a maneira mais segura de manter o controle sobre a situação. É por isso que a diretriz número um é a "diretriz principal" na análise do mapa astral e por que a etapa cinco desempenha um papel tão fundamental para torná-la operacional – ela tenta reduzir a tríade a seus fundamentos.

Há um truque útil que pode nos ajudar a simplificar e cristalizar ainda mais nossas percepções sobre a tríade primordial. Aplicável a qualquer mapa astral, ele fornece um esboço instantâneo da personalidade, com base no Sol, na Lua e no ascendente.

O truque depende dos *arquétipos* que introduzimos para cada um dos signos no capítulo 5. Esses arquétipos são imagens humanas básicas – o guerreiro, o poeta, o palhaço – que capturam parte do sabor de cada signo. Para cada signo, forneci várias dessas imagens. Quando você tiver uma noção dos signos, poderá acrescentar suas próprias invenções à lista.

Tabela de Arquétipos

Áries	**Touro**	**Gêmeos**
O Guerreiro	O Espírito da Terra	A Testemunha
O Pioneiro	O Músico	O Professor
O Audacioso	O Silencioso	O Contador de Histórias
O Sobrevivente		O Jornalista

Câncer	**Leão**	**Virgem**
A Mãe	O Rei/A Rainha	O Servo
O Curador	O Artista	O Mártir
O Homem/A Mulher invisível	A Criança	O Perfeccionista
	O Palhaço	O Analista

Libra	**Escorpião**	**Sagitário**
O Amante	O Detetive	A Cigana
O Artista	O Feiticeiro	O Estudante
O Pacificador	O Hipnotizador	O Filósofo

Capricórnio	**Aquário**	**Peixes**
O Eremita	O Gênio	O Místico
O Pai	O Revolucionário	O Sonhador
O Primeiro Ministro	O Defensor da Verdade	O Poeta
	O Exilado	O Camaleão
	O Cientista	

Eis aqui como usá-los:

Encontre o signo solar da pessoa. Os arquétipos desse signo nos dizem quem ele *é*. Em seguida, observe a Lua. Os arquétipos do signo onde ela se encontra descrevem sua *alma*. E, finalmente, os arquétipos de seu ascendente simbolizam a *máscara* por trás da qual ele se esconde e por meio da qual se expressa.

O homem no nosso exemplo de mapa astral tem o Sol em Libra, a Lua em Aquário e ascendente em Áries. No capítulo seguinte, analisaremos seu mapa em detalhes. Mas vamos agora aplicar nosso truque em sua tríade primordial.

Poderíamos dizer que ele é *o artista*, com a *alma* do *gênio*, usando a *máscara* do *guerreiro*. Ou que ele é o *amante*, com a alma do *exilado*, usando a máscara do *audacioso*.

Os arquétipos podem ser misturados e combinados da maneira que você quiser. Cada signo tem vários, e qualquer um deles destacará um determinado aspecto da tríade primordial do indivíduo. É útil estabelecer uma fórmula única, mas também é, em grande parte, um processo intuitivo. Experimente algumas. Qual delas "parece" melhor?

O valor da fórmula é que ela reduz a combinação do Sol, da Lua e do ascendente a uma única frase gerenciável. Uma frase evocativa, e simples. É apenas mais uma mão na torneira, mantendo o fluxo de informações em um nível gerenciável.

Absorva essa frase. Nos estágios posteriores da análise, lembre-se dela. Ela o ajudará a manter a perspectiva. E quando estiver prestes a fazer um pronunciamento sobre uma frase planetária, pergunte-se o seguinte: o que estou prestes a dizer faz algum sentido para um artista com a alma de um gênio que está usando a máscara de um audacioso.

Nossa segunda diretriz tem um propósito muito semelhante ao da primeira: ela nos ajuda a manter a perspectiva sobre o mapa astral. Ela nos fornece um procedimento para tirarmos algumas conclusões gerais antes de exagerarmos em qualquer característica menor do mapa. A diferença é que agora estamos prontos para incluir todos os planetas em nossa consideração.

Ênfase no hemisfério: esse é o foco da nossa segunda diretriz. A maioria dos planetas está no Leste ou no Oeste? Eles estão predominantemente acima ou abaixo do horizonte? Ou estão mais espalhados mais uniformemente pelo círculo?

Diretriz Número Dois*: Esqueça temporariamente os significados individuais dos planetas. Simplesmente observe se a maioria deles está em qualquer um dos quatro "hemisférios" do mapa astral.*

Se você não souber ao certo os significados dos hemisférios, talvez queira voltar ao capítulo 7 para uma revisão detalhada. Vamos recapitular brevemente aqui, para nos atualizarmos.

O *horizonte* divide o mapa em um hemisfério superior, que representa a *objetividade*, e um inferior, representando a *subjetividade*. Quando a maioria dos planetas está acima do horizonte, o foco da vida da pessoa está na esfera objetiva: ela cresce por meio da elaboração de uma série de *eventos* por meio dos quais a individualidade em evolução é expressa de forma *pública* e *visível*. Essa configuração nem sempre significa sociabilidade e extroversão. Mas certamente implica que, a longo prazo, a pessoa não pode se retirar alegremente do mundo. Essa é sua arena. Se ela se retirar, o crescimento será impossível. E sem cres- cimento, a felicidade é impossível.

A maioria dos planetas abaixo do horizonte tem a conotação oposta: a vida dessa pessoa está focada no reino subjetivo. Ele ou ela pode ser brincalhão como um macaco bêbado ou ambicioso como Napoleão. Mas todo o crescimento está nas profundezas, no mundo dos pensamentos e das reações. Assim como a pessoa do hemisfério superior precisa criar *eventos*, sua contraparte do hemisfério inferior precisa buscar *realizações*. É aí que reside sua felicidade.

Os dois hemisférios criados pelo eixo vertical do mapa astral – o *meridiano* – estabelecem uma polaridade completamente diferente. O Leste simboliza a *liberdade* e a *escolha individual*, enquanto o Oeste representa o *destino*. (Lembre-se: o Leste é à esquerda e o Oeste é à direita!)

Mais uma vez, a ênfase no hemisfério Leste ou Oeste não nos diz muito sobre a *personalidade* do indivíduo. Uma pessoa impetuosa e obstinada pode ter todos os seus planetas no oeste, enquanto uma pessoa preguiçosa e indecisa pode ter uma grande concentração no Leste. A questão não é a personalidade; *a ênfase do hemisfério descreve a forma da vida*, não as tonalidades e texturas que compõem o tecido da natureza da pessoa. Revela as regras do jogo, não a personalidade do jogador.

Como podemos colocar a ênfase no hemisfério em uso na prática? Em meu próprio trabalho, muitas vezes nunca menciono isso à pessoa para quem estou fazendo a interpretação. Mas a ênfase no hemisfério é sempre subjacente à minha escolha de palavras quando descrevo o mapa astral como um todo. A pessoa do Hemisfério Leste ouve muito sobre responsabilidade individual. É apresentado a ele ou ela um modelo de vida como uma tela em branco, a ser preenchida como quisermos. Falta de rumo e inércia são codificadas como uma transgressão hedionda contra a ordem natural, repleta de consequências existenciais perigosas.

Por quê? *Porque esse é o mundo em que esse indivíduo vive de fato.* Independentemente de sua natureza, essa ênfase no Hemisfério Oriental nos garante que, para ele, o uso consciente da liberdade pessoal é o *elemento mais importante* para determinar seu nível de realização.

Um homem ou mulher com a maioria dos planetas no lado oeste do meridiano ouve uma história diferente. Agora há uma ênfase acentuada no valor da flexibilidade e na capacidade de reconhecer os padrões maiores nos quais nossa vida está envolvida. Essa pessoa é um peão num jogo muito mais grandioso do que ela provavelmente conseguirá entender. Esse é o modo de ser do *destino*. A preguiça e a indecisão não estão implícitas – apenas a necessidade de prestar atenção aos presságios que a vida oferece, presságios pelos quais uma pessoa do Hemisfério Leste poderia esperar até o dia do juízo final.

E quanto às divisões criadas pelo horizonte?

A linguagem a ser usada com pessoas do hemisfério superior é a linguagem da realização, desafio e aventura. Elas precisam deixar algum tipo de marca no mundo, algum feito que sobreviverá a elas. Para um indivíduo do hemisfério inferior, o modelo de vida que devemos apresentar é mais subjetivo. Agora tudo orbita em torno da *própria consciência*. Todos os eventos, todos os relacionamentos, todos os sucessos e fracassos externos são codificados em termos de seu *impacto sobre a estrutura mental*. Os eventos em si são vistos apenas como meios para esse fim, às vezes necessários, outras vezes dispensáveis.

O ponto a ser lembrado com relação às concentrações de hemisfério é que elas *estabelecem a estrutura da vida*. As regras do jogo. E, diferentemente das leis do mundo, essas regras não podem ser violadas. Uma pessoa com o Sol e a Lua em Áries pode gostar de ouvir que é livre para fazer exatamente o que quiser – mas se o Sol e a Lua estiverem na sétima casa, e os outros oito planetas estiverem próximos, esse tipo de liberdade simplesmente não está disponível para ele. *O padrão real de sua experiência não permite isso*. Ele pode nadar para a esquerda ou para a direita. Mas, quer ele goste ou não, há um rio que o leva correnteza abaixo. E ao reconhecer esse rio, qualquer liberdade que ele tenha é ampliada.

Todos os planetas precisam estar acima do horizonte para que haja uma ênfase no hemisfério superior? Essa é certamente a situação clássica, mas um foco no hemisfério superior ainda pode existir mesmo que três ou quatro planetas estejam abaixo do horizonte. Aqui está uma regra de ouro eficaz. Digamos que o Sol e a Lua valham, cada um, três pontos. Todos os outros planetas valem um. Se nove ou mais pontos caírem em qualquer um dos quatro hemisférios, você tem ênfase hemisférica.

Quando não há ênfase hemisférica, as regras de vida do indivíduo são mais complexas. Nossa melhor política, então, é ignorar toda a questão e nos concentrarmos em outras técnicas de interpretação.

De agora em diante, nossa viagem pelo mapa astral será mais tempestuosa. Devemos começar a considerar os significados dos planetas individuais. Isso nos expõe à força total do mapa mental astrológico. Ele abre a torneira. Se o fluxo de informações que se segue esclarece nossa visão ou simplesmente nos deixa confusos é resultado principalmente de nossa preparação. Se tivermos seguido nossas duas primeiras diretrizes, há boas chances de estarmos prontos para acompanhar a enchente.

Cada planeta apresenta seus próprios problemas e questões especiais, ajustando os mecanismos estabelecidos inicialmente pela tríade primordial e por qualquer ênfase hemisférica. Mas nem todos os planetas num determinado mapa astral são iguais em força. Todos têm importância, mas alguns dominam a vida da pessoa, enquanto outros se escondem em segundo plano, aguardando o estímulo exato para entrar em ação.

Nosso próximo passo é isolar essas influências planetárias dominantes. Chamamos esses planetas de focalizadores, porque eles representam as principais focalizações de energia mental no caráter do indivíduo. Ao procurá-los nossa meta é a mesma de sempre: estamos nos esforçando para manter a perspectiva do mapa. Mas agora nossa tarefa é mais difícil. O Sol, a Lua e o ascendente são sempre pontos críticos. Isso nunca varia. Mas qualquer planeta pode ser um focalizador. É bem possível que haja mais de um. Devemos agora começar a fazer avaliações exclusivas para cada mapa astral.

Diretriz Número Três: *Depois de absorver o significado da tríade primordial e entender a ênfase hemisférica do mapa astral, estabeleça as identidades dos focalizadores planetários. Uma vez identificados, entenda o papel que eles desempenham no mapa.*

Muitos fatores diferentes podem destacar um planeta específico, fazendo com que ele se destaque dos demais. Muitos outros fatores podem enfraquecer um planeta, tornando sua influência obscura. Os astrólogos medievais se referiam a essas duas situações como *dignidades* e *debilidades*. As palavras ainda são úteis, desde que não as equiparemos a "bom" e "ruim".

Um planeta que é particularmente "bem dignificado" é um focalizador, mas como podemos reconhecê-lo? Escolher os focalizadores nem sempre é uma operação simples. Na prática, mesmo um focalizador muito forte provavelmente tem uma ou duas debilidades. Precisamos equilibrar diferentes fatores e fazer nossos próprios julgamentos.

Nosso primeiro passo é examinar as maneiras pelas quais um planeta pode se estabelecer como uma força a ser considerada no mapa astral. Como ele pode se qualificar como um focalizador?

O Regente do Ascendente

Todo mapa astral tem pelo menos um focalizador, e é fácil identificá-lo. É o *regente do ascendente*, e não importa o quanto possa estar debilitado por outros fatores, ele ainda é uma potência. Se Gêmeos estiver no ascendente, então é Mercúrio. Se Libra estiver no ascendente, é Vênus. Sagitário? É Júpiter. Você pode revisar os regentes no capítulo anterior se não tiver certeza sobre eles.

Três signos têm regências duplas. Isso introduz alguma ambiguidade. Os astrólogos divergem sobre isso. Meu conselho é dizer que ambos os planetas se tornam focalizadores. Se Peixes estiver no ascendente, por exemplo, Júpiter e Netuno regem o signo ascendente. Ambos assumem dignidade.

O simples fato de saber que um planeta é um focalizador nos diz muito pouco.

É preciso ir além. Precisamos entender como essa dignidade afeta sua função no mapa astral.

O que exatamente o regente do ascendente *faz*? Para responder a essa pergunta, precisamos nos lembrar do propósito do próprio ascendente. Ele é a máscara, a personalidade social por trás da qual nos escondemos, e por meio da qual expressamos o restante do mapa astral. Do ponto de vista evolutivo, o ascendente nos aconselha sobre a melhor forma de *organizarmos uma personalidade* social para nós mesmos, uma que funcione bem para nós, dando-nos um senso de equilíbrio e elegância, um senso de "centramento".

O regente do ascendente leva esse processo de centramento um passo adiante. Pense nele como o embaixador do ascendente, transportado para outra parte do mapa astral, mas ainda com o mesmo objetivo. Onde quer que esteja, sua atividade desempenha um papel fundamental *no estabelecimento do senso de diferenciação pessoal e identidade do indivíduo.* Ele o ajuda a se definir.

A análise do regente do ascendente geralmente é um procedimento simples. Começamos por abordá-lo como faríamos com qualquer outra "unidade". Entenda sua operação em termos de signo e casa. Reconheça os aspectos que ele forma com outros planetas, especialmente com a tríade primordial. Em seguida, leve a interpretação um passo adiante e *enfatize que as funções que você acabou de descrever estão intimamente ligadas à formação da autoimagem da pessoa.* Uma forte resposta a elas sugere sentimentos positivos sobre uma adaptação bem-sucedida à vida cotidiana. Uma resposta fraca implica exatamente o oposto: conflito de papéis, estranheza, sentimentos de falta de jeito e ilegitimidade e, muito tipicamente, retraimento social.

Se o ascendente tiver dois regentes, proceda da mesma forma. Considere cada uma das "unidades" à luz dessa dimensão extra de significado. E somente se houver uma quadratura ou oposição entre eles é que será apropriado ver seu relacionamento como competitivo de alguma forma.

Os Planetas em suas Regências

Mercúrio adora estar em Gêmeos. Saturno gosta de sua passagem por Capricórnio. Netuno brilha quando passa por Peixes. Independentemente do signo que está no ascendente ou das casas que esses planetas ocupam, quando estão em seus próprios signos, eles são dignos. Eles se tornam focalizadores.

Mais uma vez, o reconhecimento da dignidade é apenas o primeiro passo. Ele estabelece uma perspectiva: sabemos que devemos dar atenção especial a esse planeta. O que quer que ele faça será importante. O próximo passo é determinar o *significado* desse planeta. E para fazer isso, nós o abordamos como qualquer outra " unidade". Não há novos truques ou técnicas: o regente simplesmente nos alerta para o fato de que estamos lidando com um focalizador. Os planetas em suas *quedas* (consulte o capítulo 9 se precisar de uma atualização) estão debilitados. Ainda é possível que sejam focalizadores – eles ainda podem reger o ascendente, por exemplo. Mas sua ação é inibida, distorcida pela natureza contrária do signo em que se encontram. Nossa abordagem é a mesma de sempre: tomamos nota da debilidade e depois desvendamos a frase da maneira normal. Distorcido ou não, o planeta ainda tem significado. Forte ou fraco, nosso trabalho é descobrir esse significado. Devemos apenas evitar o erro de levar muito a sério a influência de um planeta que esteja completamente debilitado.

Os planetas preferem certas casas a outras, assim como preferem certos signos. Mercúrio gosta de Gêmeos, que é o terceiro signo. Por razões semelhantes, ele também gosta da terceira casa. A mesma lógica se aplica a todos os outros planetas – cada um rege a casa que corresponde à regência de seu signo. Estar em sua própria casa natural fortalece o planeta, aumentando sua dignidade. Esses planetas também podem servir como focalizadores.

Planetas em conjunção com o Sol

Qualquer planeta que faça conjunção com o Sol é um focalizador. Os astrólogos de signos solares cometem muitos erros, mas reconhecem uma verdade astrológica fundamental: que o Sol é o núcleo da personalidade. Ele simboliza nossa essência, o âmago dos motivos e preconceitos que moldam nossa vida. Quando um planeta faz conjunção com o Sol, sua própria natureza é enxertada nesse princípio solar muito mais influente. Nós devemos estudá-lo cuidadosamente se quisermos entender o indivíduo.

Se Saturno estiver em conjunção com o Sol, a força e o autocontrole permeiam o caráter. A solitude e o esforço disciplinado desempenham papéis de destaque na vida da pessoa. Mas ela também enfrenta as armadilhas do planeta dos anéis – ataques de melancolia são possíveis, assim como o tipo de solidão que resulta de muito controle dos outros e muito pouca expressão de sentimentos pessoais.

Todo esse impacto pode ser visto mesmo que o restante do mapa astral tenha um tom muito mais leve, tal é o poder de uma conjunção solar para moldar uma vida. Um planeta nessa posição se torna um membro honorário da tríade primordial e deve ser considerado com quase a mesma deferência. Subestimar sua influência é um erro fatal.

O Stellium

Um stellium ocorre quando três ou mais planetas ocupam o mesmo signo ou casa. Considerando que existem apenas dez planetas e que eles devem se distribuir entre doze casas e signos, esse padrão representa uma concentração inconfundível de energia mental.

Mesmo que os planetas sejam individualmente fracos, sua presença no stellium lhes confere a participação numa aliança que exerce uma influência monumental sobre o tom do mapa astral. *O próprio stellium torna-se o focalizador*, e as necessidades desse signo ou os eventos dessa casa tornam-se características dominantes na experiência do indivíduo.

Frequentemente o Sol está envolvido num stellium com Vênus ou Mercúrio. Isso acontece porque esses dois planetas nunca se afastam muito do Sol (você pode rever as razões para isso no capítulo 6). Esse fato astronômico distorce as probabilidades na direção dos stelliuns centrados no Sol. Esses são os tipos mais fortes. Mas também existem outros. No capítulo seguinte, investigaremos um que envolve Júpiter, Saturno e Urano, todos em Touro e na primeira casa.

Sejam quais forem os planetas envolvidos, analisar um stellium é uma tarefa complicada. Os *o quê* dos planetas individuais podem ser bastante incompatíveis. Nosso procedimento é desvendar cada frase separadamente e depois tecer um padrão de compromissos entre elas. Ao fazermos isso, devemos ter em mente a influência predominante do signo ou da casa em que ocorre o stellium. Sua sombra é projetada fortemente sobre todo o mapa astral.

Planetas Angulares

Os quatro ângulos do mapa astral – o ascendente, o descendente, o meio do céu e o nadir (ou fundo do céu) – são pontos de força. Qualquer planeta que forme uma conjunção com um deles é imediatamente catapultado para uma posição de tremenda proeminência. Ele se torna um focalizador de poder desordenado, rivalizando com o Sol, a Lua e o ascendente em influência.

Subestimar a autoridade de um planeta angular é uma das maneiras mais seguras de perder a perspectiva numa interpretação.

A conjunção com um ângulo é a maior dignidade. Mas a presença de um planeta em qualquer uma das casas que seguem esses ângulos também é significativa. A primeira casa, a quarta casa, a sétima casa e a décima casa: essas são as *casas angulares*, e qualquer planeta que esteja em uma delas é elevado em status. Ele também se torna um focalizador.

O mais sensível dos quatro ângulos é o ascendente. Um planeta que faça conjunção com ele, ou colocado na primeira casa, deve ser tratado de forma definitiva. Trate-o como você trataria o regente do ascendente. A lógica é idêntica, exceto pelo fato de que agora é acrescentada outra dimensão: o próprio planeta se torna parte integrante da máscara do indivíduo, aprofundando e muitas vezes modificando substancialmente a mensagem do signo ascendente. Assim como o ascendente, ele molda sua aparência e estilo pessoal.

Apesar de sua enorme proeminência, os planetas angulares ainda fazem parte das frases. Nós ainda os abordamos de acordo com as mesmas regras. Sua importância vem do fato de que as casas angulares moldam nossas vidas de maneira crítica: a identidade, os impulsos mais profundos, os relacionamentos mais íntimos, o destino. Qualquer planeta envolvido na formação de questões tão sensíveis é imediatamente colocado no centro do palco. Nós o reconhecemos imediatamente como um focalizador.

Planeta Isolados

Um *planeta isolado* é aquele que se encontra sozinho em qualquer um dos quatro hemisférios do mapa astral. Um dos nodos da Lua pode estar no mesmo hemisfério, mas nenhum outro planeta compartilha essa metade do céu.

Essa posição coloca uma carga pesada sobre o planeta. O foco desse hemisfério – objetividade, subjetividade, liberdade ou destino – recai exclusivamente sobre ele. E a mente compensa o desequilíbrio aumentando a influência da frase. A personalidade desse planeta agora permeia o mapa astral muito mais profundamente do que poderíamos esperar com base apenas em seu signo, casa e aspectos.

Uma Vênus isolada, por exemplo, pode produzir interesses artísticos e uma natureza afável, mesmo quando esses padrões não estão claramente sugeridos no restante do mapa. Da mesma forma, um Júpiter isolado pode criar entusiasmo; um Saturno isolado, autodisciplina e austeridade, e assim por diante.

Os planetas isolados não são comuns. Mas quando existem, certamente servem como focalizadores críticos. Ignorá-los é outra maneira segura de perder a perspectiva.

Planetas Estacionários

Os planetas estão *estacionários* quando estão parados no céu, prestes a se tornarem retrógrados ou diretos. (Se você quiser uma revisão da astronomia envolvida nesse fenômeno, volte ao capítulo 7). Esse planeta tem maior autoridade no mapa astral. Ele também pode servir como um focalizador, embora não com a mesma eletricidade que vemos nas condições discutidas anteriormente.

Veja um planeta estacionando da seguinte maneira: se ele tiver alguma dignidade de outras fontes, o fato de estar estacionário garante seu papel como focalizador. Se o posicionamento do planeta for indiferente, dar muita atenção ao fato provavelmente distorcerá a precisão de sua interpretação.

Aspectos Fortes

Qualquer planeta que faça um grande número de aspectos é um focalizador. Por quê? Simplesmente porque ele mete o nariz nos assuntos de todo mundo. Onde quer que vamos, descobrimos que precisamos nos referir a ele para entendermos o funcionamento das outras frases. Ele faz quadratura com Marte, trígono com o Sol, oposição com Urano, sextil com Júpiter, e assim por diante. Envolvido tão amplamente na estrutura do mapa astral, sua influência permeia quase tudo o que o indivíduo faz. É impossível compreender o indivíduo sem ter uma sólida compreensão dos pontos fortes e riscos desse planeta fortemente aspectado.

Planetas aspectados com o Sol, a Lua ou o ascendente são particularmente críticos. Qualquer planeta que faça aspecto com o Sol e a Lua, mesmo que não faça nenhum outro aspecto, é um focalizador. Ele pode parecer uma influência menor, mas não se deixe enganar: é como se ele jogasse pôquer com o presidente toda quinta-feira à noite e penteasse a primeira-dama no sábado. Leve isso a sério. Ele é influente.

Quando podemos dizer que um planeta está fortemente aspectado? Não há regras sólidas aqui. Há muitas variáveis envolvidas. Um aspecto com um planeta focalizador vale três ou quatro vezes mais que com planetas debilitados. Um aspecto muito preciso é muito mais crítico em sua influência do que vários aspectos com 6 ou 8 graus de diferença. Em um mapa astral com relativamente poucos aspectos, um planeta que faz alguns aspectos importantes está em uma posição muito estratégica. Um planeta que faz exatamente esses mesmos aspectos num mapa com muitos aspectos não é tão importante. Se existe alguma regra prática aqui, é a seguinte: *compare cada planeta com todos os outros no mesmo mapa astral.* Qual deles está conectado ao mapa de forma mais inextricável? Esse certamente é o seu focalizador.

Mantendo a Perspectiva sobre os Focalizadores

Planetas Isolados. Stelliuns. Regências, estações. Aspectos pesados. Quando entramos no território da diretriz número três, já estamos com as mãos cheias. O fluxo continua vertendo, e não é fácil se manter à tona.

Manter a ordem é tudo. Uma vez passada a segurança da tríade primordial, há uma tentação esmagadora de começar a interpretar de qualquer jeito, sem nenhum tipo de estratégia ou compreensão de quais "unidades" são as mais importantes. Esse caminho leva ao desastre.

Relaxe. Não tenha pressa. Sente-se com o mapa astral por alguns minutos. Qual planeta rege o ascendente? Esse é um focalizador, com certeza. Há um "filho único"? Provavelmente não. E quanto a um stellium? Eles são sempre fáceis de ver, pelo menos. Há um planeta angular? Novamente, isso é facilmente constatado: basta olhar. E quanto a um planeta que faz muitos aspectos? Verifique a grade de aspectos – há algum planeta que esteja sempre aparecendo? Ele está ligado ao Sol, à Lua ou ao ascendente?

Repasse a lista de verificação. Às vezes, quase todos os planetas estão disputando o controle do mapa. Outras vezes, todos eles parecem estar escondidos em cantos obscuros. Os mapas astrais são assim.

Na maioria das vezes, dois ou três planetas se destacam dos demais. Talvez você encontre um Marte angular regendo aquele ascendente em Escorpião. Talvez Urano esteja em conjunção com o fundo do céu, fazendo uma quadratura com o Sol e um sextil com a Lua. Talvez Netuno esteja em conjunção com o meio do céu em Peixes.

Pratique um pouco. Você terá uma noção disso.

Os astrólogos antiquados às vezes usavam um sistema de pontos para estabelecer dignidades e debilidades relativas. Três pontos por reger o ascendente, menos dois por estar na queda, mais um por estação, e assim por diante. No final, Marte poderia ter vinte e dois pontos contra dezenove de Júpiter – e, a partir desse momento, Marte seria o chefão do mapa astral e o pobre Júpiter faria o café.

Essa abordagem não reflete a realidade.

O objetivo dos focalizadores não é determinar qual planeta pode eliminar todos os outros. Não é assim que a mente funciona. Cada planeta tem seu próprio território separado. Sua influência ali é soberana e não pode ser desafiada. Cada mente humana, em outras palavras, tem um lugar para todas as dez funções planetárias.

O que os focalizadores nos ajudam a fazer é *organizar nossa abordagem aos planetas*. Eles nos dizem quais frases estão presentes de forma mais vívida no caráter de um indivíduo e quais desempenham papéis secundários. *Tudo o que buscamos ao determinar os focalizadores é um senso de prioridades*. Dessas oito frases, quais são as pedras angulares? Com quais delas a pessoa se identifica mais fortemente? Quais apresentam as pressões de desenvolvimento mais críticas?

A pergunta que os focalizadores respondem melhor é puramente prática: De quais planetas devemos falar primeiro? Prioridades, é só isso.

Os Nodos Lunares

Os nodos lunares nunca podem ser focalizadores no sentido estrito do termo. Eles não são planetas: sua ação é diferente. Eles tocam acordes em um plano próprio.

Se você achar que precisa de um curso de atualização sobre os nodos, dê uma olhada no final do capítulo anterior. Resumidamente, o nodo sul da Lua é um símbolo do período anterior ao nascimento e seu impacto no desenvolvimento posterior da pessoa. Ele pode ser visto como um símbolo do *karma* pessoal – sua personalidade residual que sobrou de encarnações físicas anteriores – ou como uma pista das pressões formativas exercidas sobre nós por nosso histórico hereditário ou genético. De qualquer forma, o nodo sul refere-se a "vidas passadas".

O nodo norte sempre simboliza nosso futuro evolutivo. Se estivermos pensando em termos de reencarnação ou hereditariedade, ele representa para onde estamos indo. Território virgem, totalmente estranho para nós, o nodo norte da Lua nos apresenta desafios aparentemente incompreensíveis. Se estivermos à altura deles, sentiremos estresse – e realização. Se escolhermos ignorá-los, uma sensação insidiosa de tédio e previsibilidade se infiltra em nossa vida, deixando-nos tão sem rumo quanto um menino de dez anos vestindo um terno.

O que há de tão importante nos nodos? Novamente a perspectiva. Os nodos lunares indicam quais das qualidades estabelecidas por outros fatores astrológicos se apoiam firmemente na base da experiência passada e quais são fundadas no nada, dependendo totalmente do esforço consciente para seu desenvolvimento.

Esse conhecimento é a base da nossa quarta diretriz de desenvolvimento

Diretriz Número Quatro: *Determine como os nodos norte e sul da Lua têm impacto sobre as outras características do mapa astral.*

Sempre olhe primeiro para o nodo sul. Ele está em um signo e em uma casa. Talvez ele faça alguns aspectos, mas lembre-se de ser rigoroso com suas órbitas – 2 ou 3 graus são suficientes. Desvende seu significado como faria com qualquer outra frase, lembrando-se de que ele é a influência persistente de eventos que ocorreram antes do nascimento.

Agora compare a mensagem do nodo sul com sua impressão do mapa astral como um todo. Você tem trabalhado com a tríade primordial. Você notou alguma ênfase nos hemisférios; escolheu alguns focalizadores críticos. Qual é o seu tom geral? Até que ponto ele se harmoniza com o que você descobriu no nodo sul?

O que estamos querendo dizer é o seguinte: *Ao comparar o nodo sul da Lua com o mapa astral como um todo, determinamos quais tensões específicas existem entre tudo o que a pessoa "fez antes" e o que ela está tentando realizar com o mapa atual.*

Esse conhecimento é de vital importância. Ele nos diz quais das questões planetárias têm maior probabilidade de pontos cegos – áreas em que o indivíduo pode ter de bater a cabeça contra a parede só para "ver o óbvio". Mas também há um lado positivo da moeda: o nodo sul também pode indicar funções planetárias que precisam ser desenvolvidas rapidamente. Por quê? Simplesmente porque *esse conhecimento já existe na pessoa*. Ele ou ela nasceu com ele.

Pense da seguinte forma: uma tocadora de banjo escorrega numa casca de banana e sofre amnésia. Seis meses depois, a milhares de quilômetros de distância, ela pega um banjo por acaso. Em algumas semanas, parece que alguém deve ter dado um jeito de lhe contrabandear esse banjo enquanto ela ainda estava no ventre de sua mãe. Confronte essa tocadora de banjo com um console de computador ou uma transmissão de automóvel desmontada, e a história é outra: ela é tão inepta quanto o resto de nós. É assim que o nodo sul funciona: alguns de nossos esforços são apoiados por experiências passadas, em sua maioria esquecidas. Outros, talvez mais importantes para nós, não são.

A influência do nodo norte da Lua é mais sutil. O passado é imutável. Ele é o que é. O nodo sul reflete isso: é uma entidade fixa, que nos influencia de maneira bastante previsível. Não é o caso do nodo norte. Aqui tudo é incerto.

Se o nodo sul nos diz o que éramos, então *o nodo norte nos diz o que devemos nos tornar*. Não o que nos tornaremos. Não o destino, apenas uma direção. Apenas uma sugestão, nada mais. Com o nodo norte da Lua, a bola está em nosso campo. Podemos rebatê-la ou podemos deixá-la de lado. As características do mapa astral que mais se assemelham ao nodo norte representam enormes desafios. De certa forma, elas são castelos construídos na areia. Nada em nossa disposição hereditária, seja ela *kármica* ou genética, nos dispõe a compreendê-los. No entanto, eles nos fascinam. Somos atraídos por uma curiosidade inexorável dentro de nós mesmos para explorar esses terrenos exóticos. Ao fazermos isso, geralmente fracassamos, mas também enchemos nossas mentes com um senso de crescimento e mudança, uma imagem da vida como um milagre sem fim a ser saboreado e absorvido.

Você é uma atriz na Broadway. É uma noite chuvosa de terça-feira. Você está com dor de cabeça. A cortina se abre em sua 112ª apresentação de uma determinada peça. Com a habilidade que vem da repetição infinita, você desempenha seu papel de forma impecável. Você é aplaudida de pé e depois vai para a cama. Essa é a vida no nodo sul, certa e, muitas vezes, impressionante.

Você é uma criança com sua primeira bicicleta. Você cai. Você sobe nela novamente e cai de novo. Depois de duas ou três horas, consegue andar de um lado para o outro, com os olhos arregalados, passando bem ao lado dos seus pais orgulhosos. E, naquele momento, você se sente como Deus no dia em que o mundo começou. É assim que o nodo norte se sente: perigoso, livre, triunfante.

Os adivinhos têm pouco interesse no nodo norte da Lua. Eles querem saber quais são os "traços" de uma pessoa, e o nodo norte fornece poucas informações sobre esse assunto. Os astrólogos evolucionários têm uma visão bem diferente. O crescimento e a mudança são a força vital de sua filosofia. Para eles, o nodo norte, com sua ênfase em potenciais e possibilidades, é o símbolo mais importante do mapa astral. Todo o resto – signos, planetas, casas – são os meios. O nodo norte é o objetivo.

Diretriz Número Cinco: *Isole padrões e temas no mapa astral. Reconheça alianças planetárias. Observe grupos de significados. Observe as tensões temáticas.*

As pessoas estudam astrologia por anos a fio. Elas são diligentes. Aprendem as palavras e frases. Sentem o poder do sistema, apreciam sua beleza. E, no entanto, quando lhes é pedido para interpretar um mapa astral, elas congelam. Todas essas palavras e frases lhes falham. As frases se recusam a se formar. Por quê? Desorganização, principalmente. Elas não aprenderam a controlar o fluxo. Você pode superar esse problema se seguir as quatro primeiras diretrizes que desenvolvemos aqui. Elas lhe darão a ordem e a perspectiva que é tão essencial para uma interpretação eficaz.

Mas se quiser realmente dominar esse idioma antigo, você deve dar um passo adiante. Deve começar a compreender o mapa astral como um todo. Deve aprender a vivenciá-lo como se fosse uma pessoa, não como uma colcha de retalhos de ideias, mas como um *sentimento*, algo que você sente com o coração e a intuição, além do intelecto.

A diretriz número cinco nos leva nessa direção. De todas as regras que introduzimos, ela é a mais indispensável. Mas é a número cinco por um motivo: sem um domínio completo das quatro primeiras, ela é tão inútil quanto um maiô na Antártida.

Padrões. Temas. Grupos de significados. Não podemos sequer começar a reconhecê-los até que tenhamos desvendado, pelo menos parcialmente, as mensagens do ascendente e dos dez planetas. Isso seria como começar a debater o controle de armas na língua Kiswahili sem conhecer nenhum vocabulário, não é possível.

Nossos primeiros passos com um mapa astral devem ser, em grande parte, intelectuais. Seguimos os procedimentos. Nós conectamos nossos bancos de memória a cada um dos símbolos – ou os consultamos novamente para uma rápida atualização. Analisamos; equilibramos testemunhos conflitantes. Dissecamos metodicamente as engrenagens e polias, os dínamos e as hélices que fazem uma mente individual funcionar.

Então, se o permitirmos, algo mágico começa a acontecer. O mapa astral ganha vida. Ele fala conosco. O que ele diz? Qualquer coisa. No decorrer da história humana, algo em torno de oitenta bilhões de pessoas passaram por esse território. Cada uma delas tinha um mapa de nascimento e cada mapa era diferente. Os únicos limites para a linguagem de um mapa astral são os limites da própria imaginação. Quanto menos rígidos forem esses limites, mais habilidoso você se mostrará na arte da interpretação.

Talvez você perceba que, ao aplicar as quatro primeiras diretrizes a um mapa específico, você usa a palavra *independência* com bastante frequência. Um Sol ariano. A Lua em Sagitário. O ascendente em Capricórnio. Um *stellium* incluindo o regente do ascendente em Aquário. Urano em conjunção com Marte no nadir.

Cada uma dessas configurações tem seu próprio significado distinto. *Mas a independência é seu denominador comum.* Você detectou uma aliança composta de muitos fatores distintos. E no terreno complicado da interpretação astrológica, você encontrou um tema.

De vez em quando você encontra um mapa astral que é simples assim. Há um tema claro e os significados de todos os "pedaços" se agrupam em torno dele. Esse tipo de uniformidade é bastante incomum. As mentes raramente são homogeneizadas.

Talvez Netuno se destaque como um polegar dolorido: ele está em Câncer, logo acima do descendente, na sétima casa. É angular. Está em quadratura com o Sol. Um focalizador, com certeza. Mas o que ele nos diz? O dono do mapa astral é um tipo sonhador e romântico, cheio de afeto e talvez precisando trabalhar com a dependência exagerada e um pouco de possessividade.

Espere um pouco. Há alguns momentos, ela era a guerreira com alma de cigana usando a máscara do eremita. Agora, de repente, ela é codependente?

Não. O tema que captamos por meio da tríade primordial e dos outros focalizadores é o dominante. Tudo o que aconteceu foi que detectamos uma nota dissonante. Enfatizar demais isso seria uma grave perda de perspectiva. Se o restante de seu mapa tivesse apoiado esse tema netuniano – muitos padrões librianos e piscianos, por exemplo – então poderíamos lê-lo de forma direta. Do jeito que está, temos de ser mais cautelosos.

Netuno não é simplesmente suplantado pelas outras influências – disso podemos ter certeza. Nada astrológico jamais "desaparece". Mas, às vezes, ele precisa encontrar seu lugar num ambiente hostil.

Como devemos proceder? Não há mais mapas neste momento. Estamos por nossa própria conta. Mas cada um de nós tem cartas na manga: um certo grau de bom senso e o fato de que temos vivido intimamente com pelo menos uma mente humana: a nossa.

Quando nos deparamos com uma *tensão temática* em um mapa astral, é hora de usar essas cartas.

Amplie sua imaginação. Identifique-se com essa mulher. Coloque-se no lugar dela. Como você imagina que ela se sente? O que você faria se a situação fosse diferente?

Talvez ela faça o possível para enterrar o Netuno. Talvez ela o esconda por trás de seu verniz muito convincente de autossuficiência. Ela poderia se safar com isso se quisesse. Sua tríade primordial lhe dá esse poder.

Mas, se ela seguiu por esse caminho, podemos ter certeza de que Netuno já "deu as caras" de vez em quando. Ela provavelmente se permitiu se apaixonar mais de uma vez – e ficou chocada com o *apego e o irrealismo* insuspeitos e incaracterísticos que a experiência trouxe à tona.

É aqui que o vidente se atrapalharia. Ele ou ela investiria muita energia em descrever cenários como esse, provavelmente codificando-os como percepções do passado da mulher ou, pior ainda, como previsões para seu futuro. Essas declarações podem se mostrar assustadoramente precisas. Mas elas certamente não seriam úteis.

O astrólogo evolutivo abordaria essa tensão temática de uma maneira totalmente diferente. Ele ou ela poderia descrever esse padrão destrutivo de comportamento netuniano, mas apenas como um exemplo de caminho disponível para a mulher e, claramente, não como o mais feliz.

Que alternativas a mulher tem? Novamente, use seu bom senso. Esqueça a astrologia. Esqueça o mapa astral. Os símbolos fizeram seu trabalho. Eles transmitiram um conjunto de impressões, um drama humano específico. Absorva-o. Abra seu intelecto para isso. Abra também seu coração. Se aquela mulher fosse sua amiga e ela viesse até você chorando e com raiva por causa desse tipo de problema, que conselho você lhe daria? E faça com que seja um conselho humano, não astrológico.

Talvez você lhe dissesse que ela afasta as pessoas com sua máscara de eremita. Talvez dissesse que ela as assusta com seus modos de guerreira e sua alma de cigana. Talvez você dissesse que ela realmente é forte, resistente e autossuficiente, mas que também tem um lado carinhoso. Que acha que o lado carinhoso dela a assusta e que ela tem fugido dele há anos e que, se ela não parar e encará-lo, continuará fugindo pelo resto da vida. E que de vez em quando, ela tropeçará nessa parte delicada de si mesma que a assusta tanto, machucando a si mesma e a todos que se aproximarem dela. Talvez você diga a ela que a única pessoa no mundo que pode romper o padrão é ela mesma, e que a escolha é dela. Ela pode crescer – ou pode reproduzir esse comportamento até ficar deprimida.

Palavras difíceis, mas úteis. Daquele tipo de palavras que os amigos dizem uns aos outros quando as coisas estão ruins. E são a linguagem da astrologia evolutiva, uma linguagem que reconhece a tensão temática como parte da vida, mas não como algo imutável. Nós podemos mudar. Podemos nos tornar mais conscientes de nossos próprios processos. Podemos alterá-los para melhor. Podemos, em resumo, determinar nossa própria sorte.

***Diretriz Número Seis**: Quando você tiver levado as cinco primeiras diretrizes até o limite, abandone-as. Reconheça que a astrologia fez seu trabalho. Ela o ajudou a cristalizar a essência de um conjunto de questões da vida. Agora, use seu próprio coração e mente para encontrar maneiras de resolvê-los.*

Todas as nossas diretrizes estão relacionadas ao problema de manter a perspectiva. Essa última é a maior delas e, em muitos aspectos, a mais difícil de observar. A princípio, os símbolos astrológicos são tão estranhos para nós que nosso instinto inicial é abandoná-los. Isso não dura muito tempo. À medida que aprendemos a linguagem e formamos as frases, ocorre uma metamorfose. O simbolismo nos seduz e absorve nossa atenção. Nós nos perdemos nas complexidades das frases, hipnotizados por seu poder de expandir nossa percepção.

Esse é um dos riscos ocupacionais do estudo da astrologia. Um sintoma desagradável dessa desordem é que nossa conversa é salpicada de referências a "problemas com Mercúrio" ou "João e sua maldita Lua em Leão" – referências que muitas vezes servem apenas para confundir e irritar nossos amigos.

Um sintoma muito mais destrutivo é o fato de também falharmos como astrólogos. Nossas interpretações se tornam mecânicas. É como se tivéssemos construído uma grande nave espacial. Nós a lançamos na atmosfera exterior. E agora, tendo chegado a essas alturas geladas, esquecemos de olhar pela janela.

Capítulo 11

O Inglês

Quem é o homem em nosso exemplo de mapa astral? Vamos manter isso em segredo por mais algum tempo. Ficções glamorosas cercam qualquer figura pública, e o nosso inglês não é exceção. Talvez, estudando seu mapa astral sem preconceitos, possamos chegar a uma compreensão mais verdadeira do homem.

Aqui temos seu mapa astral completo. Você já o viu antes, em capítulos anteriores. A essa altura, todos esses números e glifos provavelmente têm muito mais significado para você do que antes. Mas se o mapa ainda lhe parecer muito complicado, não desanime. Vamos dissecá-lo lentamente, usando as diretrizes que estabelecemos no capítulo anterior.

Nosso primeiro passo é remover tudo, exceto a tríade primordial de Sol, Lua e ascendente. Isso elimina uma grande massa de informações sólidas, mas também nos permite controlar o fluxo de impressões.

O desenho abaixo mostra o mesmo mapa astral, simplificado até a tríade primordial. Não há necessidade de redesenhar sempre o mapa como fizemos aqui, mas é exatamente isso que você deve fazer mentalmente. Simplifique-o dessa forma e você garantirá um bom começo. Se tentar entrar na interpretação de qualquer outra forma, será como querer nascer já falando. Você ficará confuso.

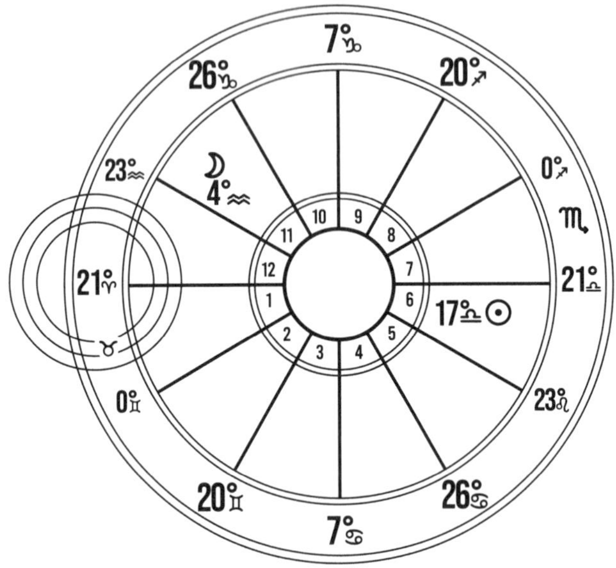

O que vemos? Sol em Libra na sexta casa. Lua em Aquário na décima primeira. Ascendente em Áries. Dois signos de ar, um de fogo: um tipo de pessoa mental e conceitual, mas com a força motriz que só o fogo pode fornecer.

Apliquemos a fórmula simples que apresentamos no capítulo anterior. Com base apenas em sua tríade primordial, quem é ele? Seu Sol nos diz que ele é o *artista* (ou o Amante ou o Pacificador). Sua Lua em Aquário acrescenta a dimensão mais profunda: ele tem a alma do gênio (ou do exilado ou do defensor da verdade). E seu ascendente nos permite saber como ele se apresenta ao mundo: ele usa a máscara do *guerreiro* (ou do pioneiro ou do audacioso).

Se qualquer coisa que dissermos a partir de agora violar a impressão criada em nós por essa fórmula, saberemos sem sombra de dúvida que estamos perdendo o rumo do mapa astral.

O artista com a alma do gênio usando a máscara do guerreiro. O que isso significa? Não pense astrologicamente. Pense em linguagem simples. De que tipo de pessoa estamos falando? Do artista: aquele que cria beleza. Aquele que deve criar *relações harmônicas* entre cores, formas e sons. E também entre as pessoas – lembre-se de que os arquétipos de Libra incluem o amante e o pacificador. A *individualidade* de nosso sujeito (Sol) é sustentada por esses tipos de atividade formadoras de relacionamentos (Libra). Sem elas, ele murcha.

A alma do gênio: instintivamente, ele procura *se separar do convencional e previsível.* Ele é motivado por uma profunda necessidade emocional (Lua) de pensar o impensável e fazer o inesperado. As restrições, especialmente aquelas impostas por figuras de autoridade, são inaceitáveis para ele. Ele não suporta que lhe digam o que fazer.

A máscara do guerreiro: intenso, confrontador, apaixonado, talvez áspero – esse é o seu "estilo". É isso que as pessoas veem quando o encontram num coquetel. Na superfície ele é enérgico e assertivo, e essas são características que ele mesmo exagera para estabelecer uma personalidade distinta. Lembre-se de que o ascendente não é apenas uma máscara, é o veículo por meio do qual nos expressamos. Se não o pusermos em movimento, seremos uma crise de identidade ambulante.

O artista, o gênio, o guerreiro. É um caldo e tanto. Já existem tensões internas. A tranquilidade do Sol libriano é desafiada pela rebeldia da Lua aquariana e pela confrontatividade do ascendente ariano. E a situação fica ainda mais complicada quando consideramos as casas.

O Sol do inglês está na sexta casa. Tradicionalmente, essa é a Casa dos Criados. O terreno envolve dominar habilidades e técnicas que são valiosas para outras pessoas, e também compartilhá-las. Se a navegação pela sexta casa não for bem-sucedida, ele cairá em padrões de subserviência, trabalho pesado e baixa autoestima.

Como ele pode evitar isso? Que habilidades e técnicas pode desenvolver que lhe deem algo significativo a oferecer?

Libra tem a resposta: as habilidades do artista, do construtor de relacionamentos, do pacificador. Esses são os caminhos internos de desenvolvimento que ele deve perseguir e depois expressar externamente como um ofício ou vocação. Ele deve *encontrar um trabalho por meio do qual possa mostrar suas qualidades librianas*. Ao fazer isso, ele cria uma síntese da casa e do signo de seu Sol.

A Lua está na décima primeira casa, a Casa dos Amigos. O terreno muda para uma perspectiva muito maior agora. Planos, sonhos, estratégias de vida e todos os aliados que atraímos para nós mesmos para apoiá-las.

Para qual futuro nosso herói está sendo atraído? Para onde está indo? Para a Lua, para Aquário – isso é certo. Nós o observamos "amolecer" com a idade, tornando-se mais caseiro. Em outras palavras, mais lunar. Mas também o vemos se identificando cada vez mais com suas qualidades aquarianas – gradualmente ele se torna cada vez mais um forasteiro, um rebelde. Ele se move cada vez mais sob o arquétipo do Exilado.

Quem o ajuda nesse processo? Quem são seus "amigos"? Mais uma vez, a Lua aquariana nos fala: ele é levado a se identificar com outros forasteiros, outros rebeldes, outros "gênios". Mas a beligerância destes deve ser modificada pela Lua para que sejam atraentes para ele. Eles devem ser imaginativos, sonhadores e afetuosos, além de companheiros de exílio. Só então ele os reconhecerá como aliados.

Vamos parar e avaliar o que aprendemos até agora. Poderíamos nos perder em detalhes interpretativos e isso seria um desastre. Neste trabalho, a perspectiva é tudo.

Nossa impressão geral é a de um indivíduo complexo e ambivalente. O Sol sugere que, em sua essência, ele é um ser humano gentil, com qualidades artísticas e pacíficas (Libra) e um forte desejo de ser útil e dar apoio aos outros (sexta casa). Isso também implica que ele pode ter alguns problemas com indecisão e fobia de compromisso (disfunção de Libra), talvez agravados por uma autoimagem fraca (disfunção da sexta casa).

Essa é a essência solar dele e, por si só, é bastante simples. As complicações surgem quando percebemos em que tipo de paisagem psicológica esse Sol está brilhando. Para o mundo, ele parece impetuoso e confiante. Esse é o legado do ascendente ariano, e está em harmonia com sua Lua em Aquário – é daí que vem sua paixão insaciável por rebelião e liberdade. Junte tudo isso e veremos o que pode se tornar a personalidade clássica do "valentão": um exterior feroz e desafiador obscurecendo um interior muito menos seguro.

Destinos não podem ser previstos de forma confiável pela astrologia. Desde o momento em que nascem, as pessoas são livres. Mas é uma aposta justa que, pelo menos em seus primeiros anos, nosso inglês tenha atuado de acordo com essa tensão em sua tríade primordial, criando uma fachada turbulenta e desafiadora, reservando a expressão de seu lado mais gentil e menos confiante para algumas situações altamente controladas.

O fato de seu Sol ser quase não aspectado reforça ainda mais nossa noção de que suas qualidades librianas podem não desempenhar automaticamente um papel óbvio em sua personalidade cotidiana. Enterrar essas qualidades, por mais destrutivo que isso seja, é provavelmente sua primeira resposta aos problemas que elas apresentam.

Ele está preso lá? Somente se optar por isso. Ele tem a liberdade de morrer assim, se isso lhe agradar. Mas não precisa fazer isso. Ele pode mudar, pode alcançar uma integração mais harmoniosa de sua tríade. E o objetivo da astrologia evolutiva é incentivá-lo a fazer isso.

Como? Com uma base comum. Essa é a resposta. *Ele precisa encontrar algum ponto em comum para a expressão de todos os três fatores.* Ao envolver o Sol, a Lua e o ascendente em alguma tarefa que exija a contribuição dos três, ele estimula a harmonia entre eles e combate a fragmentação de sua mente em muitos "eus" separados.

Como podemos determinar a natureza de tal tarefa? A lógica desempenha um papel importante nesta definição, assim como a imaginação. Sabemos que o Sol, que simboliza sua essência, deve estar no centro dela. A tarefa é artística, ou talvez uma que envolva a harmonização ou a pacificação das relações humanas. Ela assume a forma de algum tipo de *trabalho ou padrão de responsabilidades*. Essa é a contribuição da sexta casa. Libra acrescenta que, para realizar a tarefa, ele precisa formar uma parceria com pelo menos uma outra pessoa – e certificar-se de estabelecer confiança e intimidade reais.

Uma vez definida a tarefa, ela deve ser *apresentada ao público* de forma ariana e aquariana: com cor e confiança, com um ar de desafio e segurança. Com ousadia. A tarefa em si deve ser libriana – harmoniosa, amante da paz, construtora de beleza – mas deve ser apresentada de tal forma que provoque e perturbe as pessoas, faça com que elas tenham pensamentos novos e examinem seus valores básicos. Nesse caso, *o artista deve fazer inimigos*, mas essa reação deve surgir quando as pessoas *observarem sua arte*, e não como resultado de algum atrevimento adolescente sem sentido de sua parte. Sempre que vemos esse último padrão, estamos de volta à estaca zero. A base comum foi perdida.

O libriano gosta que gostem dele. Isso é bom até que ele comece a fingir ser algo diferente do que realmente é, a fim de conquistar essa afeição. Em uma situação puramente libriana, esse perigo pode se expressar como um estilo pessoal exageradamente cortês e supressor de conflitos. Com o nosso inglês, isso se manifesta de forma diferente. Seu exterior é rude e, por isso, sua necessidade de afeto pode ser facilmente desviada para uma necessidade de *algum tipo de reação*, qualquer coisa que sugira que a outra pessoa o notou.

Esse padrão precisa ser rompido se ele quiser encontrar a tarefa especial que harmoniza seu Sol, sua Lua e seu ascendente. Escândalo e indignação são insuficientes. São respostas baratas, prontamente disponíveis para ele, mas que não levam a nada. Para que a verdadeira síntese ocorra, ele deve fazer mais: deve expressar sua sensibilidade, sua arte e sua vulnerabilidade – suas qualidades solares – e deixar que elas sejam criticadas, em vez de apenas expressar com segurança tudo o que já é tão duro e insensível nele que nenhuma pressão conseguiria afetar.

Fazer isso não é fácil, mas ele tem um trunfo na manga. Sua ênfase hemisférica favorece o desenvolvimento desse tipo de resiliência.

O próximo desenho mostra a forma como o mapa astral deve parecer para nós numa segunda olhada. O primeiro olhar mostra a tríade primordial com todo o resto removido. O segundo inclui a tríade, mas agora todos os planetas apareceram – exceto pelo fato de se mostrarem apenas como pontos pretos.

Ênfase Hemisférica

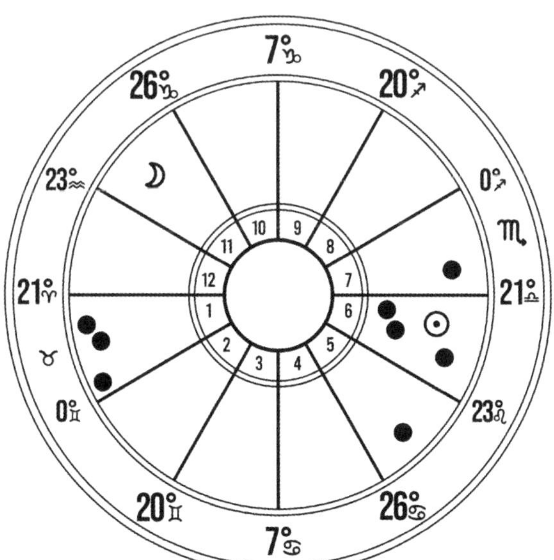

Qual planeta é qual? Neste momento, não sabemos e não nos importamos. Tudo o que nos interessa é onde esses planetas se encontram. Tudo o que nos interessa é se há ou não alguma ênfase hemisférica.

Imediatamente, observamos uma concentração de planetas abaixo do horizonte. Mas Mercúrio e a Lua estão acima da linha. Será que temos uma verdadeira ênfase no hemisfério inferior?

Vamos aplicar a regra. O Sol e a Lua valem três pontos. Os outros planetas valem um ponto cada. Se tivermos nove pontos num hemisfério, teremos uma ênfase ali.

Abaixo do horizonte, temos sete planetas. Sete pontos. Não importa quais planetas eles representam, sete pontos são sete pontos. Acrescente três pontos para o Sol e teremos dez, e uma clara concentração na metade oculta do céu. Nosso inglês tem ênfase no hemisfério inferior.

O mundo dele é *subjetivo*. Seu foco está na *consciência em si*, e não nos eventos. De modo algum isto significa que ele seja tímido, ou que sua vida seja sem eventos ou rotineira. Apenas que sua orientação é para dentro, voltada mais para alcançar *realizações* ou *estados de percepção* do que para construir impérios.

Essas são as regras pelas quais o jogo de sua vida é jogado, e elas o ajudam. Ele ainda deve fazer seu trabalho no mundo. Nenhuma ênfase hemisférica pode livrá-lo de suas responsabilidades da sexta casa. Tudo o que dissemos sobre sua tarefa continua válido. *Mas o que mais importa para ele é o efeito persistente dessas experiências em sua mente*. Memórias, visões, talvez sabedoria – esses são seus objetivos. O reconhecimento é secundário.

Como isso é uma vantagem? Isso o liberta. Se ele for aceito e elogiado ao liberar seu estilo afiado de energia libriana na sociedade, tudo bem. Se ele for bombardeado por tomates podres, tudo bem também. Da perspectiva do hemisfério inferior, a vida é apenas um *videogame* em grande escala. É apenas a consciência que conta. Não o jogo, mas a memória dele.

O artista com a alma do gênio expressando ambos por meio da máscara do guerreiro – o padrão do destino do nosso inglês está começando a entrar em foco. Seus pontos fortes, suas fraquezas, as armadilhas que a vida colocou diante dele, os prêmios que ela oferece, os aliados que se juntarão a ele em seu caminho – tudo isso está se fundindo num conjunto de impressões gerais. O mapa astral está começando a falar conosco.

Até o momento, sua linguagem é ordenada e clara. Eliminando todos os fatores externos conseguimos evitar que o mapa fique balbuciando, confundindo-nos com uma enxurrada de detalhes. Mantivemos uma mão na torneira. Devemos continuar segurando-a, mas, a partir de agora, controlar o fluxo será mais difícil. Até este ponto, nos baseamos em regras simples aplicáveis à exploração inicial de qualquer mapa astral. Agora precisamos mudar de marcha para entrar num território menos seguro.

De agora em diante, o mapa faz suas próprias regras. Se as seguirmos, não nos perderemos. Mas para segui-las, devemos primeiro discerni-las. E, para isso, precisamos transformar aqueles pontos pretos em planetas. Precisamos nos expor a toda a complexidade do simbolismo astrológico sem nos deixarmos sobrecarregar.

Precisamos escolher os *focalizadores*.

Nosso primeiro passo é examinar as frases planetárias, procurando aquelas que se destacam das demais. Dois stelliuns – uma característica muito incomum – atraem nossa atenção imediatamente. Três planetas taurinos estão na primeira casa. E se contarmos o Sol, mais quatro planetas estão na sexta casa, divididos entre Libra e Virgem. Ambas as configurações constituem localizações críticas de energia mental.

Fora desses dois stelliuns, há apenas três outros planetas. Um deles é a Lua, que é sempre uma influência importante. Plutão em Leão na quinta casa faz uma oposição bastante precisa a ela. Só esse aspecto é suficiente para fazer de Plutão uma força a ser reconhecida. Mercúrio é o único planeta que resta – e ele é angular, está na sétima casa e faz mais aspectos do que qualquer outro corpo. Claramente, Mercúrio é um focalizador também.

Nossa primeira análise se mostrou muito eficaz. Tudo é um focalizador, e isso nos leva de volta à linha de partida. Ainda não sabemos por onde começar.

Aprendemos alguma coisa? Sim – com todos os planetas desempenhando papéis tão proeminentes, temos mais evidência de que nosso herói é um tipo de pessoa muito peculiar e muito visível. Uma vez encontrado, não seria facilmente esquecido. Podemos dizer que, no contexto de sua sociedade, *ele próprio é um focalizador*. Quando uma personalidade é tão vívida, ela tende a reunir outras personalidades ao seu redor, concentrando suas energias e dando-lhes direção.

Nosso exame produziu mais um *insight*: esses dois stelliuns dominam o mapa astral, concentrando a maior parte de sua atenção em apenas dois dos doze terrenos disponíveis para nós – trabalho e responsabilidades (a sexta casa) e o desenvolvimento do livre-arbítrio e da individualidade (a primeira casa). A ação combinada alternada dessas duas questões é claramente uma das chaves temáticas do mapa.

Mas ainda estamos num dilema. Por onde devemos começar? Não há só uma resposta certa para essa pergunta. Alguns mapas astrais oferecem um ponto de partida claro. Este não oferece. Isso não significa que devamos simplesmente mergulhar de cabeça e começar a interpretar os planetas restantes em ordem alfabética. Na verdade, isso implica que precisamos ser mais cautelosos do que nunca, escolhendo nosso caminho deliberadamente e em constante alerta. Um mapa como esse está cheio de armadilhas para os incautos. Vamos evitá-las.

Mais uma vez, coloque o mapa de lado um pouco. Relaxe. Dê um tempo a si mesmo para que uma nova perspectiva surja. Feche a torneira. Peça ao mapa astral que transmita apenas *o que é mais óbvio e essencial.*

Esses dois stelliuns realmente se destacam. Mesmo que os planetas individuais que as compõem sejam relativamente sem importância, os assuntos que suas casas representam são cenas de atividade incessante. Em grande parte, elas nos mostram *onde a vida do nosso sujeito está acontecendo.* Perdemos a perspectiva num grau perigoso se formos mais longe sem saber mais sobre esse terreno.

Qual stellium vem primeiro? Novamente, essa é uma pergunta difícil. A primeira casa é fundamental entre as casas angulares. Ter um *stellium* nessa casa, no mais sensível dos territórios, é ter uma focalização da energia mental que rivaliza com a do Sol, da Lua e do ascendente.

Mas o stellium da sexta casa também é uma usina de energia. Ele contém o Sol. De imediato, isso o coloca no grupo dos que lideram. E Marte também está lá – com ascendente em Áries, Marte rege o ascendente, o que também põe muita ênfase nessa casa. Acrescente Netuno e Vênus, e será uma incógnita saber qual stellium é mais crucial.

Imediatamente sabemos que liberdade versus responsabilidade, egoísmo versus amor e doação, independência versus parceria interdependente e outros enigmas semelhantes entre a primeira e a sexta casa são temas vitais para o nosso inglês.

Qual lado é o dominante? Não há uma resposta clara, *e essa é a nossa resposta*: a primeira e a sexta casa são equilibradas, existindo num estado de tensão dinâmica. Nenhuma das duas está em perigo iminente de ser engolida pela outra.

Comecemos com a sexta casa, mesmo que seja apenas por uma razão prática. Ao discutirmos seu Sol, já apresentamos esse terreno. Vamos terminar o trabalho que começamos e depois prosseguir para a primeira casa.

A presença de mais três planetas na casa do Sol inicialmente nos diz pouco além do que já vimos em nossa pesquisa preliminar sobre a tríade primordial: que as questões de trabalho, dever e serviço da sexta casa são críticas e que suas sombras – o trabalho árduo e a humilhação – perseguem nosso inglês sempre que ele perde o controle de si mesmo. Para ir além, precisamos examinar cada uma das frases separadamente.

Marte, sendo o regente do ascendente, é um ponto de partida natural.

Marte: o deus da guerra. Símbolo de agressividade, força de vontade e coragem – e se fraquejarmos diante do aprendizado dessas lições, também o símbolo do conflito e dos aborrecimentos sem sentido. Isso é *o quê*.

O *como* e o *porquê* são fornecidos por Libra. Suas qualidades de Marte são canalizadas para a arte e as parcerias, que não são as ocupações favoritas de Marte – essa é a *queda* do deus da guerra. O que aprendemos? *O impulso básico que motiva e inspira sua agressividade é o desejo de estabelecer relacionamentos.* Esses relacionamentos podem ser pessoais, podem ser sociais. Podem ser entre sons, formas e cores. Sejam quais e como forem, nosso inglês *precisa lutar por relacionamentos.* Ele precisa lutar (Marte) pela paz (Libra).

Se ele escolher um caminho inferior, então o veremos preso numa rede esmagadora de *emaranhados pessoais conflitantes.* Atrito e tensão atormentam suas parcerias librianas. Com seu ascendente em Áries, podemos até ver violência nessa área. Ele se sente azarado nos relacionamentos, quando *a verdadeira fonte de suas dificuldades é sua própria falta de honestidade direta e confrontativa nesses laços íntimos.* E, muito provavelmente, essa falta de confrontação na esfera íntima levaria a uma agressividade e beligerância ainda mais intensas em sua personalidade social cotidiana, uma predileção que já observamos ao analisarmos sua tríade primordial.

As parcerias relacionadas ao trabalho são particularmente sensíveis a essas questões do Marte em Libra; essa é a contribuição da sexta casa. Ela define o *onde*.

Com Marte funcionando como regente do ascendente, o estabelecimento de uma abordagem positiva e assertiva e a criação de parcerias de trabalho eficazes, livres de melodramas bobos, está ligado à formação de uma autoimagem claramente definida e que funcione sem problemas. Respostas fracas à Marte corrompem mais do que Libra e a sexta casa. Elas também corrompem o ascendente, minando a eficácia de sua personalidade cotidiana.

Estando em trígono com a Lua, observamos uma aliança entre sua natureza emocional irreverente e de espírito livre e a função de Marte. A Lua em Aquário apoia sua busca por clareza e franqueza em seus vínculos amorosos e parcerias de trabalho, enquanto o sucesso nessas áreas ajuda a proporcionar à Lua arenas mais amplas de autoexpressão. Infelizmente, há outra opção disponível: Marte e a Lua podem se unir para produzir um distanciamento irônico e maldoso, no qual os sentimentos são liberados sob a forma de comentários desagradáveis e mordazes em vez de comunicação sincera.

Depois, veremos como seu Mercúrio em Escorpião apoia essa possibilidade desagradável.

Ao apresentar esses temas de Marte para o inglês, um astrólogo evolutivo discutiria todos eles, mas codificaria tudo em termos de escolha. Ele pode fazer sua escolha e viver com as consequências decorrentes dela.

Netuno está no final de Virgem, na verdade formando uma conjunção com o Marte libriano inicial de nosso sujeito. É a próxima parada em nosso *tour* pela sexta casa.

Netuno: o planeta da consciência crua, sem foco e indefinida. O místico e o cabeça de vento excêntrico. Seu *o quê* é a autotranscendência ou, negativamente, o colapso da personalidade.

Motivado pelo desejo de perfeição, clareza e precisão de Virgem, o pobre Netuno fica perplexo. Mais uma vez, vemos um planeta em queda – e outra configuração de sexta casa particularmente desafiadora para nosso herói.

Circunstâncias confusas, glamorosas e místicas caracterizam seu ambiente de trabalho. Os acontecimentos ali desafiam a lógica. Nessa área, ele precisa aprender a confiar em sua intuição e estar preparado para aceitar desenvolvimentos na carreira que nenhuma pessoa sensata poderia prever. E, em meio a tudo isso, ele deve se ater à sua visão virginiana, ou seja, seu desejo de tornar seu trabalho, qualquer que seja a forma que assuma, *o mais perfeito possível*. Este deve refletir seus ideais.

Ao manter esse elevado padrão virginiano de Netuno, ele também estimula seu Marte, já que os dois planetas estão em conjunção. Seu idealismo no trabalho e as circunstâncias muitas vezes desconcertantes que ele encontra têm o efeito de precipitar alguns dos padrões de conflito interpessoal que notamos ao observarmos suas funções marcianas. Com a conjunção que os une, os dois formam um pacote único.

O último planeta no stellium dessa sexta casa é Vênus, que também está em Virgem. Analisamos essa frase em detalhes no capítulo 8, mas vamos recapitulá-la brevemente aqui.

Seu impulso de formar relacionamentos (*o quê* venusiano) é condicionado por Virgem, levando-o a ter padrões elevados e exigentes para seus parceiros, principalmente sua companheira de vida. Ele entra nesses relacionamentos com um forte senso de responsabilidade, mas pode fazer exigências irracionais a si mesmo e aos outros, apenas para se tornar autocrítico de forma destrutiva ou severamente reprovador quando a realidade se impõe. A tolerância e o perdão são virtudes que ele deve cultivar, caso contrário, o único relacionamento que ele terá será entre ele e a mulher fantasiosa que ele mantém enclausurada em segurança em sua imaginação - e esse é um destino terrível para um libriano amoroso.

Mais uma vez, sua Vênus nos alerta para o fato de que ele enfrenta a maioria desses dramas de relacionamento em seu ambiente de trabalho – o seu *onde* também é a sexta casa. Isso se tornou um tema recorrente. Seu Sol inicia o padrão. O Marte libriano o retoma, acrescentando suas próprias questões explosivas. E agora, com a "deusa do amor" na "casa do trabalho", mais uma vez observamos a intensificação emocional radical de suas parcerias de trabalho.

É difícil imaginar nosso inglês trabalhando com sucesso em um casamento no qual sua esposa não fosse parte integrante de sua carreira. Em geral, ele sente pouca vontade até mesmo de fazer amizade com uma pessoa que não esteja ligada ao seu trabalho. Essa certamente não é a situação humana "normal" – mas nesse mapa astral específico, os indicadores de trabalho e os indicadores de relacionamento estão inequivocamente fundidos. *Se ele der uma resposta bem-sucedida ao seu mapa astral, será conhecido profissionalmente como um membro de uma parceria íntima e criativa.* Pode ser um casamento. Pode ser estritamente comercial. De qualquer forma, a formação dessa parceria é um trampolim essencial em seu caminho para a realização pessoal. E isso coloca ainda mais pressão sobre aprender a tirar sua "librianice" de trás da máscara de falsa bravata e arrogância. Ele tem de aprender a se dar bem com as pessoas. Tudo depende disso. Sem parcerias, ele nada tem. Nem mesmo um emprego significativo.

O stellium da primeira casa pode ajudá-lo ou atrapalhá-lo em "seu esforço para lidar com esses problemas da sexta casa". Ele lhe dá grande força de vontade, mas também pode levar ao egoísmo e à tirania. Como casa da escolha e da ação positiva, a primeira casa dá aos três planetas que estão nela uma considerável liberdade de expressão. O homem pode *fazer o que quiser*. Ao mesmo tempo, eles podem ser convocados a serviço de uma causa inferior: podem acrescentar mais tijolos à muralha de arrogância que ele construiu em torno de si mesmo. Seja qual for a escolha que ele fizer, será uma escolha firme; o stellium está em Touro, o signo astrológico que nos dá a expressão moderna "teimoso como um touro".

Mesmo que os três planetas fossem apenas pontos pretos, ainda veríamos os temas básicos da primeira casa taurina. Esse é sempre o nosso primeiro passo com um stellium: ter uma noção do signo e da casa. Isso nos dá a visão geral. É assim que definimos o território. Só então passamos a analisar os planetas específicos, confiantes de que não perderemos a perspectiva. Mais uma vez, é uma questão de manter uma mão na torneira. Primeiro o gotejamento, depois a torrente – essa é a tática interpretativa elementar.

Júpiter e Saturno formam uma conjunção precisa, dominando o terreno da primeira casa. Mais adiante na casa, encontramos Urano, formando um trígono justo com Netuno. Todos os três estão retrógrados, e cada um deles dá sabor à "máscara do guerreiro" – estando na primeira casa, eles temperam e desenvolvem a mensagem do signo ascendente.

Uma conjunção Júpiter-Saturno é um osso duro de roer. Os dois planetas têm significados opostos; seus *"o quê"* são contraditórios. E, no entanto, nesse mapa astral, eles são forçados a se casar.

Júpiter: o símbolo da expansividade, do dinamismo e do otimismo. O símbolo brilhante da fé. Saturno: realismo, praticidade, autodisciplina. O senhor sombrio da solidão. Como eles podem interagir? É como se o Mickey ficasse preso num elevador com Darth Vader. Eles não saberiam nem o que dizer um ao outro.

Nosso primeiro passo é entendê-los separadamente. Em seguida, tentamos a tarefa mais formidável de fundi-los.

Que tipo de máscara podemos esperar de alguém cuja primeira casa foi condicionada por Júpiter? Que tipo de "vibração" essa pessoa projetaria? Ela agiria como o "rei dos deuses" falante e brincalhão.

Palhaçada, coração aberto, generosidade – essas seriam suas marcas registradas.

E se Saturno ocupasse sozinho a primeira casa? O que aconteceria? Seria o oposto. Agora encontraríamos uma pessoa que irradiava profunda seriedade, talvez até mesmo um espírito sombrio ou taciturno. Responsabilidade, realismo, economia de palavras e ações – essas características marcariam seu comportamento.

Com essas duas influências contraditórias fundidas na máscara de nosso inglês, ele é claramente um sujeito muito complexo.

Nossa pergunta é a seguinte: uma dessas influências é dominante? Ambas são focalizadoras, estando na primeira casa, mas será que uma delas tem mais dignidade? Se sim, então essa é a que tem maior probabilidade de ser imediatamente aparente no comportamento do homem. Não que a outra suma – ela apenas seria forçada a um papel subordinado, aparecendo no mundo do comportamento somente quando acionada exatamente pelos estímulos certos.

Infelizmente, essa abordagem não nos ajuda muito nesse caso. Os dois planetas são igualmente bem apoiados pelo restante do mapa astral. Saturno gosta da interioridade e da praticidade implícitas pelo *como* e o *porquê* taurinos, e aceita a retrogradação mais prontamente do que Júpiter – o planeta dos anéis *gosta* de ser mandado embora do mundo exterior. Mas Júpiter encontra um aliado natural no ativo e expressivo ascendente ariano e prontamente faz as pazes com a simpatia do Sol libriano. Portanto, é um impasse. Nem Júpiter nem Saturno vão recuar. De alguma forma, eles precisam chegar a uma trégua.

Certamente, há uma profunda ambivalência no caráter do homem. É como se ele andasse de um lado para o outro entre as duas influências planetárias polarizadas. Em um momento, ele é brincalhão e travesso. No momento seguinte, está sério como um juiz. Uma hora é solidário, cheio de elogios e otimismo. Em outra está distante, cheio de fatos concretos e críticas. Em um momento, ele parece um garotinho feliz. No seguinte, um bruxo que parece um *iceberg*.

Ambivalência. Não é a primeira vez que nos deparamos com esse tema. Ele esteve presente desde o início, na tensão entre o Sol libriano da sexta casa e a aliança entre a Lua e o ascendente. A conjunção Júpiter-Saturno se encaixa no mesmo padrão. Júpiter acrescenta uma nota alegre e travessa ao seu exterior que já é enganosamente turbulento. E Saturno, com sua propensão a ser reservado, obscurece ainda mais as qualidades mais suaves e autoquestionadoras em seu Sol.

Mais uma vez, a solução para os movimentos disruptivos abruptos dos dois planetas está em encontrar algum *território comum* para sua expressão. Nosso herói deve conceber uma tarefa expansiva, maior do que a vida (Júpiter) e, em seguida, usar a capacidade de estudo, o perfeccionismo e a autodisciplina de Saturno para realizá-la. Júpiter quer brincar; Saturno quer trabalhar. A única esperança está em encontrar *tarefas em que a diversão seja elevada a uma alta disciplina.* Em um mapa astral menos orientado para o trabalho, podemos buscar nosso território comum em algum outro departamento. Mas com um stellium na Casa dos Criados e com o trabalhador Touro, fornecendo a conjunção de "*como*" e "*o porquê* ", a fusão de Júpiter e Saturno é mais bem-sucedida aí.

Embora os indicadores aqui sejam muito mais sutis, novamente descobrimos evidências de que nosso inglês se beneficia imensamente ao se estabelecer em alguma *profissão criativa*, ou seja, numa profissão em que a diversão e o trabalho estejam ligados. Essa etapa parece ser a chave que desbloqueia muitas das tensões básicas do mapa astral.

Seu Urano da primeira casa está 12 graus mais profundo em Touro do que Júpiter e Saturno. Isso é além do orbe da conjunção e, portanto, esse planeta precisa ser considerado de forma independente. Ser considerado de forma independente é muito bom para Urano – esse é o planeta da liberdade e da individualidade, aquele que se interpõe entre nós e a tentação de nos tornarmos apenas mais um membro previsível de nossa tribo. Ele é o regente do signo lunar de nosso sujeito, Aquário. Isso aprofunda sua sintonia com a influência – e mesmo sem essa dignidade adicional, Urano certamente ainda seria um focalizador. O simples fato de estar na primeira casa é suficiente para garantir isso.

O que Urano nos diz? Grande parte de sua história já foi contada. Com Urano moldando a autoimagem projetada do homem (primeira casa), muitos dos efeitos se assemelham bastante ao que vemos quando Aquário molda um dos membros da tríade primordial. Surgem os mesmos temas: autonomia, amor pelo inesperado ou pelo chocante, uma aversão irreverente aos moralistas e líderes sociais. Se a Lua estivesse em outro signo, precisaríamos agora desenvolver esses temas mais amplamente. Do jeito que está, ainda que a Lua em Aquário de fato fortaleça a influência uraniana, o significado básico do planeta já foi estabelecido e podemos seguir em frente com segurança. A principal contribuição uraniana é sua garantia inequívoca de que essas qualidades aquarianas são imediatamente aparentes no comportamento cotidiano de nosso inglês. Elas fazem parte de sua máscara. Ele não apenas tem a alma do exilado, mas *parece* e *age* como se tivesse a alma do exilado.

E esses são seus stelliuns. Dois temas. Dois grandes grupos de significado. Entre eles e a tríade primordial, todos os planetas, com exceção de dois, foram varridos para debaixo de nosso tapete interpretativo. Tudo o que resta é desvendar os segredos de Mercúrio e Plutão e depois observar os efeitos dos nodos lunares.

Mercúrio é a escolha lógica para nosso próximo passo interpretativo. Temos aqui um focalizador clássico. Na maioria dos mapas astrais, um planeta com esse poder seria discutido logo após a tríade primordial. Somente a circunstância incomum de ter dois stelliuns distintos englobando a maior parte das frases do mapa astral impede isso. E mesmo com Mercúrio aparecendo tão baixo em nossa hierarquia planetária, não devemos nos deixar enganar: temos um verdadeiro dínamo aqui. Subestimar seu impacto seria um erro grave.

O que dá a Mercúrio tanta autoridade? Em primeiro lugar, ele é angular. Embora não forme uma conjunção com o descendente, ele certamente está posicionado na sétima casa. Qualquer planeta posicionado na importantíssima Casa do Matrimônio é inequivocamente marcado como um focalizador. Isso seria verdade em qualquer mapa astral, mas no mapa do nosso inglês a influência de um planeta nessa casa é ainda mais premente – com seu Sol em Libra, as questões de relacionamento são cruciais para o seu desenvolvimento. Como sempre, o Sol simboliza a essência de uma pessoa. Com o Sol de nosso herói condicionado pelo signo da Balança, sempre que um planeta tem algo a dizer sobre parceria e casamento seus ouvidos se abrem.

As dignidades de Mercúrio vão além. Uma rápida olhada na grade de aspectos revela a posição extremamente estratégica que ele ocupa. Mercúrio não é apenas angular, mas também faz mais aspectos com o restante do mapa do que qualquer outro planeta. Nossa grade lista seis dessas relações. O rival planetário mais próximo de Mercúrio é Marte, e até mesmo o deus da guerra consegue se conectar com apenas quatro outros pontos.

Angular e cobrando todos os pedágios num cruzamento de aspectos – é melhor termos uma compreensão firme do Mercúrio do inglês se não quisermos perder um dos elos críticos de sua cadeia psicológica.

Mesmo antes de começarmos a analisar o planeta em detalhes, o simples fato de saber que ele é tão proeminente nos diz muito: nosso herói é uma *pessoa de palavras*. Ele gosta de falar. Com seu Sol e sua Lua em signos de ar, já vemos uma orientação mental-conceitual. Com Mercúrio dignificado, essas ideias arejadas têm um escoadouro: sua boca. Ele certamente é um contador de estórias. Talvez seja também um escritor.

Sabemos muito mais do que isso. Mercúrio é o responsável pelo envio e recebimento de informações. Mas seu próprio Mercúrio é moti-vado pelo *como* e o *porquê* de Escorpião e se expressa no *onde* da sétima casa. Esses são os fatores que dão *significado individual* ao planeta.

Escorpião: o detetive, o feiticeiro, o hipnotizador. Ele adora sondar, chegar ao fundo das motivações das pessoas, penetrar em suas hipocrisias. Ele pode penetrar como nenhum outro signo, mas seu calcanhar de Aquiles é a tendência de perder a perspectiva do que vê. Às vezes, uma grande bondade é sacrificada no altar de uma pequena verdade.

Com o Escorpião impulsionando seu Mercúrio, nosso sujeito é claramente um homem de inteligência devastadoramente afiada. Em conjunto com seu ascendente Áries e seus Urano e Saturno da primeira casa, ele seria um formidável inimigo verbal, capaz de ir com tudo diretamente nos pontos em que as pessoas são mais vulneráveis. Não atacaria dizendo "você é burro", e sim "você mente para proteger o seu ego, igualzinho ao seu pai" Afiado, ácido e mortal.

E onde seu Mercúrio escorpiano encontra sua expressão mais característica? Na sétima casa: entre seus parceiros e seus amores mais profundos, entre as pessoas que lhe são mais queridas.

Se ele der uma resposta evolutiva saudável a esse Mercúrio, veremos *relacionamentos que se distinguem por sua absoluta honestidade*. Se ele sente, ele diz. E esses relacionamentos são *verbalmente intensos*. Ele e seus parceiros compartilham seus pensamentos, ideias, percepções do mundo e, principalmente, as radiografias escorpianas que fazem um do outro.

Aprender essas habilidades interpessoais é a senha que o leva a uma navegação bem-sucedida na sétima casa. Mas todos os relacionamentos envolvem pelo menos duas pessoas. Mesmo que ele dominasse esses talentos de Mercúrio, de nada lhe serviriam se ele se casasse com uma idiota. Instintivamente, ele sabe disso. Mesmo antes de saber o que fazer com eles, ele se sente atraído *por amantes e parceiros nos quais a função de Mercúrio também é forte*. Sagacidade, palavras e sabedoria – elas o atraem como um ímã.

E se ele optar por não crescer? E se ele simplesmente deixar esse Mercúrio no piloto automático enquanto espera que o mundo lhe sirva sua alma gêmea em uma bandeja de prata? Vai ter que esperar muito.

Esse caminho preguiçoso seria doloroso. Mais uma vez, com ~~seu~~ Sol em Libra, grande parte de sua realização pessoal depende do estabelecimento de relacionamentos humanos significativos. Se falhar aqui, o centro de gravidade de seu caráter entra em colapso e ele é deixado apenas com uma casca vazia e dura. E uma resposta fraca ao seu Mercúrio na sétima casa pode precipitar esse colapso.

O discernimento e a intimidade seriam substituídos por palavras amargas e cortantes. Uma mentalidade de "a melhor defesa é o ataque" o dominaria sempre que alguém ameaçasse se aproximar de seus medos e defesas. Tudo que o seu Marte libriano tem de pior seria trazido à tona, aliado às possibilidades mais venenosas e combativas inerentes à sua máscara. Ele ainda se sentiria atraído pela inteligência das outras pessoas, mas agora esses relacionamentos degenerariam em ~~jogos de~~ esgrima verbal. Seu coração nunca seria tocado.

De qualquer forma, seu Saturno e seu Júpiter apresentam àquele Mercúrio alguns desafios únicos. Eles se opõem a ele. Mercúrio precisa se esforçar se quiser colocar as próprias mãos em sua torneira verbal. Há uma tendência alternada de falar demais (Júpiter) e de menos (Saturno). Tudo o que vimos sobre a conjunção da primeira casa está agora ligado ao seu estilo verbal, para o bem ou para o mal.

O sextil de Mercúrio com Vênus também é importante. Os dois planetas se excitam mutuamente, novamente para o bem ou para o mal. O perfeccionismo de Virgem já se expressa no departamento de relacionamentos, já que a "deusa do amor" está naquele signo. É fácil ver como o Mercúrio em Escorpião na sétima casa, com sua incessante sondagem do funcionamento interno da mente do parceiro, se une a essa Vênus obstinada. Ambos estão sempre se esforçando em direção às profundezas, para a fusão perfeita de dois corações e mentes.

Um aspecto menos confortável existe entre a Lua do nosso inglês e seu Mercúrio. Encontramos aí uma quadratura – e uma boa oportunidade para entender a diferença entre os "Amigos" da décima primeira casa e os relacionamentos muito mais profundos encontrados na sétima casa.

A Lua da décima primeira casa em Aquário atrai nosso sujeito para uma enorme quantidade de relacionamentos essencialmente superficiais – não hipócritas ou exploradores, apenas não muito profundos. Ele é atraído por movimentos e esforços coletivos em que se associa a "tipos lunares de Aquário", como discutimos anteriormente. Lá, ele mesmo assume o papel do Aguadeiro e da Lua: ele é o gênio e o exilado, o defensor da verdade com o coração amoroso e a imaginação vívida.

Essa personalidade pública conflita violentamente com a privada. Aqueles verdadeiramente íntimos veem um lado totalmente diferente de seu caráter, muito mais parecido com o de seu Mercúrio escorpiano da sétima casa: mais estreito, mais intenso, mais duro e muito mais ácido.

As dimensões lunar e mercurial de seu caráter lutam entre si, cada uma corrigindo os excessos da outra. Quando, numa desavença íntima, ele está prestes a cravar seu punhal, a Lua aquariana o faz lembrar um lado mais expansivo e idealista de si mesmo. E quando ele está prestes a virar um "ursinho carinhoso" idealista conceituando os relacionamentos perfeitos, Mercúrio coloca-o frente a frente com a realidade sangrenta de dois egos tentando dividir a mesma cama por uma década. Nenhum dos dois planetas gosta do outro, mas a batalha beneficia a ambos.

Plutão, a última de nossas frases planetárias, está ligado à Lua e a Mercúrio por aspecto. Ele faz quadratura com Mercúrio e oposição à Lua a partir de sua posição em Leão e a quinta casa.

Plutão: a mais abstrata das dez funções planetárias. Nossa capacidade de acessar uma veia no cérebro da sociedade, de oferecer algo de nós ao mundo, de moldar a história, de ir além de nós mesmos. E se isso azedar em nós, Plutão representará apenas um lugar onde procuramos impor nossos pontos de vista aos outros, onde sofremos com a ilusão inconsciente de que falamos por Deus.

A missão plutônica do nosso inglês é fácil de desvendar. Com Plutão no autoexpressivo Leão e ocupando a quinta casa, criativa e orientada para a *performance* artística, sua capacidade de deixar uma marca na história está inextricavelmente ligada à sua arte libriana. Os dois – Plutão em Leão e Sol em Libra – se retroalimentam. Libra dá a sensibilidade estética. Plutão lhe dá a direção – o *como*, o *porquê* e o *onde*. Ele não só precisa criar beleza para se manter fiel a si (Sol libriano); ele precisa, de alguma forma, tornar essa beleza *social e publicamente relevante*. Sua arte deve mudar o mundo.

O horror é que tudo isso pode se transformar em pregação dogmática, em arte escravizada pela ideologia. E com sua Lua aquariana, seu ascendente ariano e seu stellium de primeira casa, ele poderia desempenhar o papel de demagogo em alto estilo, usando o lugar de pregador e moralista como mais uma junta da armadura que esconde seu coração gentil e indeciso. E se cair nessa tentação, nosso inglês seria o protagonista de uma piada cósmica pública: tornaria-se o pregador e moralista *pregando contra pregadores e moralistas,* provavelmente jamais percebendo o absurdo de sua posição.

Essa mancada pode muito bem ter acontecido com ele no passado cár- mico – ou, se preferir, no passado genético transmitido a ele por seus pais. Seu nodo sul da Lua está no feroz Áries e na arriscada décima segunda casa.

Karma ou genética? Como vimos quando apresentamos os nodos lunares no capítulo 9, não faz muita diferença que modelo usamos. Eles são intercambiáveis. Vou usar o modelo reencarnacionista aqui.

Por favor, faça as devidas traduções se preferir pensar em termos de cromossomos.

O nodo sul em Áries e na décima segunda casa. O que isso significa?

No passado *kármico*, este inglês aprendeu lições associadas a esses dois símbolos. É uma mistura curiosa: coragem e força de vontade em Áries e autotranscendência na décima segunda casa. O carneiro passa a sua mensagem nos confrontando com o estresse. A montanha é colocada diante de nós. Ou a escalamos, ou passamos a vida inteira tremendo em sua sombra.

Na décima segunda casa, a mensagem geralmente é transmitida por meio da derrota. Enfrentamos o impossível: ainda precisamos escalar a montanha, *mas agora ela é de granito congelado, não temos corda e nossas duas pernas estão quebradas.* Não há esperança; nosso único caminho é *deixar de lado nossa necessidade de escalar.* Devemos transcender a nós mesmos, aceitando quaisquer perdas que isso acarrete com dignidade e graça. Devemos nos abandonar nos braços de Deus. Isso, ou planejar e barganhar freneticamente até que tudo se acabe.

Não sabemos que escolha o nosso sujeito fez face a essas impossibilidades. Mas sabemos que ele as enfrentou e que o legado dessas experiências forma a base de sua personalidade atual.

Em uma palavra, o eu *kármico* de nosso inglês é o de um *guerreiro que perdeu a guerra*. E essas cicatrizes e as lições que elas gravaram em sua alma motivam-no nesta vida.

Todo o potencial da ardente grandiloquência inerente ao ascendente e ao seu Plutão na quinta casa encontram ressonância nesse nodo sul. Ele pode muito bem ter nascido valentão e também pode morrer assim, mas isso é escolha dele.

Ele pode ter dado um salto espiritual profundo em suas experiências de vida anteriores. É possível que tenha apreendido completamente a noção de que o sucesso e o fracasso são apenas mais fantasmagorias, que hoje estão aqui e amanhã não. Com certeza ele aprendeu a desconfiar da glória e do glamour que o mundo oferece.

Seus padrões no passado foram solitários e independentes – o que também é característico de Áries e da décima segunda casa. Ele conhece a lealdade e a devoção, mas a *intimidade é completamente estranha* às suas inclinações *kármicas*.

E, no entanto, ele é de Libra!

Essa é uma estrutura nodal muito trabalhosa: a própria base da sanidade e da personalidade para ele nesta vida – o Sol em Libra – não tem fundamento nem precedente em nada que ele tenha feito antes. A simples manutenção de uma personalidade rudimentar exige que ele crie raízes sólidas no ar rarefeito.

Mesmo sem referência aos nodos lunares, vemos uma tendência de seu Sol se perder atrás do véu barulhento do ascendente Áries. Desde o início, esse tem sido um tema fundamental em seu mapa astral. Agora vemos o quão profundo é o problema e temos uma visão mais clara de sua origem. Ele nasceu sem qualquer noção de como "ser um libriano". Ele tem de aprender tudo.

E, como era de se esperar, seu nodo norte – símbolo da vanguarda de seu crescimento – está em Libra a apenas 6 graus do Sol.

Nodo norte em Libra na sexta casa: nossa leitura dele não apresenta nada de novo, apenas uma nova perspectiva sobre o material que já absorvemos completamente. O que falamos em termos de psicologia devemos agora entender em termos muito mais amplos. *Sua alma veio ao mundo para aprender as lições de Libra e da sexta casa.* O fato de sua personalidade cotidiana precisar dos mesmos "inputs" para manter a estabilidade é reduzido à insignificância por esta questão muito mais ampla.

Mas, na prática, isso não faz nenhuma diferença. Quer estejamos falando do espírito imortal ou da vida cotidiana, as questões permanecem idênticas. A alma e a personalidade se levantam da mesma cama, tomam o mesmo café da manhã, tropeçam no mesmo par de sapatos. Suas experiências são as mesmas. Apenas o significado delas é que muda.

De qualquer forma, a felicidade de nosso inglês depende de ele criar uma parceria humana amorosa, e, por meio dessa parceria, oferecer à sua sociedade algo de beleza perene. Se ele falhar nisso, sua mente fica entorpecida. Ele se esconde atrás de uma fachada intimidadora de vaidosa pretensão. E sua alma, guardada no coração como um segredo muito íntimo, se retrai em desalento diante do vazio de seus dias e noites no mundo.

Quem é o nosso inglês?

Seu nome era John Lennon.

Capítulo 12

Sonhando com o Universo

Eu adoro mapas. Mesmo quando era pequeno, passava horas olhando para eles, navegando em galeões imaginários pelos arquipélagos da Polinésia, planejando a conquista do Ceilão e da Birmânia.

A idade não me mudou muito, apenas me privou de parte do meu sonho de grandeza. Ainda adoro mapas. Ainda planejo as rotas de viagens que provavelmente não farei. Mas agora eu realmente desapareço de vez em quando, indo para a floresta ou navegando pelas baías e pântanos salgados da costa da Carolina do Norte, perto de onde moro.

Não faz muito tempo, a febre voltou. Comprei um mapa que mostra a maioria das rotas locais para caminhadas e canoagem. Abrindo-o na mesa da cozinha, logo fiquei hipnotizado. Aquelas trilhas e rios apareceram diante de mim como frente a um explorador intrépido descobrindo uma nova terra. Até que vi algo que foi como um balde de água fria. Entrelaçado na rosa dos ventos, o cartógrafo havia escrito as palavras: *The Map Is Not the Territory* (O mapa não é o território). E meu mundo caiu por terra. Eu poderia estudar corajosamente cada centímetro quadrado daquele mapa em uma hora, mas para percorrer seus cursos d'água e seus caminhos, teria de encarar calos nos pés e falta de coragem suficientes para uma vida inteira.

A astrologia é assim. É um mapa. Ela descreve o terreno da mente humana. Mas o mapa não é o território.

Para realmente experimentar o que o mapa mental astrológico representa, precisamos calçar nossas botas e começar a explorar. Precisamos deixar o mapa astral de lado e confrontar a própria mente. Não há outra forma. Ficar olhando para o mapa astral não nos leva a lugar algum. Temos de engolir nosso medo, colocar o mapa no bolso e entrar na floresta, prontos para enfrentar arcos-íris e cascavéis para os quais nenhum cartógrafo pode nos preparar.

Como em qualquer expedição, a jornada astrológica exige planejamento. Muito antes de entrarmos no território devemos aprender tudo o que pudermos sobre mapas em geral. Os símbolos devem ser familiares para nós. Só então estaremos prontos para entrar no deserto por conta própria.

É disso que trata este livro. É uma cartilha sobre a arte da leitura de mapas astrológicos. Absorvendo o vocabulário de signos, casas e planetas, aprendendo a decifrar os parágrafos contrapostos de um mapa astral e, finalmente, vendo tudo se encaixar na vida de John Lennon, aprendemos uma nova linguagem.

E o que é a linguagem senão um mapa? Apenas mais um conjunto de símbolos colados sobre o desconhecido.

O próximo passo é seu. Há outros livros, outras abordagens. Eu mesmo estou planejando outro livro em breve, desta vez sobre técnicas de previsão – como falar sobre os próximos dois anos em vez de falar sobre a vida inteira. Mas não se deixe enganar. Você pode ler até o Sol esfriar e ainda assim não aprender a fazer astrologia. Para realmente compreendê-la, você deve abrir seu coração para o mapa astral e depois abrir a boca e falar sobre o que está vendo. Compromisso. Risco. O salto de fé. Esse é o único caminho.

É assustador.

A primeira vez que você se sentar com o mapa astral de um amigo, provavelmente sofrerá uma grande pane de energia em seu córtex cerebral. Acontece com quase todo mundo, mesmo que ele ou ela tenha se dedicado ao estudo do simbolismo. De repente, lá está: uma massa de hieróglifos babilônicos, uma data, o nome de uma cidade e, do outro lado da mesa, os olhos pacientes, confiantes e cheios de expectativa de um amigo. É coisa de pesadelo.

Não se desespere. Se você desistir agora, murmurando um pedido de desculpas sobre a necessidade de voltar e ler o livro novamente, talvez você nunca consiga atravessar essa muralha. Talvez passe o resto de sua vida estudando o mapa e nunca se aventure território adentro.

Não tenha pressa. Mantenha uma mão na torneira. Siga os procedimentos que descrevemos. Eles não lhe desapontarão.

Quanto tempo você levou para conhecer aquele amigo? Uma semana? Um ano?

E há quanto tempo você está sentado com o mapa astral dele? Apenas alguns momentos. Dê a ele algum tempo. Esse mapa astral é quase tão complicado quanto o seu amigo, apenas um pouco menos sofisticado em suas defesas. Não fique petrificado se você não tiver *insights* eletrizantes nos primeiros cinco minutos. Entender um mapa, assim como entender um amigo, leva algum tempo. Você precisa de uma abordagem organizada e sem pressa. Dê ao mapa astral a chance de falar com você.

Acima de tudo, confie nos símbolos. Eles não mentem. Você pode interpretá-los erroneamente, mas se suas informações sobre o nascimento da pessoa forem precisas, você pode contar com a veracidade da mensagem que o mapa astral transmite. O elo mais fraco da cadeia interpretativa é sempre o seu próprio entendimento, não a precisão do simbolismo astrológico.

Mesmo quando o mapa balbuciar como alguém acordando de um sono profundo, confie nele. Mesmo quando seu amigo parecer estar fazendo cara de paisagem, continue. Diga o que você está vendo. Mais uma vez, confie nos símbolos. Eles não o enganarão.

A astrologia é perfeita? Definitivamente não. Ainda há muito a ser descoberto. Após muitos séculos de dormência, a antiga arte-ciência está despertando, estimulada por descobertas na astronomia e na psicologia. O renascimento do pensamento astrológico só agora está começando a se desenvolver. Até o final do século, os astrólogos serão levados tão a sério quanto o clero há cem anos.

Mas não precisamos esperar que a astrologia se torne respeitável. Podemos usá-la agora. Mesmo com suas imperfeições, o sistema funciona.

A astrologia pode ser aperfeiçoada algum dia, mas somente quando nossa compreensão da mente humana também for aperfeiçoada. E isso está lá no alto, junto com a "iluminação" e com "finalmente colocar a casa em ordem" , no mundo das possibilidades distantes. Podemos ter esperança e orar, mas é melhor não prender a respiração.

Use-a hoje. Ela é útil hoje, e amanhã será mais útil.

Em qualquer interpretação astrológica, você pode esperar lapsos e incertezas. Algumas delas decorrem de pontos fracos do próprio sistema, mas a maioria tem uma origem mais mundana: seus próprios preconceitos, projeções e implicâncias. Quanto mais depositamos nossa fé no simbolismo, por mais imperfeito que seja, mais minimizamos as distorções ainda maiores introduzidas por nossas próprias personalidades.

E, é claro, podemos trabalhar diretamente para retificar essas distorções pessoais. Podemos empreender a tarefa astrológica mais impressionante de todas: tentar decifrar nosso próprio mapa astral. Para quase todo mundo, o próprio mapa astral é a linha de partida. O livro numa mão, seu mapa astral na outra. Se algum dia eu desenhar a estátua de um astrólogo iniciante, esta será a figura.

Não que estudar seu próprio mapa astral seja errado. De forma alguma. Seu próprio mapa astral é o seu laboratório. Mesmo longe de ser capaz de assisti-lo no complicado processo de colocar sua cabeça no lugar, ele pode lhe ensinar os significados dos signos, planetas e casas mais rapidamente do que qualquer curso de leitura.

O problema é que o seu próprio mapa astral é sempre o mais difícil de entender. Você não apenas precisa enfrentar as complexidades do simbolismo astrológico, mas também tem de soltar seu coração e sua mente do conjunto de defesas que estes criaram para a sua própria proteção. E isso é muito parecido com pedir ao rato que tome conta do queijo.

Comece com seu próprio mapa astral, com o de um amigo. Comece com personalidades da história mundial. Não importa. Cada caminho tem suas dificuldades e suas vantagens. Seja qual for o caminho escolhido, você voltará ao seu próprio mapa várias vezes, sempre o vendo de forma um pouco mais objetiva, com um pouco mais de humildade e, com sorte, com um pouco mais de orgulho honesto pelos passos que conseguiu dar.

Faça o que fizer, lembre-se disto: o mapa astral é o mapa. Sua cabeça é o território. Mais cedo ou mais tarde, você precisará parar de traçar aspectos e começar a trabalhar naquela timidez incapacitante ou no complexo napoleônico. A astrologia pode lhe mostrar o caminho mais rápido pela floresta mas, para realmente atravessá-la, você precisa começar a colocar um pé na frente do outro.

Isso é verdade para qualquer pessoa que o procure para fazer uma interpretação. E é verdade para você também.

O mapa astral é um mapa: até agora, estivemos usando a declaração metaforicamente. Mas, como aprendemos anteriormente, a ideia também é uma verdade literal. Os mapas astrais são realmente mapas. Eles são como fotografias do céu. Simples, precisos e diretos, eles nos dizem onde os planetas estavam quando nascemos, nada mais, nada menos.

E, no entanto, esses humildes mapas do céu contêm as chaves para nossa felicidade, o projeto para nossas vidas e embaraçosos resumos de nossos segredos mais obscuros.

Tudo isso num mapa do céu!

Ao aprimorar sua fluência nessa antiga linguagem da Terra, não se esqueça de sair e olhar para o céu de vez em quando. Não se esqueça de que os mapas astrais são mapas do céu. Essa cúpula azul iridescente é a mãe de todo o sistema. A Lua que você vê se pondo sobre o lago é a mesma que lhe dá alegria e tristeza. A estrela amarela pálida no Leste é o mesmo Saturno que o empurra para os limites do crescimento.

O que você vê no céu, você sente em sua mente. Duas linguagens, uma realidade.

Podemos negligenciar toda referência consciente ao céu e ainda assim fazer interpretações astrológicas eficazes. Mas muito se perde. Sob essa perspectiva interna, a astrologia é apenas um curioso desdobramento da psicologia, apenas mais uma teoria árida a ser memorizada.

Se tivermos consciência das conexões celestiais da astrologia, o mapa astral pode nos levar muito mais fundo.

Todos nós queremos magia. Todos queremos um senso de mistério e poder, de ordem cósmica em nossas vidas. Queremos sentir nossa herança primordial como filhos da terra e do céu. A astrologia pode nos dar isso, e dar sem exigir que entreguemos nossa razão em troca.

Tudo o que temos de fazer é olhar.

Escolha uma noite clara de verão, negra como breu. As estrelas brilham como diamantes em chamas. Algumas parecem próximas, outras parecem distantes. Relaxe. Abra seus sentidos. Onde você está?

Você está flutuando num vazio tridimensional, um espaço de sombras assustadoras e luzes ofuscantes que nos ensinaram a chamar de Universo.

Tranque-se em um armário. Feche os olhos com tanta força que os músculos doem. Inspire. Expire. Observe o que acontece. Onde você está agora?

Você está flutuando em um vazio tridimensional, um espaço de sombras assustadoras e luzes ofuscantes que nos ensinaram a chamar de mente.

Mais uma vez, duas linguagens, uma realidade. O Universo além de nós, o Universo dentro de nós. Os dois são o mesmo, estruturados de acordo com as mesmas leis, e até parecendo praticamente a mesma coisa para os nossos sentidos Essa percepção primordial é o alicerce da astrologia e a fonte de seu fascínio sem fim.

Coisas da mente. Coisas do céu. O Universo que observamos e medimos. O Universo que sonhamos. É tudo o mesmo. Para onde quer que olhemos, vemos a mente. O que quer que imaginemos, vemos o cosmos.

E quem somos nós? Quem está observando?

Esse é o enigma mais profundo de todos, e respondê-lo é a tarefa infinita e impossível que nos torna humanos.

A astrologia não pode resolver esse enigma para nós. Mas talvez possa nos levar um pouco mais perto, nos tornar um pouco mais sábios. Na astrologia somos os habitantes da fronteira. Somos aqueles que vivem na costa, onde as ondas de consciência quebram nas rochas e dunas do mundo físico. Existimos em ambos, e ambos são refletidos em nós.

Na astrologia, somos os sonhadores, e o que estamos sonhando é o Universo.

Apêndice

O Inglês

Mapa Astral Natal (masculino)
09.Out.1940, Quarta-feira
18h30min BST - 1:00
Manchester, UK
53°N30' 002°W15'
Geocêntrico
Tropical
Placidus
Nodo Lunar Médio

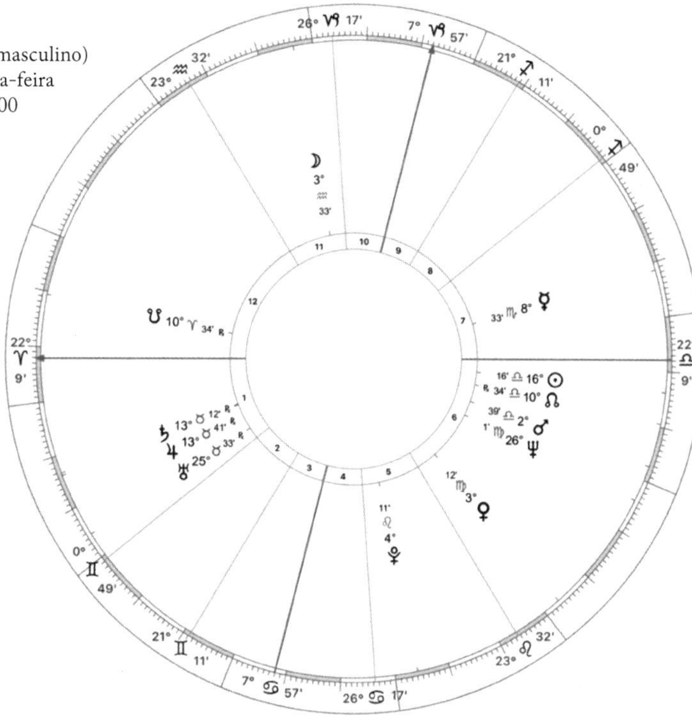

	☽	☉	☿	♀	♂	♃	♄	♅	♆	♇	☊	☋	As
☉													
☿	□ 5A00												
♀			✱ 5S20										
♂	△ 0S53												
♃			☍ 5A08										
♄			☍ 4A39			☌ 0A28							
♅													
♆					☌ 6S37			△ 0S28					
♇	☍ 0A38		□ 4S22		✱ 1A31								
☊	△ 7A02	☌ 5S41			☌ 7A55					✱ 6A23			
☋		☍ 5S41			☍ 7A55					△ 6A23			
As		☍ 5S21											
Mc			✱ 0A49	△ 4S31		△ 5A57	△ 5A28				□ 2A50	□ 2A50	

Muhammad Ali

Mapa Astral Natal (masculino)
17.Jan.1942, Sábado
18h35min CST +6:00
Louisville, KY
38ºN15'15"085ºW45'34"
Geocêntrico
Tropical
Placidus
Nodo Lunar Médio

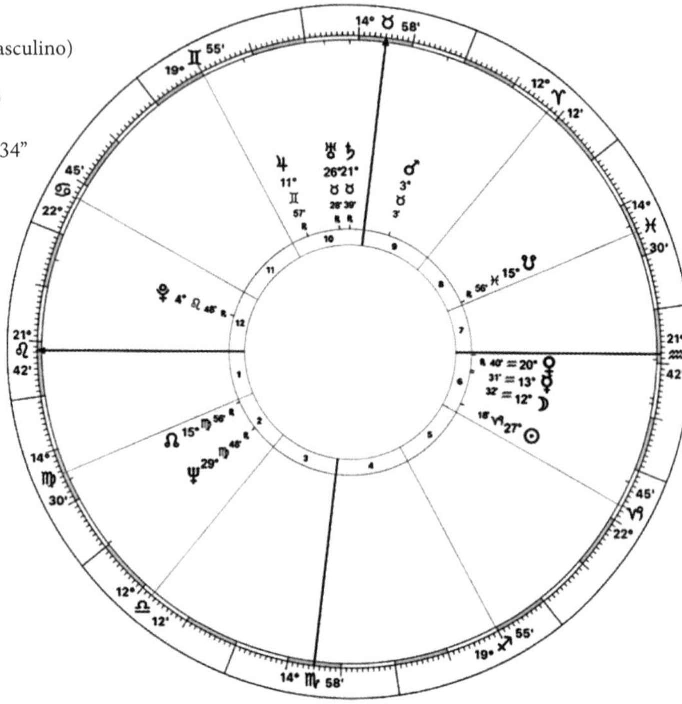

	☽	☉	☿	♀	♂	♃	♄	♅	♆	♇	☊	☋	As
☉													
☿	☌ 1A04												
♀	☌ 8A14		☌ 7A09										
♂		□ 5A45											
♃	△ 0S28		△ 1S33										
♄		△ 5S37		□ 0S59									
♅		△ 0S49					☌ 4A48						
♆		△ 2A30						△ 3S19					
♇		☍ 7A30			□ 1A44				✶ 5A00				
☊						□ 3S59	△ 5A43						
☋						□ 3S59	✶ 5S43						
As				☍ 1A08			□ 2A07						
Mc	□ 0A12		□ 1A17								△ 3A42	✶ 3A42	

Neil Armstrong

Mapa Astral Natal (masculino)
05.Ago.1930, Terça-feira
00h10 EST +5:00
St Marys, OH
40ºN32'32" 084ºW23'22"
Geocêntrico
Tropical
Placidus
Nodo Lunar Médio

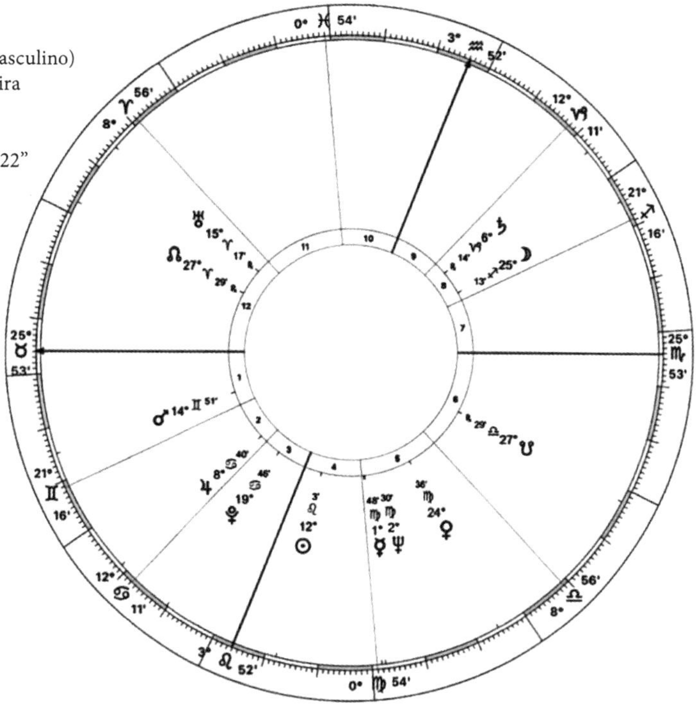

	☽	☉	☿	♀	♂	♃	♄	♅	♆	♇	☊	☋	As
☉													
☿	△ 6A35												
♀	□ 0S36												
♂		✱ 2A48											
♃													
♄			△ 4A25			☍ 2S26							
♅		△ 3A14			✱ 0A25								
♆	△ 7A17		☍ 0A42			✱ 6S10	△ 3A43						
♇				✱ 4A50				□ 4S29					
☊	△ 2A16		△ 4S19						△ 5S01				
☋	✱ 2A16		✱ 4S19						✱ 5S01				
As			□ 5A59	△ 1S12						✱ 6S02			
Mc		☍ BA13											

Phil Donahue

Mapa Astral Natal (masculino)
21.Dez.1935, Sábado
11h25min EST +5:00
Cleveland, OH
41ºN29'58"081ºW41'44"
Geocêntrico
Tropical
Placidus
Nodo Lunar Médio

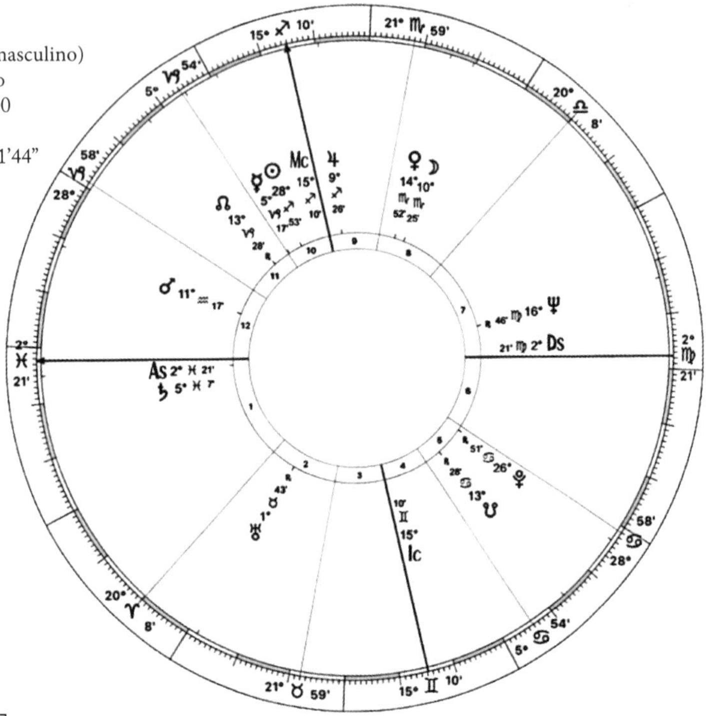

	☽	☉	☿	♀	♂	♃	♄	♅	♆	♇	☊	☋	As
☉													
☿	⚹ 5S07	☌ 6S24											
♀	☌ 4A27												
♂	□ 0A52			□ 3S35									
♃					⚹ 1S50								
♄	△ 5S17		⚹ 0S09			□ 4S18							
♅		△ 2A49	△ 3S34				⚹ 3S24						
♆				⚹ 1A54									
♇								□ 4S51					
☊	⚹ 3A02		☌ 8A10	⚹ 1S24					△ 3S18				
☋	△ 3A02			△ 1S24					⚹ 3S18				
As		⚹ 3S24	⚹ 3A00				☌ 2A50	⚹ 0S34					
Mc					⚹ 3S50	☌ 5S41			□ 1A38				

Billy Graham

Mapa Astral Natal (masculino)
07.Nov.1918, Quinta-Feira
15h30min EST +5:00
Charlotte, NC
35ºN13'37"080ºW50'36"
Geocêntrico
Tropical
Placidus
Nodo Lunar Médio

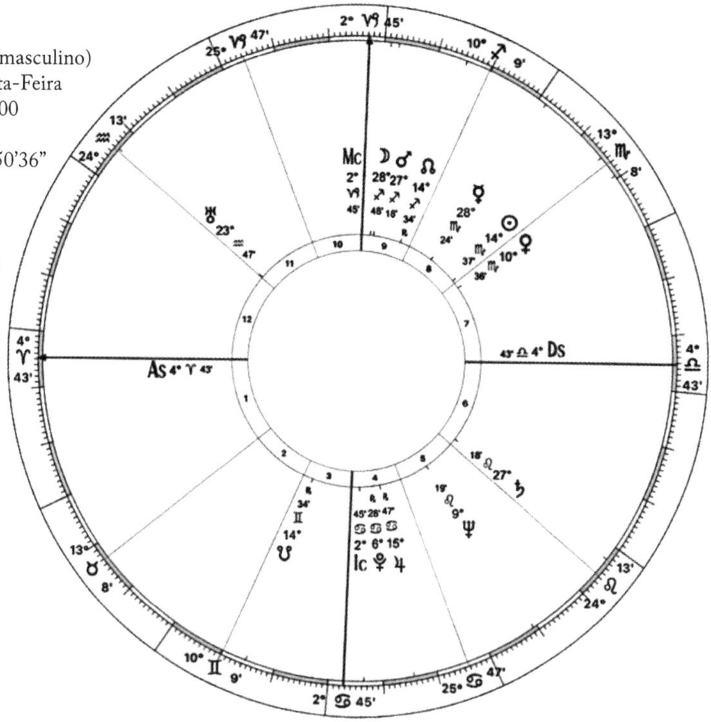

	☽	☉	☿	♀	♂	♃	♄	♅	♆	♇	☊	☋	As	Mc
☉														
☿														
♀		☌ 4A01												
♂	☌ 1S28													
♃		△ 1A09		△ 5A11										
♄	△ 1S29		□ 1S05		△ 0S00									
♅	✱ 4S59		□ 4S36		✱ 3S30		☍ 3S30							
♆		□ 5S18		□ 1S16										
♇	☍ 7A40			△ 4S08										
☊									△ 5A15					
☋									✱ 5A15					
As	□ 5S43								△ 4A48	□ 1A56				
Mc	☌ 3S50				☌ 5S19		△ 3S19			☍ 3A49			□ 1S52	

Elisabeth Kübler-Ross

Mapa Astral Natal (feminino)
08.Jul.1926, Quinta-Feira
22h45min CET - 1:00
Zurique-Suíça
47ºN23'008º08ºE32'
Geocêntrico
Tropical
Placidus
Nodo Lunar Médio

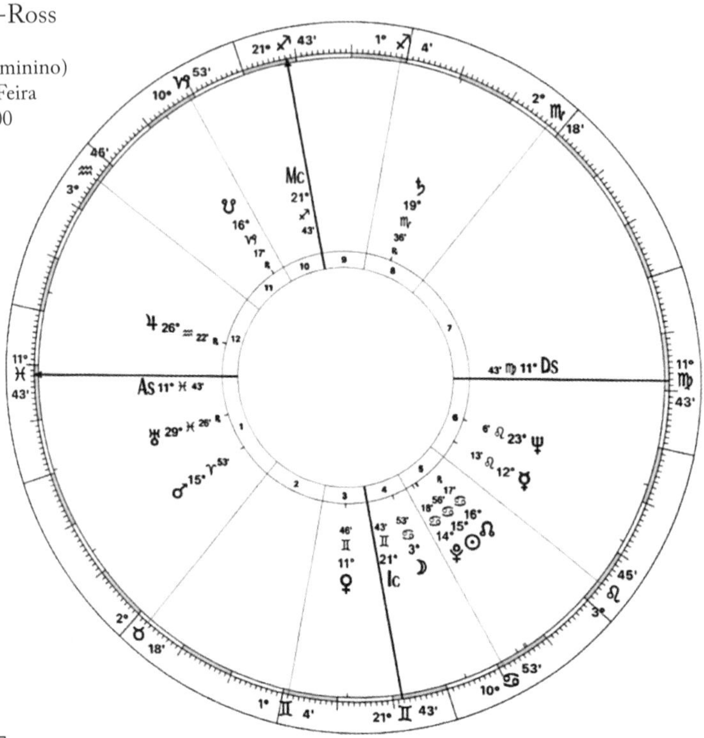

	☽	☉	☿	♀	♂	♃	♄	♅	♆	♇	☊	☋	As
☉													
☿													
♀			* 0A27										
♂		□ 0S02	△ 3A40	* 4A07									
♃													
♄		△ 3A40											
♅	□ 4S27												
♆						☍ 3A15	□ 3S30						
♇		☌ 1S38			□ 1S35		△ 5A18						
☊		☌ 0A21			□ 0A24		△ 3S18			☌ 1A59			
☋		☍ 0A21			□ 0A24		* 3S18			☍ 1A59			
As		△ 4A28		□ 0A18						△ 2A50	△ 4A50	* 4A50	
Mc					△ 5S42	* 4A45			△ 1A29				

Bruce Springsteen

Mapa Astral Natal (masculino)
23.Set.1949, Sexta-feira
22h50min EDT +4:00
Freehold, NJ
40ºN15'36"074ºW16'27"
Geocêntrico
Tropical
Placidus
Nodo Lunar Médio

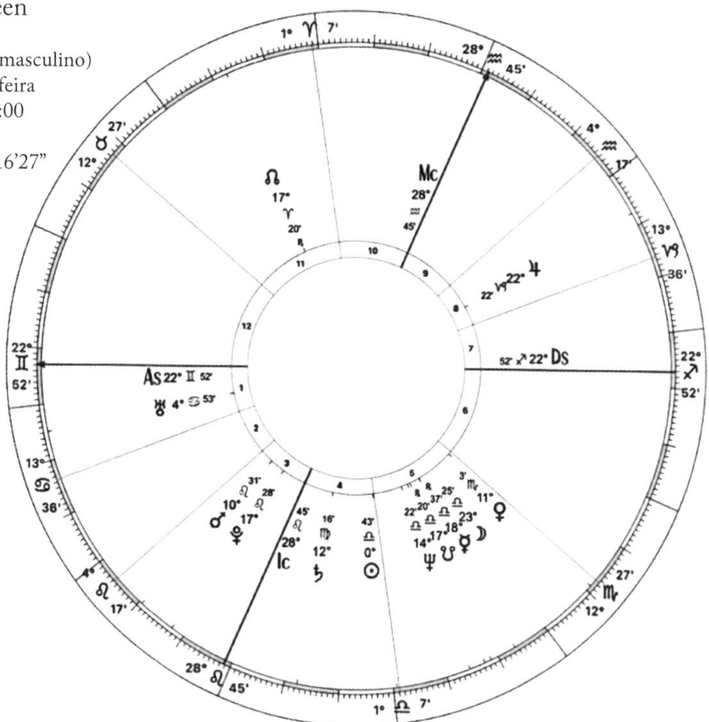

	☽	☉	☿	♀	♂	♃	♄	♅	♆	♇	☊	☋	As
☉													
☿	☌ 4S47												
♀													
♂				□ 0S32									
♃	□ 1S02		□ 3S45										
♄				✶ 1A13									
♅		□ 4A09											
♆			☌ 4A14		✶ 3A51								
♇	✶ 5S56		✶ 1A08		☌ 6A57				✶ 3A06				
☊	☍ 6S04		☍ 1A16		△ 6A49				☍ 2A58	△ 0S08			
☋	☌ 6S04		☌ 1A16						☌ 2A58	✶ 0S08			
As	△ 0A36		△ 4S11							✶ 5S19	✶ 5S28	△ 5S28	
Mc	△ 5S16							△ 6A11					△ 5S52

Gloria Steinem

Mapa Astral Natal (feminino)
25.Mar.1934, Domingo
22h00min EST +5:00
Toledo, OH
41ºN39'50"083ºW33'19"
Geocêntrico
Tropical
Placidus
Nodo Lunar Médio

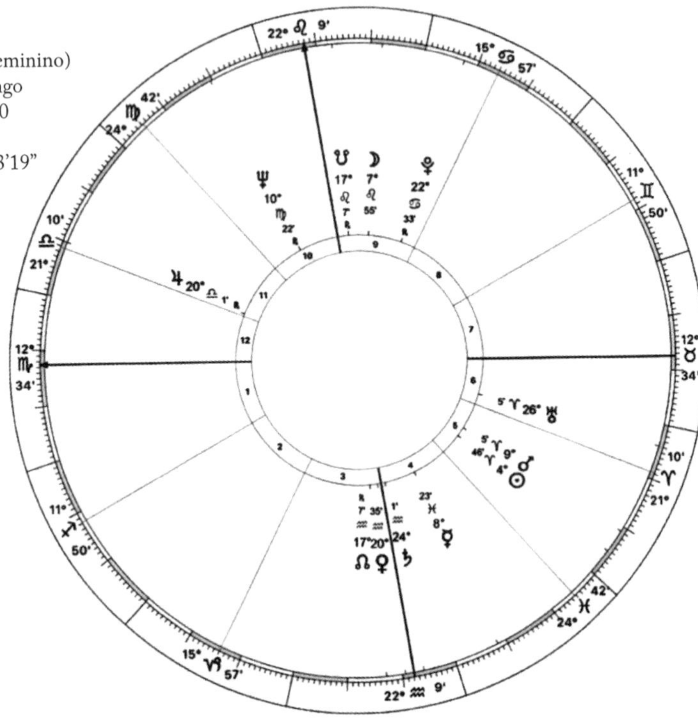

	☽	☉	☿	♀	♂	♃	♄	♅	♆	♇	☊	☋	As
☉	△ 3S08												
☿													
♀													
♂	△ 1A10	☌ 4A18											
♃				△ 0S33									
♄				☌ 3A26		△ 3S59							
♅				✶ 5A29			✶ 2A03						
♆			☍ 1A59										
♇						□ 2S31		□ 3S31					
☊				☌ 3S27		△ 2A54	☌ 6S54						
☋	☌ 9A12			☍ 3S27		✶ 2A54							
As	□ 4S29		△ 4S01						✶ 2S01		□ 4A42	□ 4A42	
Mc				☍ 1S21		✶ 1S54	☍ 2A05	△ 4A08			☍ 4S49	☌ 4S49	

Lily Tomlin

Mapa Astral Natal (feminino)
01.Set.1939, Sexta-Feira
01h45min EST +5:00
Detroit, MI
42ºN19'53"083ºW02'45"
Geocêntrico
Tropical
Placidus
Nodo Lunar Médio

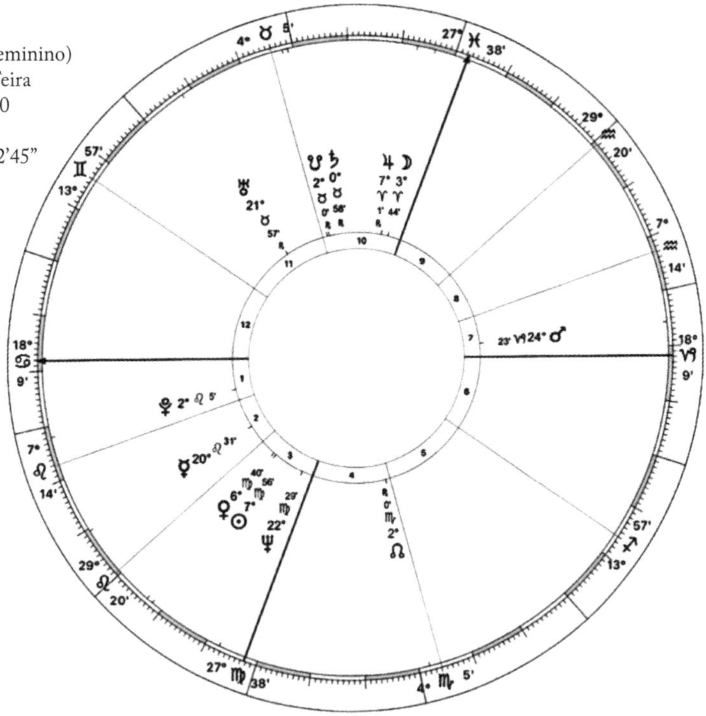

	☽	☉	☿	♀	♂	♃	♄	♅	♆	♇	☊	☋	As
☉													
☿													
♀		☌ 1A15											
♂													
♃	☌ 3A16												
♄		△ 6S57		△ 5S41									
♅			□ 1A26		△ 2S25								
♆					△ 1S53			△ 0S31					
♇	△ 1S39				☍ 7A42	△ 4A56	□ 1S06						
☊		✶ 5S55		✶ 4S40			☍ 1A01			□ 0S05			
☋		△ 5S55		△ 4S40			☌ 1A01			□ 0S05			
As					☍ 6A18			✶ 3A52	✶ 4A24				
Mc	☌ 6A12				✶ 3S08			✶ 5S34	☍ 5S02	△ 4A33			

Glossário

Glossário

Água Um dos quatro elementos. A água simboliza subjetividade, emoção, profundidade, e a habilidade de amar.

Ar Um dos quatro elementos; o ar simboliza um estado de alerta, clareza de percepção e inteligência.

Ângulo Cúspides da primeira, quarta, sétima, ou décima casas; também o fim do horizonte ou meridiano.

Arquétipo Uma imagem fundamental mantida coletiva e universalmente na consciência humana ; a matéria-prima mítica a partir da qual a identidade individual é sintetizada.

Ascendente O horizonte oriental ou o signo nascendo lá; a primeira casa como um todo.

Aspecto Um dos vários ângulos geométricos críticos formado entre planetas ou entre planetas e ângulos.

Aspectos Menores Outros aspectos além de conjunções, sextil, quadratura, trígono e oposição.

Astrologia A arte-ciência de clarificação dos temas fundamentais da vida de uma pessoa em referência a um mapa do céu desenhado a partir do momento de seu nascimento.

Benéfico Tradicionalmente, um dos "bons" planetas: Vênus (o "benéfico menor") e Júpiter ("o benéfico maior").

Cardinal Um dos três modos de signos. Ativo, Iniciador e Determinante. Os signos cardinais são Áries, Câncer, Libra e Capricórnio.

Casa Qualquer uma das doze divisões de espaço acima ou abaixo do horizonte local, as "arenas" básicas ou "terrenos" da vida que a mente penetra ou experiencia.

Conjunção Um aspecto caracterizado por zero grau de separação entre dois planetas, simbolizando o processo de fusão.

Constelação Um grupo de estrelas, muitas vezes com o nome de um signo, mas não deve se confundir com um signo.

Cúspide O início de uma casa. Na verdade, uma certa zona difusa ao redor de um grau e meio de cada lado do início preciso de uma casa.

Descendente O horizonte ocidental, ou o signo sobre ele; a sétima casa como um todo.

Detrimento Qualquer uma das várias e distintas configurações astrológicas que diminuem a ênfase colocada em um planeta particular. Veja: Dignidade, Queda.

Dignidade Qualquer uma das várias e distintas configurações astrológicas que dão ênfase a um planeta em particular. Veja: Focalizador, Regência; Solitário; Detrimento.

Direto Movimento normal de um planeta avançando através dos signos. Veja: Retrógrado; Estacionário.

Eclíptica Órbita aparente do Sol, da Lua e dos planetas em relação às estrelas e ao redor da Terra; o zodíaco.

Efemérides Um livro que lista as posições de todos os planetas a cada dia, a uma certa hora, durante um longo período.

Elemento Fogo, Terra, Ar ou Água. Um dos quatro processos psíquicos fundamentais ou orientação da consciência.

Equinócio Um dos dois dias do ano quando a noite e o dia tem igual duração; o primeiro dia da primavera (equinócio vernal) ou o primeiro dia do outono (equinócio outonal).

Estacionário Um planeta fica estacionário quando parece estar parado e imóvel em relação ao zodíaco, prestes a retrogradar ou retomar seu movimento direto.

Estacionário Direto Estacionário e prestes a retomar seu movimento direto.

Estacionário Retrógrado Estacionário e prestes a retrogradar.

Fogo Um dos quatro elementos; o Fogo simboliza a formação da vontade, iniciativa, dominação.

Fixo Um dos três modos de signos. Estabilidade, força de propósito, clareza, clara identidade, teimosia. Os signos fixos são : Touro, Leão, Escorpião e Aquário.

Focalizador Em um mapa natal, um planeta fortemente enfatizado ou estrategicamente localizado. Veja: Dignidade.

Glifo Qualquer um dos símbolos escritos em astrologia, utilizados como um tipo de abreviatura.

Grade de Aspectos Gráfico esquemático representando todos os aspectos de um mapa astrológico específico.

Hemisfério Há quatro "hemisférios" em qualquer mapa astral: o espaço acima do horizonte, o abaixo, o espaço a leste do meridiano, e o espaço a oeste.

Horizonte O eixo horizontal de um mapa natal conectando o ascendente e o descendente.

Karma *Palavra hindu que significa hábitos, bons e ruins, retidos na* personalidade das vidas passadas. Veja: Nodos Lunares.

Maléfico Tradicionalmente, um dos planetas "maus": Marte (o maléfico menor) ou Saturno ("o grande maléfico").

Mapa Natal Um mapa dos céus visto a partir da data e do horário de nascimento de uma pessoa, do ponto de seu lugar de nascimento.

Meridiano O eixo vertical do mapa natal; a linha que conecta o meio do céu e o nadir.

Meio do Céu O ponto mais elevado do zodíaco acima do horizonte; a posição aproximada do Sol ao meio-dia; a cúspide da décima casa ou a décima casa como um todo.

Minuto de Arco Um sexagésimo de um grau. Frequentemente chamado de "minuto".

Modo Uma das três expressões de energia dos signos: cardeal ou cardinal, fixo e mutável.

Mutável Um dos três modos de signos. Cambiante, responsivo, fluido. Os signos mutáveis são: Gêmeos, Virgem, Sagitário e Peixes.

Nadir ou Fundo do Céu O ponto do zodíaco mais abaixo do horizonte local; a posição aproximada do Sol à meia-noite, a cúspide da quarta casa ou a quarta casa como um todo.

Nodos Lunares Pontos opostos simbolizando o passado e o futuro evolucionário do indivíduo. O nodo sul representa tanto a influência da hereditariedade quanto do *Karma*, enquanto o nodo norte apresenta novo material a ser absorvido.

Oposição Um aspecto caracterizado por 180º de separação entre dois planetas, simbolizando o processo de polarização ou tensão.

Orbe Os limites de tolerância entre os quais um aspecto é considerado operante. Variável e subjetivo, mas usualmente considerado cerca de sete graus.

Planeta Qualquer corpo celeste que se move através do zodíaco em um caminho previsível. Astrologicamente, o termo inclui o Sol e a Lua.

Quadratura Um aspecto caracterizado por uma separação de 90 graus entre dois planetas, simbolizando o processo de atrito.

Queda Uma debilidade planetária caracterizada pela presença de um planeta no signo oposto a um que ele rege. Veja: Regência.

Regência Uma forte afinidade particular entre um planeta e o signo, permitindo uma clara expressão de ambos.

Retrogradação Condição planetária caracterizada por um aparente movimento de retrogradação/retrocesso através do céu. Veja: Direto.

Sextil Um aspecto caracterizado por 60 graus de separação entre dois planetas, simbolizando o processo de estimulação mútua.

Símbolo Primordial A esfera do espaço ao nosso redor. Um símbolo de perfeição, totalidade; e eternidade. Um símbolo da própria consciência, ou de Deus.

Solitário Qualquer planeta localizado sozinho em um hemisfério.

Solstício O dia do ano quando a noite é mais longa (o solstício de inverno) ou mais curta (o solstício de verão).

Signo Uma das doze divisões básicas do zodíaco. Uma fase na relação orbital da Terra e do Sol. Um processo psicológico fundamental.

Stellium Qualquer agrupamento de três ou mais planetas em um único signo ou causa.

Tabela de Casas Um livro baseado em cálculos complexos em trigonometria esférica que mostra a localização das cúspides das casas em vários tempos siderais e latitudes.

Tempo Sideral Um tempo astronomicamente preciso usado para configurar mapas natais.

Terra Um dos quatro elementos; terra simboliza paciência, praticidade, realismo e estabilidade.

Tríade Primordial O Sol, a Lua e o ascendente em conjunto como o "esqueleto" da individualidade.

Trígono Um aspecto caracterizado por uma separação de 120 graus entre dois planetas, simbolizando o processo de harmonização.

Zodíaco A aparente órbita do Sol, da Lua e dos planetas ao redor da Terra; os doze signos.

EDITORA TEOSÓFICA
LIVROS PARA VIVER MELHOR

A Ciência da Astrologia e as Escolas de Mistérios

Ricardo Lindemann

É o nome do Primeiro Curso de Astrologia na Televisão Brasileira de que se tem notícia, retransmitido por 55 emissoras em 40 cidades.

Este livro transcreve aquele curso introdutório, preservando a sua linguagem simples e acessível.

Ele conduz o leitor, gradualmente, a partir do estudo dos 12 Signos do Zodíaco, do Signo Ascendente, das 12 Casas Astrológicas e dos Planetas, até a interpretação do Mapa Astral Natal.

Abrange também temas clássicos como Astrologia e ciência, *Karma* e Livre-arbítrio, Vida Única e Reencarnação, tudo à luz dos ensinamentos das antigas Escolas de Mistérios da Grécia e do Egito.

gráfika® papel&cores

61 98592-6028

comercial@grafikapapelecores.com.br